JN055474

2025年度版

静岡県・静岡市・浜松市の社会科

過去問

協同教育研究会 編

協同出版

本書には，静岡県・静岡市・浜松市の教員採用試験の過去問題を収録しています。各問題ごとに，以下のように5段階表記で，難易度，頻出度を示しています。

難 易 度

非常に難しい	☆☆☆☆☆
やや難しい	☆☆☆☆
普通の難易度	☆☆☆
やや易しい	☆☆
非常に易しい	☆

頻 出 度

◎	ほとんど出題されない
◎◎	あまり出題されない
◎◎◎	普通の頻出度
◎◎◎◎	よく出題される
◎◎◎◎◎	非常によく出題される

※本書の過去問題における資料，法令文等の取り扱いについて

本書の過去問題で使用されている資料や法令文の表記や基準は，出題された当時の内容に準拠しているため，解答・解説も当時のものを使用しています。ご了承ください。

はじめに～「過去問」シリーズ利用に際して～

教育を取り巻く環境は変化しつつあり，日本の公教育そのものも，教員免許更新制の廃止やGIGAスクール構想の実現などの改革が進められています。また，現行の学習指導要領では「主体的・対話的で深い学び」を実現するため，指導方法や指導体制の工夫改善により，「個に応じた指導」の充実を図るとともに，コンピュータや情報通信ネットワーク等の情報手段を活用するために必要な環境を整えることが示されています。

一方で，いじめや体罰，不登校，暴力行為など，教育現場の問題もあいかわらず取り沙汰されており，教員に求められるスキルは，今後さらに高いものになっていくことが予想されます。

本書の基本構成としては，出題傾向と対策，過去5年間の出題傾向分析表，過去問題，解答および解説を掲載しています。各自治体や教科によって掲載年数をはじめ，「チェックテスト」や「問題演習」を掲載するなど，内容が異なります。

また原則的には一般受験を対象としております。特別選考等については対応していない場合があります。なお，実際に配布された問題の順番や構成を，編集の都合上，変更している場合があります。あらかじめご了承ください。

最後に，この「過去問」シリーズは，「参考書」シリーズとの併用を前提に編集されております。参考書で要点整理を行い，過去問で実力試しを行う，セットでの活用をおすすめいたします。

みなさまが，この書籍を徹底的に活用し，教員採用試験の合格を勝ち取って，教壇に立っていただければ，それはわたくしたちにとって最上の喜びです。

協同教育研究会

CONTENTS

第１部

静岡県・静岡市・浜松市の社会科出題傾向分析

静岡県・静岡市・浜松市の社会科　傾向と対策

中学社会

中学社会では，地理，歴史，公民のそれぞれの分野から出題されている。問われている問題の難易度は教科書レベルであるため，確実に得点できるようにしよう。さらに，各分野では史資料からの出題が多いため，過去問題演習や他自治体の過去問題を利用して対策をしよう。また，各分野で学習指導要領の記述を基にした授業構想からの出題がみられる。実際の授業場面をかなり意識した出題の仕方になっており，このような問題形式は，問いそれ自体の難易度とは別に，現場経験がない受験生にとって難易度は高いと思われる。学習指導要領を学習する中で，具体的な授業のイメージをもちながら学習したり，過去問題研究を通して考え方を身に付けたりしておこう。

高校地理・歴史，公民

高校は，地理，歴史(日本史・世界史)，公民(政経・倫理)を通して，中学社会以上に専門的な知識が問われる内容になっている。問題数が多く，解答のスピードと正確さが要求される。また，それぞれの分野において，静岡県に関連する史料や人物などを用いた問題が出題されることがある。過去問を中心に対策を進めたい。

地理では，地図や雨温図・グラフ・統計資料などからの出題が多くみられる。2023年度は特徴的な灌漑設備を図示する問題があった。こうした問題に対応するために，常に地図帳や教科書の細部に注視して学習を進めておこう。また，他自治体の過去問題を利用して出題形式に慣れておきたい。さらに，世界地誌については，毎年複数の地域の出題がみられる。2024年度は大問6のヨーロッパのほか，各大問で地誌的な問題が出題された。日本地誌も頻出である。まんべんなく学習をしてどの地域が出題されても得点できるようにしよう。

歴史は，共通問題と選択問題で構成されている。共通問題では日本史・世界史の出題がある。日本史では，原始から現代まで幅広い範囲から出題がみられる。特に史資料からの出題が頻出であるため，史料集などを用いて基本的なものは押さえておきたい。さらに，歴史的事象の意義や背景を正誤問題などで問う出題も多い。事象を暗記するだけでなく，どのような経緯で出来事が起こり，どのような意義をもたらしたのかを考えながら学習を進めよう。選択問題の世界史については，ヨーロッパ史や中国史が中心であるが，各地域史から広範に出題されている。2022年度はオスマン帝国，アメリカ史からの出題があり，さらにヨーロッパ史と中国史が融合された出題もみられた。2024年度は例年の傾向通り古代ギリシャ・ローマ史と中国史(漢〜唐)が出題されたが，海域アジアの歴史に関する問題など，地域を横断的に扱う問題も出題された。偏った学習方法は望ましくはないが，詳しい知識がなければ解くのが厳しい出題形式のため，各地域について確実な知識を身に付けるよう意識しよう。地図や風刺画からの出題もみられるため，資料集を用いて学習を深めよう。また，日本史と世界史に共通して，授業を構想する上で概念や問いについて記述させる出題がある。この問題で問われているのは，その学習内容を授業として扱う教員として求められる力である。学習指導要領や歴史を学習していく中で，内容をどのように教材化し学習課題を立てるのかを考察しながら学習を進めよう。

公民については，倫理・政治・経済からの出題であり，すべて必答である。2024年度は2022年度に引き続き公共からの出題もみられた。そのため，苦手分野を作らず，安定して得点できるようにしたい。倫理は，選択肢問題が中心である。先哲の思想だけでなく日ごろから新聞等に目を通し，現代的な諸課題について説明できるよう対策しておこう。公共・政治・経済では，出題にばらつきがあるが，国際政治については頻出である。近年の各国動向を頭に入れておきたい。2024年度でも現代政治や現代経済に限らず，人権思想や経済理論についても出題があるなど，広範な範囲からの出題であった。出題数が限られる中で非効率かもしれないが，網羅的な学習を心がけよう。

また，いずれの科目においても学習指導要領の出題がある。現行学習指導要領と新学習指導要領どちらからも出題されているので押さえておこう。例えば，2024年度は公民においては，新旧に共通する内容の取扱いからの出題があった。難易度は低かったが，学習指導要領の文章を全く読んでいない状態で問題に挑むと時間が余計にかかってしまう恐れがある。必ず一度は目を通しておくようにしたい。

過去5年間の出題傾向分析

大分類	中分類（小分類）	主な出題事項	2020年度	2021年度	2022年度	2023年度	2024年度
中学地理	地図	縮尺，図法，地図の種類·利用，地域調査				●	
	地形	山地，平野，海岸，特殊な地形，海水·陸水	●	●		●	
	気候	気候区分，植生，土壌，日本の気候	●	●	●	●	●
	人口	人口分布，人口構成，人口問題，過疎·過密	●		●	●	
	産業·資源(農牧業)	農牧業の発達·条件，生産，世界の農牧業地域		●	●	●	●
	産業·資源(林業·水産業)	林産資源の分布，水産業の発達·形態，世界の主要漁場				●	
	産業·資源(鉱工業)	資源の種類·開発，エネルギーの種類·利用，輸出入		●		●	
	産業·資源(第3次産業)	商業，サービス業など		●	●		
	貿易	貿易の動向，貿易地域，世界·日本の貿易				●	
	交通・通信	各交通の発達・状況，情報·通信の発達	●				
	国家・民族	国家の領域，国境問題，人種，民族，宗教					
	村落・都市	村落·都市の立地·形態，都市計画，都市問題	●		●		
	世界の地誌(アジア)	自然·産業·資源などの地域的特徴			●		
	世界の地誌(アフリカ)	自然·産業·資源などの地域的特徴				●	
	世界の地誌(ヨーロッパ)	自然·産業·資源などの地域的特徴	●				
	世界の地誌(南北アメリカ)	自然·産業·資源などの地域的特徴		●			●
	世界の地誌(オセアニア·南極)	自然·産業·資源などの地域的特徴					
	世界の地誌(その他)	自然·産業·資源などの地域的特徴					
	日本の地誌	地形，気候，人口，産業，資源，地域開発	●	●		●	●
	環境問題	自然環境，社会環境，災害，環境保護					
	その他	地域的経済統合，世界のボーダレス化，国際紛争	●				
	指導法	指導計画，学習指導，教科教育			●	●	
	学習指導要領	内容理解，空欄補充，正誤選択	●	●	●	●	●
中学歴史	原始	縄文時代，弥生時代，奴国，邪馬台国					
	古代	大和時代，飛鳥時代，奈良時代，平安時代				●	
	古代の文化	古墳文化，飛鳥文化，天平文化，国風文化				●	
	中世	鎌倉時代，室町時代，戦国時代		●			●
	中世の文化	鎌倉文化，鎌倉新仏教，室町文化		●			
	近世	安土桃山時代，江戸時代	●		●	●	
	近世の文化	桃山文化，元禄文化，化政文化					
	近代	明治時代，大正時代，昭和戦前期(～太平洋戦争)	●	●	●	●	
	近代の文化	明治文化，大正文化		●	●		

大分類	中分類（小分類）	主な出題事項	2020年度	2021年度	2022年度	2023年度	2024年度
中学歴史	現代	昭和戦後期，平成時代，昭和・平成の経済・文化					●
	その他の日本の歴史	日本仏教史，日本外交史，日本の世界遺産					
	先史・四大文明	オリエント，インダス文明，黄河文明					
	古代地中海世界	古代ギリシア，古代ローマ，ヘレニズム世界					
	中国史	春秋戦国，秦，漢，六朝，隋，唐，宋，元，明，清		●			
	中国以外のアジアの歴史	東南アジア，南アジア，西アジア，中央アジア			●		
	ヨーロッパ史	古代・中世ヨーロッパ，絶対主義，市民革命					
	南北アメリカ史	アメリカ古文明，アメリカ独立革命，ラテンアメリカ諸国					
	二度の大戦	第一次世界大戦，第二次世界大戦			●		
	現代史	冷戦，中東問題，アジア・アフリカの独立，軍縮問題					
	その他の世界の歴史	歴史上の人物，民族史，東西交渉史，国際政治史					
	指導法	指導計画，学習指導，教科教育	●				
	学習指導要領	内容理解，空欄補充，正誤選択		●	●	●	●
中学公民	政治の基本原理	民主政治の発達，法の支配，人権思想，三権分立	●	●			
	日本国憲法	成立，基本原理，基本的人権，平和主義，新しい人権					●
	日本の政治機構	立法，行政，司法，地方自治	●		●		
	日本の政治制度	選挙制度の仕組み・課題，政党政治，世論，圧力団体	●				
	国際政治	国際法，国際平和機構，国際紛争，戦後の国際政治		●	●		
	経済理論	経済学の学派・学説，経済史，資本主義経済	●				
	貨幣・金融	通貨制度，中央銀行（日本銀行），金融政策					
	財政・租税	財政の仕組み，租税の役割，財政政策			●	●	
	労働	労働法，労働運動，労働者の権利，雇用問題					●
	戦後の日本経済	高度経済成長，石油危機，バブル景気，産業構造の変化					
	国際経済	為替相場，貿易，国際収支，グローバル化，日本の役割		●		●	
	現代社会の特質と課題	高度情報化社会，少子高齢化，社会保障，食料問題	●	●	●	●	
	地球環境	温暖化問題，エネルギー・資源問題，国際的な取り組み			●		
	哲学と宗教	ギリシア・西洋・中国・日本の諸思想，三大宗教と民族宗教					
	その他	最近の出来事，消費者問題，地域的経済統合，生命倫理	●	●		●	
	指導法	指導計画，学習指導，教科教育	●				
	学習指導要領	内容理解，空欄補充，正誤選択	●	●	●	●	●
高校地理	地図	縮尺，図法，地図の種類・利用，地域調査	●	●	●	●	
	地形	山地，平野，海岸，特殊な地形，海水・陸水	●	●	●	●	●
	気候	気候区分，植生，土壌，日本の気候	●	●	●	●	●
	人口	人口分布，人口構成，人口問題，過疎・過密	●	●	●	●	
	産業・資源（農牧業）	農牧業の発達・条件，生産，世界の農牧業地域	●	●	●	●	●

大分類	中分類（小分類）	主な出題事項	2020年度	2021年度	2022年度	2023年度	2024年度
高校地理	産業・資源(林業・水産業)	林産資源の分布，水産業の発達・形態，世界の主要漁場			●	●	●
	産業・資源（鉱工業）	資源の種類・開発，エネルギーの種類・利用，輸出入	●	●	●	●	
	産業・資源(第3次産業)	商業，サービス業など		●	●		●
	貿易	貿易の動向，貿易地域，世界・日本の貿易	●	●	●	●	●
	交通・通信	各交通の発達・状況，情報・通信の発達		●			
	国家・民族	国家の領域，国境問題，人種，民族，宗教	●	●	●		
	村落・都市	村落・都市の立地・形態，都市計画，都市問題	●	●	●	●	
	世界の地誌(アジア)	自然・産業・資源などの地域的特徴			●	●	●
	世界の地誌(アフリカ)	自然・産業・資源などの地域的特徴	●		●		
	世界の地誌(ヨーロッパ)	自然・産業・資源などの地域的特徴	●	●		●	●
	世界の地誌(南北アメリカ)	自然・産業・資源などの地域的特徴	●	●	●		
	世界の地誌(オセアニア・南極)	自然・産業・資源などの地域的特徴	●	●			
	世界の地誌(その他)	自然・産業・資源などの地域的特徴					
	日本の地誌	地形，気候，人口，産業，資源，地域開発	●	●	●	●	●
	環境問題	自然環境，社会環境，災害，環境保護	●	●		●	
	その他	地域的経済統合，世界のボーダレス化，国際紛争	●	●	●	●	
	指導法	指導計画，学習指導，教科教育			●	●	
	学習指導要領	内容理解，空欄補充，正誤選択	●	●	●	●	●
高校日本史	原始	縄文時代，弥生時代，奴国，邪馬台国	●	●	●	●	●
	古代(大和時代)	大和政権，倭の五王，『宋書』倭国伝，氏姓制度	●	●		●	
	古代(飛鳥時代)	推古朝と聖徳太子，遣隋使，大化改新，皇親政治	●	●		●	
	古代(奈良時代)	平城京，聖武天皇，律令制度，土地制度	●	●	●	●	●
	古代(平安時代)	平安京，摂関政治，国風文化，院政，武士台頭	●	●	●	●	
	古代の文化	古墳文化，飛鳥文化，白鳳文化，天平文化，国風文化	●	●	●	●	●
	中世(鎌倉時代)	鎌倉幕府，御成敗式目，元寇，守護・地頭	●	●	●	●	●
	中世(室町時代)	南北朝，室町幕府，勘合貿易，惣村，一揆	●	●	●	●	●
	中世(戦国時代)	戦国大名，分国法，貫高制，指出検地，町の自治	●	●	●	●	●
	中世の文化	鎌倉文化，鎌倉新仏教，室町文化，能	●	●	●	●	
	近世(安土桃山時代)	鉄砲伝来，織豊政権，楽市楽座，太閤検地，刀狩	●	●		●	
	近世(江戸時代)	江戸幕府，幕藩体制，鎖国，三大改革，尊王攘夷	●	●	●	●	●
	近世の文化	桃山文化，元禄文化，化政文化	●	●	●	●	●
	近代(明治時代)	明治維新，大日本帝国憲法，日清・日露戦争，条約改正	●	●	●	●	●
	近代(大正時代)	大正デモクラシー，第一次世界大戦，米騒動，協調外交	●	●	●	●	●
	近代(昭和戦前期)	恐慌，軍部台頭，満州事変，日中戦争，太平洋戦争	●	●	●	●	●
	近代の経済	地租改正，殖産興業，産業革命，貿易，金本位制	●	●	●	●	

大分類	中分類（小分類）	主な出題事項	2020年度	2021年度	2022年度	2023年度	2024年度
高校日本史	近代の文化	明治文化，大正文化	●	●	●		●
	現代	昭和戦後期，平成時代	●	●		●	●
	現代の経済	高度経済成長，為替相場，石油危機，バブル景気	●				
	その他	地域史，制度史，仏教史，外交史，経済史	●	●	●	●	●
	指導法	指導計画，学習指導，教科教育	●		●	●	
	学習指導要領	内容理解，空欄補充，正誤選択	●	●		●	●
高校世界史	先史・四大文明	オリエント，インダス文明，黄河文明	●	●	●	●	
	古代地中海世界	古代ギリシア，古代ローマ，ヘレニズム世界	●	●	●	●	●
	中国史(周～唐)	周，春秋戦国，諸子百家，漢，三国，晋，南北朝，隋，唐	●	●	●	●	●
	中国史（五代～元）	五代，宋，北方諸民族，モンゴル帝国，元	●	●	●		
	中国史（明・清・中華民国）	明，清，列強の進出，辛亥革命，中華民国		●	●	●	●
	東南アジア史	ヴェトナム，インドネシア，カンボジア，タイ，ミャンマー	●	●	●	●	●
	南アジア史	インド諸王朝，ムガル帝国，インド帝国，独立運動	●	●		●	●
	西アジア史	イスラム諸王朝，オスマン=トルコ，列強の進出	●	●	●		
	東西交渉史	シルクロード，モンゴル帝国，大航海時代		●		●	
	ヨーロッパ史（中世・近世）	封建制度，十字軍，海外進出，宗教改革，絶対主義		●	●	●	●
	ヨーロッパ史（近代）	市民革命，産業革命，帝国主義，ロシア革命	●	●	●	●	
	南北アメリカ史	アメリカ古文明，アメリカ独立革命，ラテンアメリカ諸国	●	●	●	●	
	二度の大戦	第一次世界大戦，第二次世界大戦	●	●		●	
	その他の地域の歴史	内陸アジア，朝鮮，オセアニア，両極，アフリカ		●	●		●
	現代史	冷戦，中東問題，アジア・アフリカの独立，軍縮問題	●	●		●	
	宗教史	インドの諸宗教，キリスト教，イスラム教		●	●	●	
	文化史	古代ギリシア・ローマ文化，ルネサンス，近代ヨーロッパ文化		●		●	
	その他	時代または地域を横断的に扱う問題，交易の歴史，経済史	●	●	●	●	
	指導法	指導計画，学習指導，教科教育	●		●	●	
	学習指導要領	内容理解，空欄補充，正誤選択	●	●	●	●	●

大分類	中分類（小分類）	主な出題事項	2020年度	2021年度	2022年度	2023年度	2024年度
高校政経	政治の基本原理	民主政治の発達，法の支配，人権思想，三権分立	●			●	●
	日本国憲法	成立，基本原理，基本的人権，平和主義，新しい人権	●	●	●	●	●
	立法	国会の仕組み・役割，議会政治，関係条文	●	●		●	●
	行政	内閣の仕組み・役割，議院内閣制，関係条文	●				
	司法	裁判所の仕組み・役割，国民審査，裁判員制度，関係条文	●	●	●	●	
	地方自治	地方自治の意義，直接請求権，組織と権限，地方分権	●			●	
	日本の政治制度	選挙制度の仕組み・課題，政党政治，世論，圧力団体	●	●			●
	国際政治	国際法，国際連盟と国際連合，核・軍縮問題，国際紛争	●	●			●
	戦後政治史	戦後日本の政治・外交の動き	●	●			●
	経済理論	経済学説，経済史，社会主義経済の特徴	●		●	●	
	資本主義経済	資本主義の仕組み，市場機構，企業活動	●	●		●	●
	貨幣・金融	貨幣の役割，金融と資金循環の仕組み，金融政策		●	●		●
	財政・租税	財政の仕組み，租税の役割，財政政策	●	●	●	●	●
	労働	労働法，労働運動，労働者の権利，雇用問題	●				●
	国民経済	国民所得の諸概念，経済成長，景気の循環	●	●		●	●
	戦後の日本経済	高度経済成長，石油危機，バブル景気，産業構造の変化	●	●	●	●	
	国際経済	為替相場，貿易，国際収支，グローバル化，日本の役割	●	●	●	●	●
	地域的経済統合	各地域での経済統合の動向とその特徴			●	●	
	その他	消費者問題，公害問題，環境問題	●	●			
	指導法	指導計画，学習指導，教科教育				●	
	学習指導要領	内容理解，空欄補充，正誤選択	●	●	●	●	●
高校現社	青年期の意義と課題	青年期の特質，精神分析，自己実現		●		●	
	現代社会の特質	高度情報化社会，消費者問題	●	●		●	
	人口問題	人口構造の変化，少子高齢化とその対策	●	●		●	
	労働問題	労働運動，労使関係，労働問題の現状	●	●		●	
	福祉問題	社会保障の仕組みと課題，年金制度	●				
	食糧問題	農業の課題，食糧自給，食品汚染		●		●	
	環境問題	公害，地球環境，地球温暖化，日本の取り組み	●			●	
	その他	行政の民主化・効率化，男女共同参画社会，日本的経営		●		●	
	指導法	指導計画，学習指導，教科教育					
	学習指導要領	内容理解，空欄補充，正誤選択	●	●			

大分類	中分類（小分類）	主な出題事項	2020年度	2021年度	2022年度	2023年度	2024年度
高校倫理	哲学と宗教	三大宗教，ユダヤ教，宗教改革	●	●	●	●	●
	古代ギリシアの思想	古代ギリシアの諸思想，ヘレニズム哲学	●	●	●	●	●
	中国の思想	諸子百家，儒教，朱子学，陽明学	●	●	●	●	●
	ヨーロッパの思想(～近代)	ルネサンス，合理的精神，啓蒙思想，観念論	●	●	●	●	●
	日本人の思考様式	日本の風土と文化，日本人の倫理観，神道		●	●		
	日本の仏教思想	奈良仏教，密教，末法思想，浄土信仰，鎌倉仏教	●	●			●
	日本の思想（近世）	日本の儒学，国学，心学，民衆の思想，洋学	●		●	●	
	日本の思想（近代）	福沢諭吉，中江兆民，夏目漱石，内村鑑三，西田幾多郎	●		●	●	●
	現代の思想	実存主義，プラグマティズム，構造主義，ロールズ		●	●	●	●
	その他	青年期の特質と課題，現代社会における倫理	●	●	●	●	●
	指導法	指導計画，学習指導，教科教育					
	学習指導要領	内容理解，空欄補充，正誤選択	●	●	●	●	●
高校公共	青年期の意義と課題	青年期の特質，精神分析，自己実現			●	●	
	現代社会の特質	高度情報化社会，消費者問題				●	
	人口問題	人口構造の変化，少子高齢化とその対策				●	
	労働問題	労働運動，労使関係，労働問題の現状				●	
	福祉問題	社会保障の仕組みと課題，年金制度					●
	食糧問題	農業の課題，食糧自給，食品汚染				●	
	環境問題	公害，地球環境，地球温暖化，日本の取り組み				●	
	その他	行政の民主化･効率化，男女共同参画社会，日本的経営			●	●	●
	指導法	指導計画，学習指導，教科教育					
	学習指導要領	内容理解，空欄補充，正誤選択			●	●	●

第２部

静岡県・静岡市・浜松市の教員採用試験実施問題

2024年度　実施問題

中　学　社　会

【１】「日本の諸地域　関東地方」の学習について，次の問いに答えなさい。

(1)　資料Ⅰの三つの雨温図は，資料ⅡのA～Cのものである。Aの雨温図はどれか，資料Ⅰのア～ウから選び，記号で書きなさい。

資料Ⅰ　各地の雨温図（2018年）

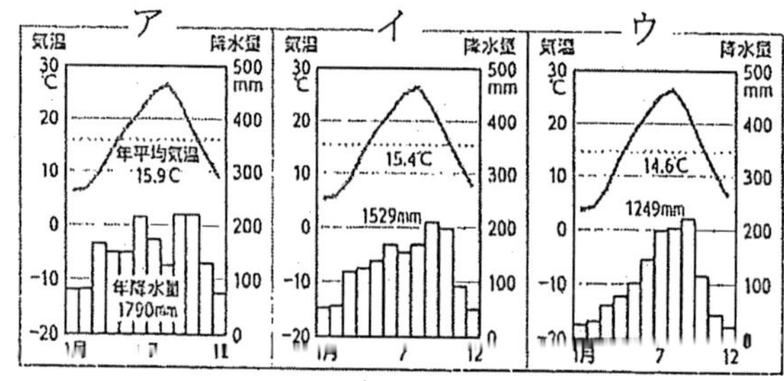

（東京書籍「新しい社会地理」より）

資料Ⅱ　関東地方の地図

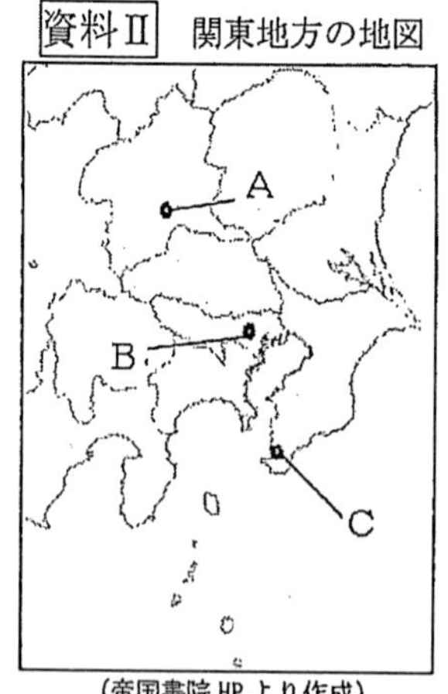

（帝国書院 HP より作成）

(2) 関東地方について調べた生徒の会話を読み，以下の問いに答えなさい。

A：日本の首都東京は，江戸時代から現在まで日本の中心として発達しており，国会議事堂や多くの中央官庁などが集中し，日本の政治の中心としての役割を果たしていることが分かります。
B：東京は a過密状態にあり，日本人だけでなく，b外国人居住者の割合も最も高くなっています。
C：近年，過密による問題を解決するため，東京の持つ機能を分散させようとしています。
B：環境面では，高層ビルが立ち並ぶ中心部は，気温が周辺部よりも高くなる(c)現象が見られるとともに，近年は夏に，東京をはじめ関東地方で，ゲリラ豪雨がしばしば発生しています。
A：また，日本の人口の約4分の1が東京大都市圏に集まり，d五つの政令指定都市があるのが分かります。
C：関東地方は工業も盛んで，南部に広がる(e)工業地帯や京葉工業地域では，重化学工業が盛んに行われています。一方，内陸部では自動車や電気機械，食品などの工業が発展し，(f)工業地域が形成されています。

① 下線部aによって起きる都市問題として当てはまらないものはどれか，次のア～エから選び，記号で書きなさい。
ア ごみの増加　イ 通勤時間帯の混雑　ウ 地価の下落
エ 住宅の不足
② 下線部bの理由について，次の二つの語句を用いて簡潔に説明しなさい。　<大使館　外資系企業>
③ 下線部dは横浜市，さいたま市，千葉市とあと二つはどこか，次のア～オから選び，記号で書きなさい。
ア 相模原市　イ 小田原市　ウ 前橋市　エ 宇都宮市

オ　川崎市

④　(c), (e), (f)に当てはまる語句を書きなさい。

⑤　東京の都心部では，資料Ⅲのような特徴が見られる。その理由について，以下の語句を用いて説明しなさい。

資料Ⅲ　東京の都心３区の昼間の人口と夜間の人口の違い

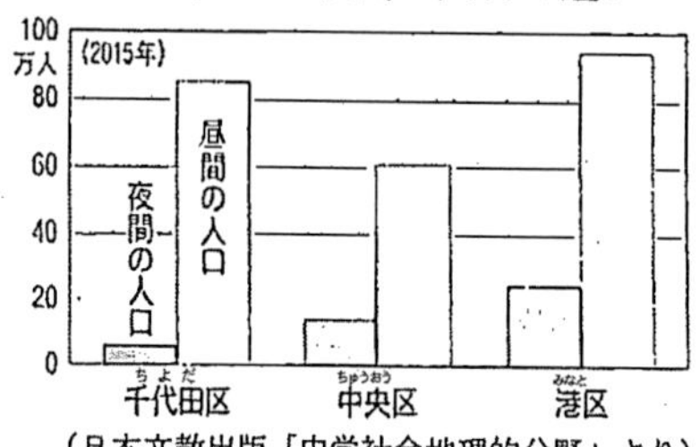

(日本文教出版「中学社会地理的分野」より)

＜郊外　通勤や通学＞

⑥　資料Ⅳは何に関連する工業を表しているか，以下のア～エから選び，記号で書きなさい。

資料Ⅳ　ある工業の出荷額(2016年)

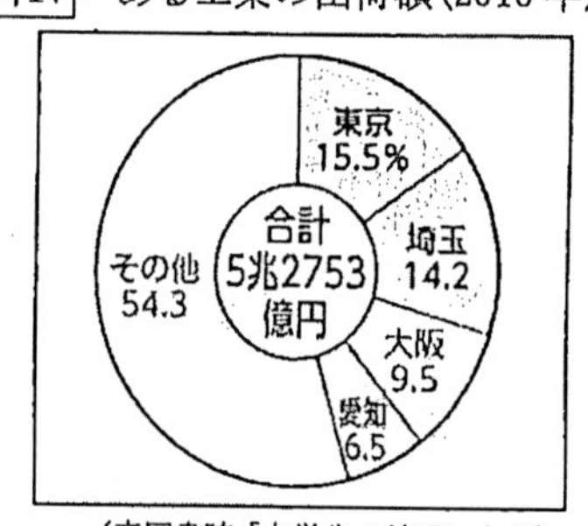

(帝国書院「中学生の地理」より)

ア　電気機械　　イ　印刷　　ウ　自動車　　エ　化学

(3)　関東平野では，資料Ⅴのように，新鮮な農産物を都市の住民向けに生産する農業が行われている。この農業を何というか，書きなさい。

資料Ⅴ　東京都中央卸売市場に入荷する野菜の都道府県別割合

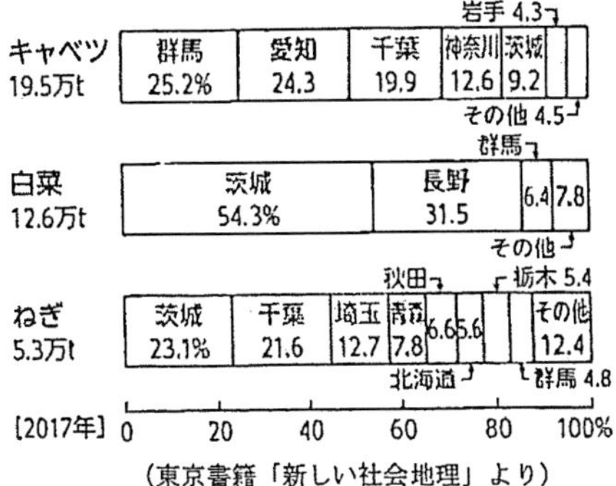

(東京書籍「新しい社会地理」より)

(4)　資料Ⅴにある群馬県のキャベツのように，夏の冷涼な気候を利用して栽培される野菜を何というか，書きなさい。

(☆☆☆◎◎◎)

【2】「世界の諸地域　南アメリカ州」の学習について，次の問いに答えなさい。

(1)　次の文章は，「中学校学習指導要領解説　社会編(平成29年7月)」における本学習の内容の取扱いに関する記述の一部である。(　a　)，(　b　)に当てはまる語句を以下のア～カから選び，記号で書きなさい。

> 取り上げる地球的課題については，地域間の(　a　)に気付き，我が国の国土の認識を深め，(　b　)な社会づくりを考える上で効果的であるという観点から設定すること。また，州ごとに異なるものになるようにすること。

ア　民主的　　イ　結び付き　　ウ　持続可能　　エ　共通性
オ　多様性　　カ　世界的

(2)　資料Ⅵの［　A　］～［　C　］が示す農産物は何か，三つの組み合わせとして適切なものを以下のア～エから選び，記号で書きなさい。

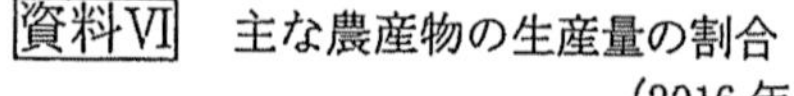

資料Ⅵ　主な農産物の生産量の割合

(2016年)

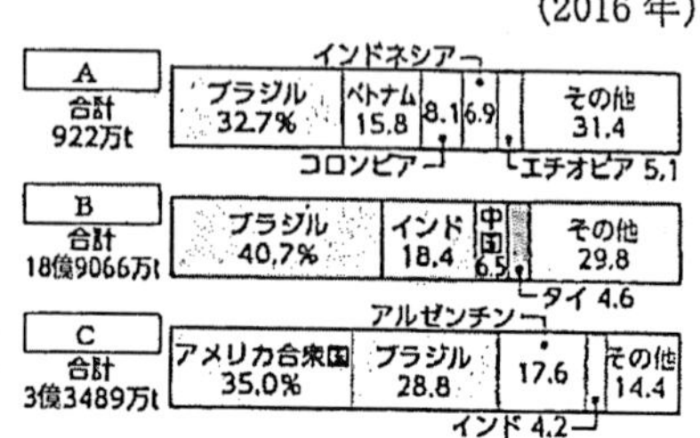

ア　A　さとうきび　　B　コーヒー豆　　C　大豆

イ　A　大豆　　B　コーヒー豆　　C　さとうきび

ウ　A　コーヒー豆　　B　さとうきび　　C　大豆

エ　A　さとうきび　　B　大豆　　C　コーヒー豆

(3)　資料Ⅶから，1965年と2016年を比較して，ブラジルの輸出額の割合はどのように変化したか，品目に着目し，「ブラジルの輸出品は，」の書き出しに続けて書きなさい。

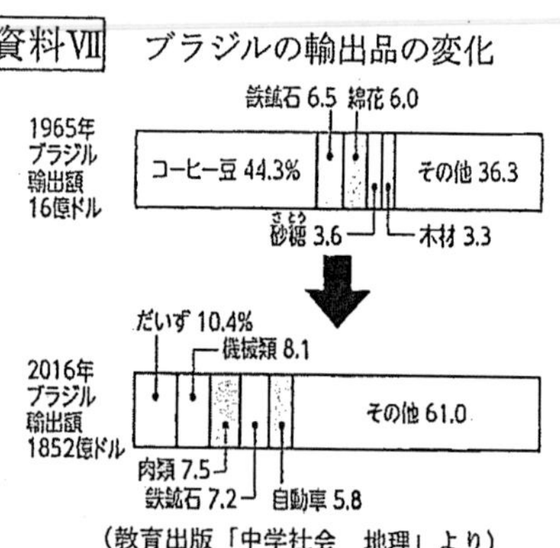

資料Ⅶ　ブラジルの輸出品の変化

(教育出版「中学社会　地理」より)

(4)　資料Ⅷは，南アメリカ州におけるある事象の変化を示したグラフである。以下のア～エから適切なものを選び，記号で書きなさい。

資料Ⅷ　南アメリカ州における
ある事象の変化

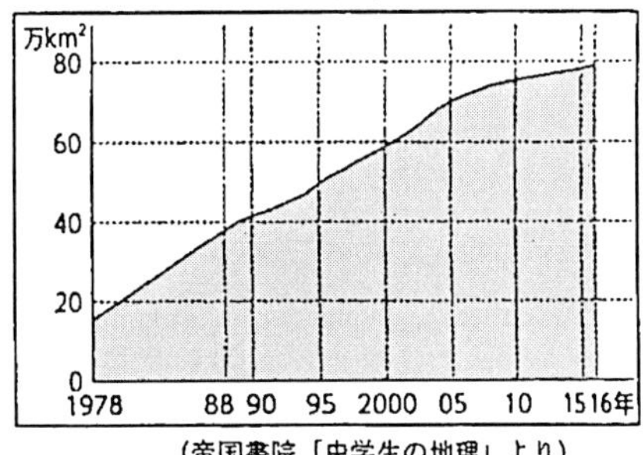

（帝国書院「中学生の地理」より）

ア　アマゾンの森林伐採面積の累計

イ　砂漠化した面積の累計

ウ　アマゾン川の流域面積の推移

エ　海面上昇により水没した地表の面積の累計

(5)　次の①，②は，資料Ⅸ中のA～Fの国について書かれたものである。それぞれどの国のものかA～Fから選び，記号で書きなさい。

①　世界で最も標高が高いところに首都があるこの国では，高度に応じてリャマ，羊などの放牧やジャガイモの栽培が行われている。

②　パンパと呼ばれる温帯草原では，小麦の栽培や牛，羊の放牧が盛んである。

資料Ⅸ　南アメリカ州

（帝国書院HPより作成）

(6)　南アメリカ州についてまとめた次の文章を読み，以下の問いに答えなさい。

> 16世紀になるとヨーロッパ諸国が進出し，先住民の文明を滅ぼして植民地をつくりました。そして，19世紀の初めごろ，ここで生まれた白人たちはヨーロッパの本国と対立して，多くの独立国をつくりました。この地域では，長い間に人種間の混血が進み，現在では c ヨーロッパ系と先住民との混血の人々が人口の大半を占めている国もあります。他にも，かつて(　d　)としてアフリカから連れてこられた黒人の子孫や，日本からの移民の子孫である e 日系人など様々な人種が暮らしています。

①　下線部cの人々を何というか，書きなさい。

②　(　d　)に当てはまる語句を書きなさい。

③　下線部eが最も多く暮らしている国はどこか，資料Ⅸ中のA～Fから選び，記号で書きなさい。

(☆☆☆◎◎◎)

【３】「世界の動きと統一事業」の学習について，以下の問いに答えなさい。

(1)　世界の動きに関する生徒の会話を読んで，以下の問いに答えなさい。

> A：中世ヨーロッパではキリスト教が広まり，人々の考えや生活に影響を与えていました。
> B：ローマ教皇が聖地を取り戻すために派遣を呼びかけた十字軍の影響もあって，14世紀ごろから，ヨーロッパでは(　a　)文化，古代ギリシャやローマの文化への関心が高まりました。
> C：それにより，これまでのキリスト教にとらわれない自由で生き生きとした文化が生まれました。この動きは(　b　)とよばれ，絵画や彫刻，建築，文学などが盛んになりました。
> B：他にも天文学や地理学が発達し，航海術が発展しました。

D：それがきっかけで，cスペインやポルトガルが先駆けとなって，新航路の開拓を競い合うようになりました。

A：（ b ）は，新航路の開拓だけでなく，16世紀に始まった宗教改革にも影響を与えています。

C：この時期に発明されたd活版印刷技術は，宗教改革の支持者を増やすことにつながりました。

D：カトリック教会から離れた宗教改革の支持者は，（ e ）と呼ばれるようになりました。

① （ a ），（ b ），（ e ）に当てはまる語句を書きなさい。

② 宗教改革が始まった16世紀に日本で起こった出来事を次のア～エからすべて選び，記号で書きなさい。

ア 鉄砲が伝わる　　　イ 応仁の乱が起こる

ウ 室町幕府が滅ぶ　　エ 勘合貿易が始まる

③ 下線部cについて，新航路を開拓した二つの主な目的を，それぞれ簡潔に書きなさい。

④ 下線部dについて，その理由を簡潔に説明しなさい。

⑤ 資料Ⅰに関する以下の文章のうち，正しいものをすべて選び，記号で書きなさい。

資料Ⅰ　新航路の開拓

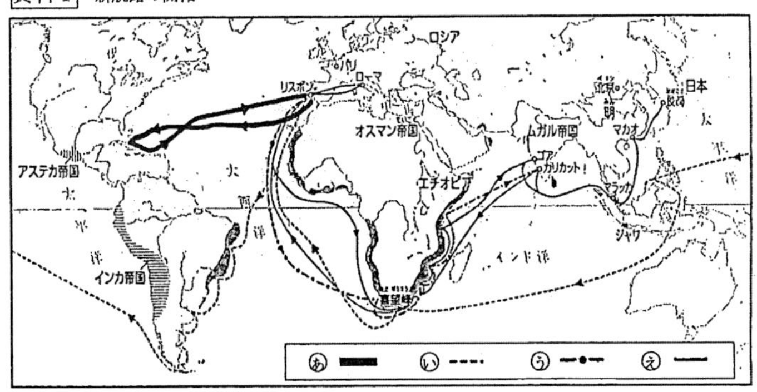

（教育出版「中学社会　歴史　未来をひらく」より作成）

ア　㋐は，コロンブスがスペインの援助でインドを目指した航路である。

イ　㋑の航路により，地球が丸いことが確かめられた。

ウ　㋒は，太平洋を南下し，アフリカ南端を回ってインドに着く航路として発見された。

エ　㋓は，マルコ・ポーロが辿った航路である。

(2)　次の文は，「中学校学習指導要領解説　社会編(平成29年7月)」における本学習の内容に関する記述である。(　f　)に当てはまる語句を以下のア～エから選び，記号で書きなさい。

ヨーロッパ来航の背景とその影響，織田・豊臣による統一事業とその当時の対外関係，(　f　)などを基に，近世社会の基礎がつくられたことを理解すること。

ア　農業など諸産業の発達

イ　教育の普及と文化の広がり

ウ　武将や豪商などの生活文化の展開

エ　身分制と農村の様子

(3)　次の文に適する場所を資料Ⅱのア～ケから選び，記号で書きなさい。また，その場所がある現在の都道府県名を書きなさい。

①　1549年，フランシスコ・ザビエルが上陸した。

②　織田信長が壮大な城を築き，天下統一の拠点にした。

③　朝鮮の陶工によって有田焼がつくられるようになった。

④　侘び茶を大成させた千利休が生まれ，生涯の大半を過ごした。

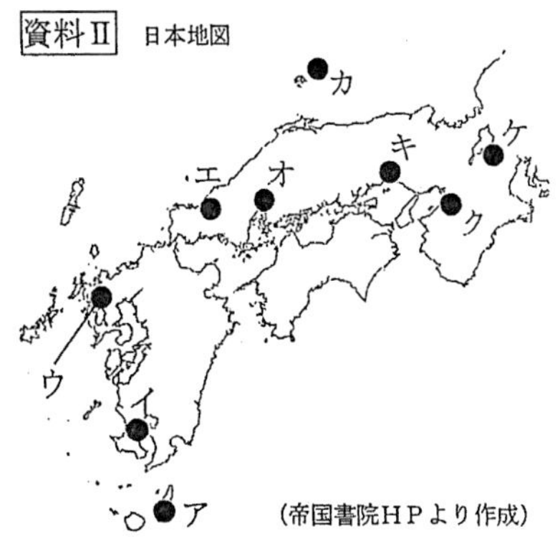

(☆☆☆☆◎◎)

【４】「現代の日本と世界」の学習について，次の問いに答えなさい。

(1)　次の文章は，「中学校学習指導要領解説　社会編(平成29年7月)」における本学習の内容の取扱いに関する記述の一部である。(　a　)に当てはまる語句を以下のア～オから選び，記号で書きなさい。

> 「我が国の民主化と再建の過程」については，(　a　)が苦難を乗り越えて新しい日本の建設に努力したことに気付かせるようにすること。その際，男女普通選挙の確立，日本国憲法の制定などを取り扱うこと。

ア　天皇　　イ　国民　　ウ　国会　　エ　社会　　オ　内閣

(2)　連合国軍最高司令官総司令部による占領政策について，次の問いに答えなさい。

①　次の文は，占領政策の基本方針である。(　b　)に当てはまる語句を書きなさい。

> 日本の(　b　)主義を取り除き，民主化を推し進める。

②　農地改革によって，資料Ⅲのような変化が生じた。農地改革の目的とは何か，簡潔に書きなさい。

資料Ⅲ　農地改革による変化

自作地と小作地の割合

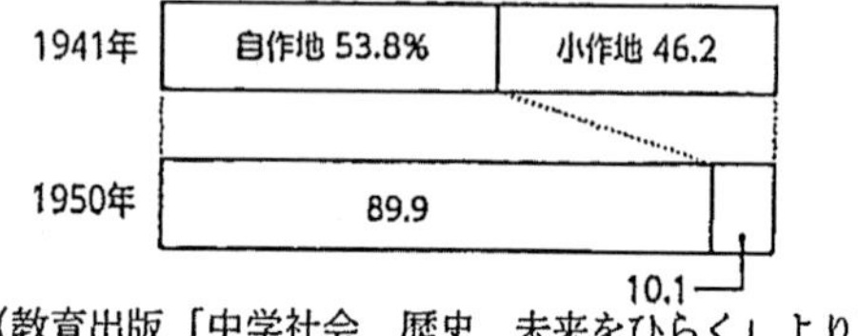

（教育出版「中学社会　歴史　未来をひらく」より）

(3)　日本国憲法が公布された日は，現在，法律で国民の祝日に定められている。その祝日の名称を書きなさい。

(4)　資料Ⅳと資料Ⅴについて，あとの問いに答えなさい。

資料Ⅳ　昭和・平成時代の日本の動き

西暦	出来事
1951	ｃサンフランシスコ平和条約締結
1955	自由民主党結成
	経済が戦前の水準に回復
1960	池田勇人内閣「所得倍増」
1964	東京オリンピック・パラリンピック開催
1973	石油危機
	貿易摩擦の深刻化・円高
1988	世界一の貿易黒字国に
1992	ｆ国際平和協力法（ＰＫＯ協力法）成立
1993	ｇ非自民連立内閣成立
1995	ｈ阪神・淡路大震災
1998	（　ｉ　）成立

高度経済成長　（　ｅ　）　平成不況　55年体制

（東京書籍「新しい社会　歴史」より作成）

資料V　乗用車と家庭電化製品の普及率

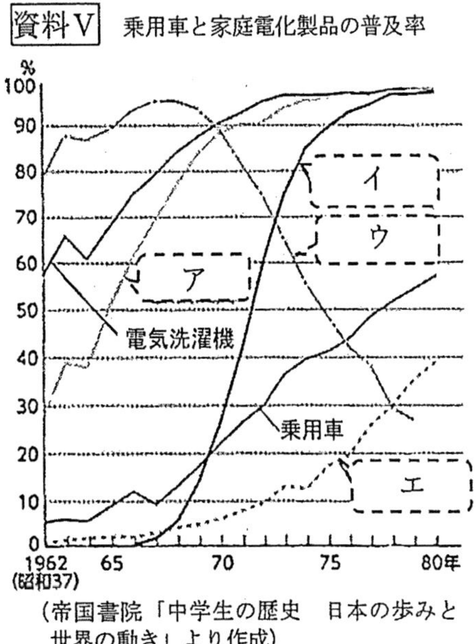

(帝国書院「中学生の歴史　日本の歩みと世界の動き」より作成)

① 下線部cの内容として適切なものを次のア～ウから選び，記号で書きなさい。

ア　日本国は，朝鮮の独立を承認して，朝鮮に対するすべての権利と請求権を放棄する。

イ　ソ連は，日本国の要請にこたえかつ日本国の利益を考慮して，歯舞諸島及び色丹島を日本国に引き渡すことに同意する。

ウ　日本国の主権は，本州・北海道・九州・四国及び連合国の決定する諸小島に限定される。

② 1956年の経済白書では，日本経済が戦前の水準に回復したことについて次のように表現した。(　d　)に当てはまる語句を書きなさい。

貧乏な日本のこと故，世界の他の国々に比べれば，消費や投資の潜在需要はまだ高いかもしれないが，戦後の一時期に比べれば，その欲望の熾烈さは明らかに減少した。もはや(　d　)ではない。

③　資料Ⅴのア～エのグラフは，家庭電化製品のうち，「エアコン」「白黒テレビ」「電気冷蔵庫」「カラーテレビ」の高度経済成長期にかけての普及率を表している。「カラーテレビ」のグラフはどれか，記号で書きなさい。

④　1980年代後半から，銀行の資金援助を受けた企業が土地や株式を買い集めたため，地価や株価が上がり続け，異常な好景気となったが，1991年に崩壊した。(　e　)に当てはまるこの経済状態のことを何というか，書きなさい。

⑤　下線部fの契機となった戦争の名称を書きなさい。

⑥　下線部gにより終わった55年体制について，次の語句を用いて簡潔に説明しなさい。　＜自由民主党　対立＞

⑦　下線部hの発生が契機となって成立した法律iを次のア～エから選び，記号で書きなさい。

ア　男女共同参画社会基本法　　イ　環境基本法
ウ　製造物責任法　　エ　特定非営利活動促進法

(☆☆☆◎◎◎)

【５】「人間の尊重と日本国憲法の基本的原則」の学習について，次の問いに答えなさい。

(1)　次の文は，「中学校学習指導要領解説　社会編(平成29年7月)」における本学習の内容に関する記述の一部である。a，bに当てはまる語句を次のア～オから選び，記号で書きなさい。

対立と合意，効率と(　a　)，個人の尊重と法の支配，(　b　)などに着目して，課題を追究したり解決したりする活動を通して，次の事項を身に付けることができるよう指導する。

ア　公平　　イ　分業と交換　　ウ　民主主義　　エ　希少性
オ　公正

(2)　平和主義を扱った授業での生徒の会話を読み，以下の問いに答えなさい。

A：平和主義について，日本国憲法の前文と第9条に書かれています。
B：日本は戦力を持たないということでしたね。では，自衛隊は戦力ではないということですか。
C：自衛隊は，「主権国家にある自衛権を行使するための必要最低限度の実力をもつもの」として位置付けられていると，日本政府は捉えているそうです。
A：日本政府は，自衛権について，2014年に憲法解釈を変更し，c日本と密接な関係にある国が攻撃されたら，その国の防衛活動に参加することができるとしました。
B：密接な関係がある国とは，例えばアメリカのことですか。
C：そうですね。アメリカとは1951年に(　d　)条約を結んでいます。
A：(　d　)条約は，1960年に改定されて，日本が外国から攻撃されたら，アメリカと共同して共通の危険に対処することも盛り込まれましたね。

①　下線部cの権利を何権というか，書きなさい。
②　(　d　)に当てはまる条約を何というか，書きなさい。
③　次の文は，日本国憲法第9条の抜粋である。(　e　)~(　g　)に当てはまる語句を書きなさい。

日本国民は，正義と秩序を基調とする国際平和を誠実に希求し，(　e　)の発動たる戦争と，武力による威嚇又は武力の行使は，国際(　f　)を解決する手段としては，永久にこれを(　g　)する。

④　日本国憲法では，自衛隊に命令を出す首相や防衛大臣は文官(職業軍人でない人)でなくてはならないと規定されている。この原則を何というか，書きなさい。

(3)　基本的人権について次の問いに答えなさい。

①　次の文は，日本国憲法第14条の抜粋である。(h)～(j)に当てはまる語句を以下のア～クから選び，記号で書きなさい。

> すべて国民は，法の下に平等であつて，(h)，信条，性別，社会的(i)又は門地により，(j)的，経済的又は社会的関係において，差別されない。

ア　法律　　イ　国籍　　ウ　人種　　エ　立場　　オ　政治
カ　身分　　キ　人権　　ク　地位

②　資料Ⅰは，1989年に国際連合で採択され，日本も1994年に批准した条約に掲げられている四つの権利である。この条約を何というか，書きなさい。

資料Ⅰ　四つの権利

生きる権利
- 防げる病気などで命を失わないこと
- 病気やけがをしたら治療を受けられること

守られる権利
- あらゆる種類の虐待や搾取などから守られること
- 障がいのある子どもや少数民族の子どもなどは特別に守られること

育つ権利
- 教育を受け，休んだり遊んだりできること
- 考えることや信じることの自由が守られ，自分らしく育つことができること

参加する権利
- 自由に意見を表明したり，集まってグループを作って自由な活動をしたりできること

（東京書籍「新しい社会 公民」より作成）

③　2023年4月1日よりこども基本法が施行された。これと同じ日，これまで各省庁が別々に行ってきた子供政策を推進するために発足した，国の行政機関の名前を書きなさい。

④　2023年4月に開校した「静岡県立ふじのくに中学校」は，教育を受ける権利を保障する夜間中学である。夜間中学とはどのような学校か，次のア～エから適切なものをすべて選び，記号で書きなさい。

ア　義務教育を修了できなかった日本国籍を持つ人のみが学ぶことができる。

イ　不登校などの理由で，中学校に十分に通うことができなかった人たちの学び直しの場となる。

ウ　授業料は無償である。

エ　週5日間の授業が行われている。

(☆☆☆◎◎◎)

【6】「私たちと経済」の学習について，次の問いに答えなさい。

(1)　次の文章は，「中学校学習指導要領解説　社会編(平成29年7月)」における本学習の内容の取扱いの記述の一部抜粋である。(　a　)，(　b　)に当てはまる語句を以下のア～カから選び，記号で書きなさい。

> 「個人や企業の経済活動における役割と責任」については，起業について触れるとともに，経済活動や起業などを支える(　a　)などの働きについて取り扱うこと。
>
> 「社会生活における職業の意義と役割及び雇用と(　b　)の改善」については，仕事と生活の調和という観点から労働保護立法についても触れること。

ア　産業　　イ　労働条件　　ウ　労働環境　　エ　需要

オ　労働争議　　カ　金融

(2)　労働者の権利や働き方について，次の問いに答えなさい。

①　労働者の様々な権利を守るために定められている，労働三法を

すべて書きなさい。

② 労働者が団結し，労働組合を結成すると，労働者にとってどのようなメリットがあるか，次の語句を用いて簡潔に説明しなさい。
<交渉　対等>

③ 我が国で働く人の4割近くは非正規雇用と呼ばれる働き方をしている。資料Ⅱ，資料Ⅲから読み取れることとして適切なものをあとのア～エから選び，記号で書きなさい。

資料Ⅱ　正社員と非正社員の賃金と既婚率
(2017 ほか)

	正社員	非正社員
平均年収	490万円	273万円
生涯賃金(男性)	2億2003万円	1億2113万円
30～34歳の男性の既婚率(2017年)	60.0%	22.3%

資料Ⅲ　正社員と非正社員の年齢別年収

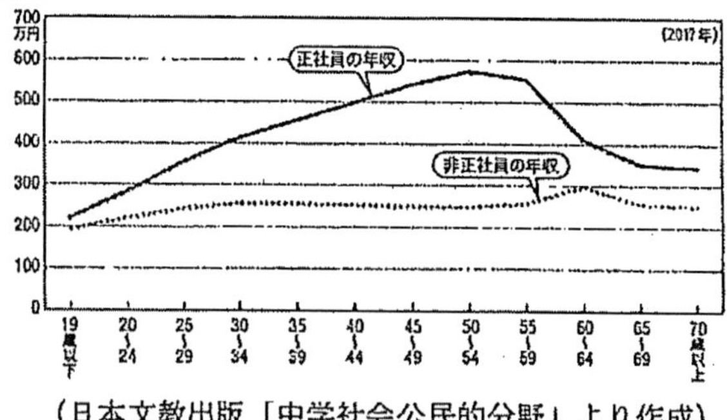

(日本文教出版「中学社会公民的分野」より作成)

ア　正社員は，非正社員に比べて生涯賃金が高い。

イ　正社員は60歳まで年収が上がり続けるのに対し，非正社員は，ほぼ横ばいである。

ウ　正社員と非正社員を比べると，30歳～34歳の男女の既婚率に差がある。

エ　30歳から34歳の正社員の平均年収は490万円である。

④　日本では，グローバル化や産業構造の変化等により，2000年頃から労働環境が変化してきた。その変化として適切なものを次のア～エからすべて選び，記号で書きなさい。

ア　仕事の成果に応じて賃金を決める，年功序列賃金が広まっている。

イ　終身雇用制の見直しとともに，パートやアルバイト等の非正規労働者が増えている。

ウ　グローバル化を背景として，外国人労働者の数が増えている。

エ　働きたいと考える高齢者が増え，労働力人口における割合も増加している。

(3)　資料Ⅳのグラフから読み取れることを基に，2008年に起きた世界的な出来事を書きなさい。また，そう判断した理由を簡潔に書きなさい。

資料Ⅳ　アメリカ・日本の失業率の推移

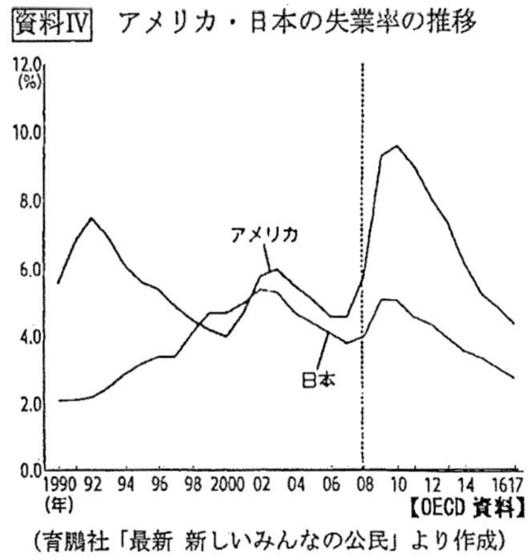

(育鵬社「最新 新しいみんなの公民」より作成)

(4)　企業には，利潤を追求するだけでなく，法を守ってより良い商品やサービスを生産する，地域文化や環境保全へ貢献する，環境にやさしい商品や生産方法を開発するなど様々な役割がある。これを企業の何というか，書きなさい。

(☆☆☆◎◎◎)

地理歴史(歴史)

【歴史共通問題】

【1】次の文は，『高等学校学習指導要領(平成30年告示)解説　地理歴史編』の「第1章　第2節　地理歴史科改訂の趣旨及び要点　2　地理歴史科改訂の要点　(4)　学習指導の改善・充実等〔歴史総合〕」の項目イ及びオの一部である。これを読み，以下の問いに答えなさい。なお，同じ数字の空欄には同じ語句が入る。

イ　「主題」や「問い」を中心に構成する学習の展開

…「社会的事象の歴史的な見方・考え方」を生徒が働かせ，鍛えるためにはそれを促す学習場面の設定が必要であり，そのためには生徒自身が社会的事象を多面的・多角的に考察し，表現する中で，「社会的事象の歴史的な見方・考え方」を働かせることができるような，<u>適切な「主題」や「問い」の設定が前提となる</u>。…(略)…

そのため大項目BからDでは，中項目(1)に学習内容への【　1　】をもたせる「問い」を表現する学習，中項目(2)と(3)に，主題を設定して，それを踏まえた課題(問い)を設定して展開する学習，中項目(4)には，主題を設定して，【　2　】の形成や【　2　】を考察，構想する学習をそれぞれ示している。…

オ　資料を活用し，歴史の【　3　】を習得する学習

…具体的には，大項目Aの(2)「歴史の特質と資料」では，資料に基づいて歴史が叙述されていることの理解とともに，その特性や作成の背景などを含めた資料の吟味の大切さなど，資料を扱う際の留意点に気付くようにする。その上で，大項目B，C及びDの中項目(1)で，生徒が資料を活用して問いを表現し，(2)及び(3)で，資料を活用して事象を多面的・多角的に考察し，(4)では【　2　】との関係について，資料を活用して

考察したり構想したりするよう構成している。このように生徒が資料を活用し考察する学習を繰り返すことで，それに関わる技能の定着を図りつつ確かな理解に至るという，歴史の【　3　】を習得することを意図したものである。

問1　文中の空欄【　1　】～【　3　】に当てはまる適切な語句を答えなさい。

問2　文中の下線部について，「歴史総合」では，学習全般において課題(問い)を設定し追究する学習が求められる。次の①～⑤に示した課題(問い)のうち，生徒が歴史的事象の「影響や結果」及び「類似と差異」について考察し，理解を深めるための課題(問い)として最も適切なものをそれぞれ1つずつ選び，番号で答えなさい。

① 当時の人々はなぜそのような選択をしたのだろうか。
② その事象と他の事象を比較すると，どのような共通点と相違点を見いだすことができるだろうか。
③ この事象によって，どのような変化が生じたのだろうか。
④ この事象を学ぶことは，あなたにとってどのような意味があると考えられるか。
⑤ その事象はどのような経緯で起こったのだろうか。

(☆☆☆◎◎◎)

【2】次の問いに答えなさい。なお，解答は全て選択肢ア～エ(問6，問9，問12はア～カ)から選び，記号で答えなさい。

問1　次の写真Ⅰ，Ⅱは，ある古代文明と関わりが深い芸術品と遺跡を示したものである。これらと関わりが深い文明が栄えた位置として最も適切なものを，以下の地図中から1つ選びなさい。

Ⅰ

カットグラス

Ⅱ

ペルセポリスの遺跡

（Ⅰは山川出版社『詳説世界史図録』、Ⅱは山川出版社『新世界史B』による）

地図

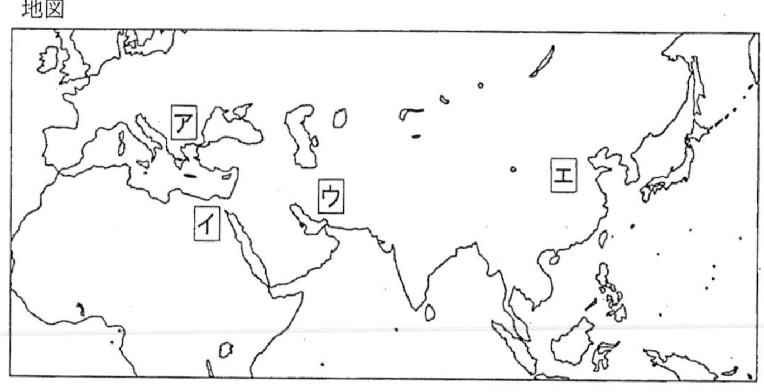

問2　次の写真の印は，福岡県志賀島で発見されたものである。この写真について説明した以下の文A，Bの正誤の組み合わせとして正しいものを1つ選びなさい。

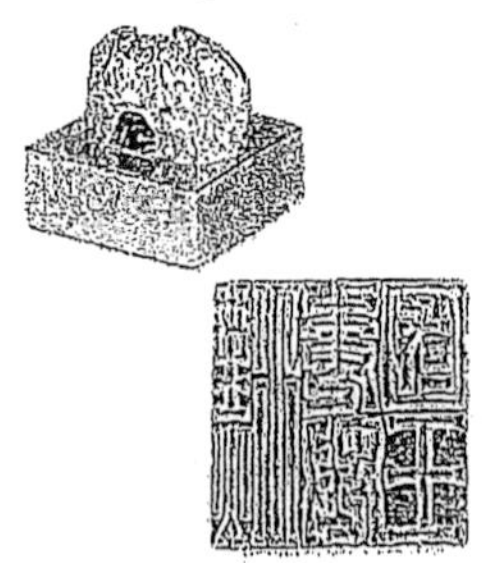

（山川出版社『詳説日本史B』による）

A　この印の存在は，「魏志」倭人伝の記述に見られる。

B　この印は，倭の奴国の王が，光武帝から授かったものと考えられている。

ア　A＝正　B＝正　　イ　A＝正　B＝誤

ウ　A＝誤　B＝正　　エ　A＝誤　B＝誤

問3　次の史料は，古代ローマ帝国の宗教政策に関するものである。史料から読み取ることができる内容として正しいものを1つ選びなさい。

> われらは幸いにもミラノに相会わせるとき…(略)…就中（なかんずく）次のことを定むべきであると考えた。すなわち，われらはクリスト者(注)に対しても万人（ばんにん）に対しても，各人が欲（ほっ）した宗教に従う自由な権能を与（あた）える。それは実に，天の御座（ぎょざ）にいます神格がわれらならびにわれらの支配下にある万人に対して，友好的かつ恩恵（おんけい）的でありえんがためである。われらは，クリスト者の礼典（れいてん）にもあれ，みずから自分に最適だと感じている宗教にもあれ，それらに帰依（きえ）したいかなる人に対しても決して許可を拒（こば）むべきではないと考える。…
>
> (注)キリスト教徒のこと

(帝国書院『最新世界史図説タペストリー』による)

ア　帝国の全臣民に信教の自由が認められることになった。

イ　キリスト教以外を禁止することになった。

ウ　皇帝は神格化されており，崇拝しなければならなかった。

エ　キリスト教の礼典は分裂しており，教義の統一を図る必要があった。

問4　中国・唐代の女性について，名前と説明の組み合わせとして正しいものを1つ選びなさい。

<名前>

A　則天武后　　B　楊貴妃

<説明>

X　黄巾の乱の後，玄宗の寵愛を受けた。

Y　中国史上唯一の女帝として，権勢を誇った。

ア　A－X　　イ　A－Y　　ウ　B－X　　エ　B－Y

問5　次の写真は，平等院鳳凰堂に安置される阿弥陀如来像である。この仏像が安置されている寺院を建立した人物と，この仏像に用いられている，仏像の大量生産を可能にした技法についての説明の組み合わせとして正しいものを1つ選びなさい。

（浜島書店『新詳日本史』による）

＜人物＞

A　藤原道長　　B　藤原頼通

＜技法＞

X　一本の木から一体の仏像を彫りおこす。

Y　仏像の身体をいくつかの部分にわけて別々に彫り，寄せ合わせてつくる。

ア　A－X　　イ　A－Y　　ウ　B－X　　エ　B－Y

問6　次の鎌倉時代の支配機構について説明した文中の空欄(　A　)～(　C　)に当てはまる語句の組み合わせとして正しいものを1つ選びなさい。

> 鎌倉幕府の中央機関として，御家人を組織し統制する(　A　)，一般政務や財政事務をつかさどる(　B　)，裁判事務を担当する(　C　)などが置かれ，京都からまねいた下級貴族を主とする側近たちが将軍を補佐した。

ア　A－問注所　　B－侍所　　C－政所

イ　A－問注所　　B－政所　　C－侍所

ウ　A－侍所　　B－問注所　　C－政所

エ　A－侍所　　B－政所　　C－問注所

オ　A－政所　　B－問注所　　C－侍所

カ　A－政所　　B－侍所　　C－問注所

問7　次の事象のうち，13世紀に起こった出来事として正しいものを1つ選びなさい。

ア　コロンブスが大西洋を横断した。

イ　第1回十字軍が派遣された。

ウ　フビライ＝ハンが元を建国した。

エ　カール大帝が西ヨーロッパの大部分を統一した。

問8　次の中世西ヨーロッパ封建社会について説明した文として誤っているものを1つ選びなさい。

ア　農民は荘園間の移動を繰り返しながら，領主の支配を受けた。

イ　主君と臣下の間には，土地を媒介した主従関係が結ばれた。

ウ　キリスト教会の聖職者が荘園領主として農民を支配することもあった。

エ　商業や都市は衰退しており，自給自足の現物経済が長く続いた。

問9　次の後醍醐天皇に関するA～Cの出来事が起こった年代の古い順に並べたものとして正しいものを1つ選びなさい。

A　後醍醐天皇は，吉野の山中にこもって，正統の皇位にあることを主張した。
B　後醍醐天皇は，建武の新政を行い，天皇への権力集中をはかった。
C　後醍醐天皇は，鎌倉幕府討幕のため挙兵を企てたが失敗し，隠岐に流された。

ア　A→B→C　　イ　A→C→B　　ウ　B→A→C

エ　B→C→A　　オ　C→A→B　　カ　C→B→A

問10　次の江戸時代の外交について説明した文として誤っているものを1つ選びなさい。

ア　幕府は，長崎に来航するオランダ船を通し，海外の事情を知ることができた。

イ　朝鮮は，薩摩藩を通じて幕府と貿易を行い，朝鮮通信使を派遣した。

ウ　琉球は，琉球国王の代替わりや，将軍の代替わりごとに使節を幕府に派遣した。

エ　松前氏は，幕府からアイヌとの交易独占権を認められた。

問11　次の史料の法令を出した将軍として正しいものを1つ選びなさい。

> 一，主無き犬，頃日ハ食物給させ申さず候様に相聞候。畢竟食物給させ候えバ，其人の犬の様に罷成り，以後迄六ケ敷事と存じ，いたハり申さずと相聞，不届に候。向後左様これ無き様相心得べき事。
>
> 一，犬計に限らず，惣て生類人々慈悲の心を本といたし，あハれミ候儀肝要の事。
>
> 『御当家令条』

(実教出版『最新詳述　日本史史料集』による)

ア　徳川家光　　イ　徳川綱吉　　ウ　徳川吉宗　　エ　徳川家斉

問12　次のA～Cの絵画について，描かれた年代の古い順に並べたものとして正しいものを1つ選びなさい。

A

B

C

（山川出版社『詳説世界史B』による）

ア　A→B→C　　イ　A→C→B　　ウ　B→A→C

エ　B→C→A　　オ　C→A→B　　カ　C→B→A

問13　次の宗教改革について説明した文として誤っているものを1つ選びなさい。

ア　ルターは，聖書中心主義を唱え，教皇の権威を否定した。

イ　カルヴァンは，予定説を唱え，商工業者に支持された。

ウ　カトリック勢力は，改革に対抗するためイエズス会を結成した。

エ　イギリスでは，三十年戦争を契機に国教会が成立した。

問14　西洋医学の解剖書『ターヘル＝アナトミア』の翻訳に関わった人物として正しいものを1つ選びなさい。

ア　山脇東洋　　イ　平賀源内　　ウ　前野良沢　　エ　青木昆陽

問15　次の資料はフランス革命の一場面である「球戯場の誓い」を描いた絵画である。このとき，絵画に描かれた人々は何を目的として誓いを立てたか，最も適切なものを1つ選びなさい。

（第一学習社『高等学校歴史総合』による）

ア　国王の処刑　　イ　憲法の制定　　ウ　労働組合の結成
エ　対外戦争の勝利

(☆☆◎◎◎◎)

【3】近現代の歴史的事象について，次の問いに答えなさい。なお，解答は全て選択肢ア～エ(問3はア～ク，問4はア～カ)から選び，記号で答えなさい。

問1　次の文はある史料の一部である。この史料の名称として正しいものを1つ選びなさい。

> 一，　広ク会議ヲ興シ万機公論ニ決スベシ
> 一，　上下心ヲ一ニシテ盛ニ経綸ヲ行フベシ
> 一，　官武一途庶民ニ至ル迄各其志ヲ遂ゲ人心ヲシテ倦マザラシメン事ヲ要ス
>
> 『明治天皇紀』

(山川出版社『新日本史B』による)

ア　五榜の掲示　　イ　政体書　　ウ　五箇条の誓文
エ　王政復古の大号令

問2　次の地租改正について説明した文として誤っているものを1つ選びなさい。

ア　地券が発行され，土地の所有権が確立された。
イ　納税は，現物納から金納に改められた。
ウ　地租が全国同一の基準で一律に徴収され，近代的な租税の形式が整えられた。
エ　地租改正反対一揆が起こったが，税率の引き下げは認められなかった。

問3　次の大日本帝国憲法について説明した文A～Cの正誤の組み合わせとして正しいものを1つ選びなさい。

> A　国民の総意に基づいて制定された民定憲法である。
> B　陸海軍の統帥権は内閣から独立して天皇に直属していた。
> C　国民は憲法上「臣民」とされ，基本的人権は一切認められなかった。

ア　A－正　B－正　C－正　　イ　A－正　B－正　C－誤
ウ　A－正　B－誤　C－正　　エ　A－正　B－誤　C－誤
オ　A－誤　B－正　C－正　　カ　A－誤　B－正　C－誤
キ　A－誤　B－誤　C－正　　ク　A－誤　B－誤　C－誤

問4　次の孫文が行った活動を説明した文A～Cについて，年代の古い順に並べたものとして正しいものを1つ選びなさい。

> A　ハワイで興中会を結成した。
> B　中国国民党を結成し，広州に臨時政府を樹立した。
> C　南京で中華民国臨時大総統に就任した。

ア　A→B→C　　イ　A→C→B　　ウ　B→A→C
エ　B→C→A　　オ　C→A→B　　カ　C→B→A

問5　第一次世界大戦勃発時のヨーロッパ列強によるアフリカへの帝国主義的支配について，支配を受けた国と支配した国を示したA，Bの正誤の組み合わせとして正しいものを1つ選びなさい。

> A　モロッコ－フランス　　B　エジプト－イギリス

ア　A＝正　B＝正　　イ　A＝正　B＝誤
ウ　A＝誤　B＝正　　エ　A＝誤　B＝誤

問6　次の大正デモクラシーに関する文中の空欄(　A　)，(　B　)に当てはまる語句の組み合わせとして正しいものを1つ選びなさい。

> 東京帝国大学教授の(　A　)が『憲法講話』を刊行し，天皇機関説や政党内閣論をとなえたことで，国民の政治的関心が高まった。また，吉野作造は『中央公論』で，主権在民が前提の民主主義とは異なり，君主国日本は(　B　)を目指すべき

であると主張した。彼らの思想は大正デモクラシーの理念となった。

ア　A－美濃部達吉　B－国家主義
イ　A－美濃部達吉　B－民本主義
ウ　A－新渡戸稲造　B－国家主義
エ　A－新渡戸稲造　B－民本主義

問7　1920年代のアメリカ合衆国について説明した文として誤っているものを1つ選びなさい。
ア　「永遠の繁栄」と呼ばれる，空前の好景気を経験した。
イ　プロスポーツやハリウッド映画などの大衆娯楽が広まった。
ウ　国際連盟への加盟が実現し，国際政治をけん引した。
エ　日本人の排除を目的とした移民法が制定された。

問8　東条英機内閣が行ったこととして正しいものを1つ選びなさい。
ア　国際連盟から脱退した。
イ　日独伊三国同盟を締結した。
ウ　ハワイ真珠湾を奇襲攻撃した。
エ　ポツダム宣言を受諾した。

問9　1950年代の出来事について説明した文として誤っているものを1つ選びなさい。
ア　インドネシアのバンドンにおいて，アジア＝アフリカ会議が開催された。
イ　陸・海・空の3隊からなる自衛隊が発足した。
ウ　自由民主党が結成され，初代総裁には鳩山一郎が選出された。
エ　日韓基本条約が締結され，韓国との国交が樹立された。

問10　次の写真は，日本人報道写真家の沢田教一が，ある戦場で撮影したものである。この戦争について説明した文として最も適切なものを1つ選びなさい。

(帝国書院『新詳世界史B』による)

ア　イラクのクウェート侵攻をきっかけに本格化した。

イ　ベトナムが南北に分断されて戦った。

ウ　朝鮮半島全域が戦場となった。

エ　ポル＝ポトが自国民を大量に虐殺した。

問11　次の写真は，1993年に成立したパレスティナ問題に関する合意の様子である。この合意について説明した文A，Bの正誤の組み合わせとして正しいものを1つ選びなさい。

(東京書籍『世界史A』による)

A　イスラエルは，パレスティナの暫定自治政府を承認した。

B　この合意を基に，パレスティナは国際連合の正式な加盟国となった。

ア　A＝正　B＝正　　イ　A＝正　B＝誤

ウ　A＝誤　B＝正　　エ　A＝誤　B＝誤

(☆☆◎◎◎◎)

【4】次の東京国立博物館に関する年表を見て，以下の問いに答えなさい。

年	出来事
1872（明治５）	湯島聖堂博覧会を開催。これを創立の起点とする。
1882（明治15）	上野の現在地に移転し、一般公開を始める。・・・(あ)
1889（明治22）	美術部長に【　い　】が就任。
1901（明治34）	パリ万国博覧会出品作品による第１回特別展を開催。・・・(う)
1924（大正13）	上野公園と付属動物園を東京市に譲渡。・・・(え)
	４月、表慶館のみで展示を再開。・・・(お)
1941（昭和16）	戦争被害を避けるため収蔵品の疎開を始める。
1952（昭和27）	東京国立博物館と改称。・・・(か)
1965（昭和40）	ツタンカーメン展を開催。129 万人の入館者数を記録。
2001（平成13）	国立博物館３館を統合し、独立行政法人国立博物館が発足。
2022（令和４）	創立 150 年を迎える。

（東京国立博物館『東京国立博物館創立 150 年記念 特別展 国宝 東京国立博物館のすべて』を基に作成）

問1　(あ)に関して，江戸時代の上野には将軍家の菩提寺の1つが建てられ保護されていたが，(あ)の時点では寺院の主要部分は内戦によって失われ，公園となっていた。その一連の内戦の名称を答えなさい。

問2　空欄【　い　】に当てはまる，フェノロサとともに日本美術を研究し，東京美術学校の設立に貢献した人物として正しいものを次のア～エから1つ選び，記号で答えなさい。

ア　滝廉太郎　　イ　岡倉天心　　ウ　高村光雲　　エ　横山大観

問3　(う)に関して，1901年の世界情勢について説明した次の文A，Bの正誤の組み合わせとして正しいものを以下のア～エから1つ選び，記号で答えなさい。

> A　三国協商が結ばれ，三国同盟との対立が深まった。
> B　義和団事件の結果，北京議定書が結ばれた。

ア　A＝正　B＝正　　イ　A＝正　B＝誤
ウ　A＝誤　B＝正　　エ　A＝誤　B＝誤

問4　(え)に関して，付属動物園は，現在ではジャイアントパンダの展示でも人気の上野動物園となっている。この動物園にパンダが来園するきっかけになった，1972年の日本政府の外交上の出来事を答えなさい。

問5 (お)に関して，本館が使用できず展示が中止されていたが，その理由となった(お)の前年に起こった災害の名称を答えなさい。

問6 (か)に関して，この年には人類史上初の水爆実験が行われた。1954年，ビキニ環礁でアメリカが行った水爆実験により被爆した，静岡県焼津港所属の漁船の名称を答えなさい。

(☆☆☆◎◎◎◎)

【日本史】

【1】原始・古代の政治・社会・文化について，次の問いに答えなさい。

問1 縄文人の分布や交易，漁労について説明した文として誤っているものを次のア～エから1つ選び，記号で答えなさい。

ア 縄文時代の丸木舟は各地で発見されており，縄文人が広範な水域に進出して活動を行っていたことがわかっている。

イ 縄文人は八丈島，伊豆大島などの島嶼部にも移動し，その地で集落をつくっていたことがわかっている。

ウ 長野県和田峠原産の黒曜石を使用した石器が瀬戸内地方から多く出土しており，遠隔地との交易が行われていたことがわかっている。

エ サケ，アジ，マグロなど，縄文人は水産資源を食していたことが貝塚の発掘調査からわかっている。

問2 律令制下における地方支配について，国司や郡司にはそれぞれどのような人物が任命されたか，任期と合わせて違いがわかるように，90字以内で説明しなさい。

問3 科目「日本史探究」の授業で律令制について学習を進める中で，ある生徒が資料Aを見て「都からの直線距離は土佐と安芸であまり変わらないのに，流刑地としてなぜ安芸は近流で土佐は遠流なのか?」という問いを立てた。この問いを追究する活動を通して，資料B，Cを用いて生徒に何を読み取らせたり，理解させたりすることができるか説明しなさい。

資料A【律令制下の司法制度】

笞（ち）	木の棒で臀（しり）を打つ（笞と杖では棒の太さが異なる）	10・20・30・40・50の５段階
杖（じょう）		60・70・80・90・100の５段階
徒（ず）	〔懲役〕１年・１年半・２年・２年半・３年の５段階	
流（る）	〔近流〕・・・越前・安芸へ配流 〔中流〕・・・信濃・伊予へ配流 〔遠流〕・・・伊豆・安房・常陸・佐渡・土佐へ配流	
死（し）	〔死刑〕絞（絞首）と斬（斬首）の２種類	

（浜島書店『新詳日本史』による）

資料B【運脚に要した日数】

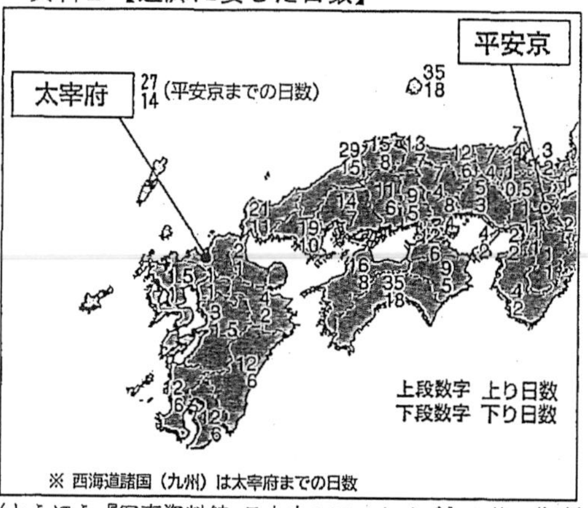

（とうほう『写真資料館　日本史のアーカイブ』を基に作成）

資料C【古代の行政区分と道路】

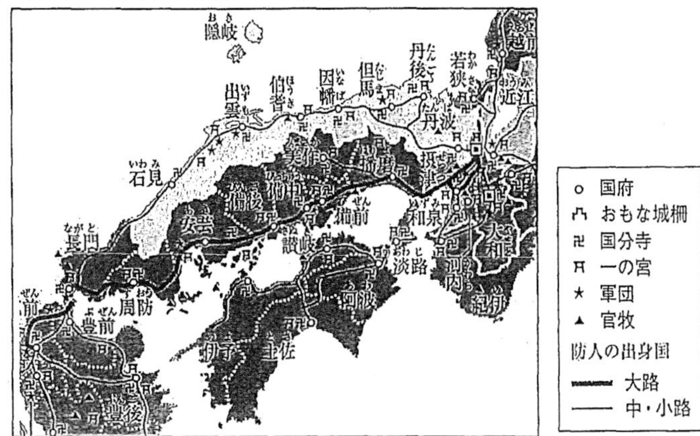

（山川出版社『詳説日本史図録』を基に作成）

問4　弘仁・貞観文化に該当する彫刻・絵画として誤っているものを次のア～エから1つ選び，記号で答えなさい。

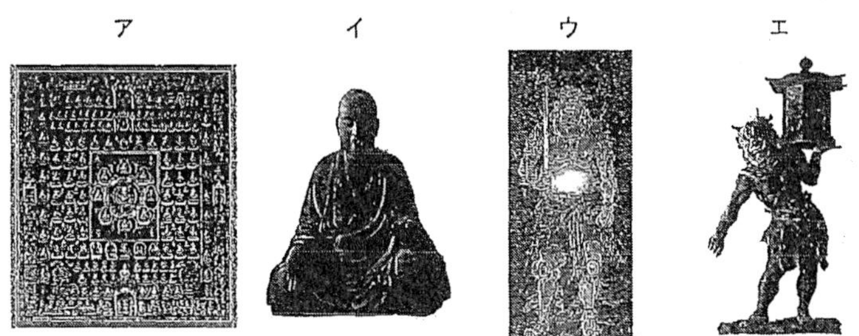

（資料ア～エは第一学習社『最新日本史図表 三訂版』による）

問5　9世紀から11世紀にかけての東アジア情勢に関する次の略年表を見て，以下の(1)，(2)の問いに答えなさい。

年	主な出来事		
843	吐蕃、分裂して衰退	あ	
875	黄巣の乱	あ	
907	唐滅亡	あ	い
918	高麗建国	あ	い
936	高麗、朝鮮半島統一		い
979	宋、中国統一		い
1019	刀伊の入寇		い

(1)　略年表中のあの時期に起こった出来事と，その出来事に関連する人物の組み合わせとして正しいものを次のア～エから1つ選び，記号で答えなさい。

＜出来事＞　－　＜人物＞

ア　承和の変　－　伴健岑

イ　応天門の変　－　伴善男

ウ　昌泰の変　－　紀夏井

エ　安和の変　－　源高明

(2)　略年表中のいの時期の国際関係について説明した文として誤っているものを次のア～エから1つ選び，記号で答えなさい。

ア　日本は東アジアの動乱や中国中心の外交関係を避けるため，宋と正式な国交を結ばなかった。

イ　平清盛が修築した大輪田泊に宋船が来航し，書籍や陶磁器などが日本に輸入された。

ウ　日本人の渡航は，公的使節を除いて禁止されていたが，僧の渡航は許可されることがあり，奝然が宋の商船を利用して入宋した。

エ　日本と親交のあった渤海が契丹(遼)に滅ぼされた。

(☆☆☆☆◎◎◎)

【2】中世の政治・社会・文化について，次の問いに答えなさい。

問1　院政期におこった出来事について説明した文として誤っているものを次のア～エから1つ選び，記号で答えなさい。

ア　白河上皇は院の御所に北面の武士を組織し，源平の武士を側近にして院の権力を強化した。

イ　院には荘園が集中し，鳥羽上皇が皇女八条院に伝えた荘園群は多数にのぼった。

ウ　白河・鳥羽・後白河の3上皇は仏教を厚く信仰し，出家して法皇となり，しばしば熊野詣や高野詣を繰り返した。

エ　南都北嶺と呼ばれる東大寺と延暦寺の僧兵は，朝廷に対してたびたび強訴を行った。

問2　鎌倉幕府草創期，関白九条兼実の弟であり，天台座主であった慈円は，『愚管抄』の中で歴史を「道理」で解釈し，その帰結として，ある出来事の直前に朝廷と幕府との協調の必要性を訴えた。ある出来事とは何か答えなさい。

問3　次の史料は，室町幕府が出した法令である。この内容について，史料を読み取り，法令名を明らかにしつつ75字以内で説明しなさい。

> 一　寺社本所領の事
>
> 諸国擾乱(じょうらん)に依り，寺社の荒廃，本所の牢籠(ろうろう)，近年倍増せり。…(略)…
>
> 次に近江・美濃・尾張三ヶ国の本所領半分の事，兵粮料所(ひょうろうりょうしょ)として，当年一作，軍勢に預(あず)け置くべきの由，守護人等に相触(あいふ)れ訖(おわ)んぬ。半分に於いては，宜(よろ)しく本所に分かち渡すべし。若し預人(あずかりにん)(注1)事を左右(そう)に寄せ(注2)，去渡(さりわた)さ(注3)ざれば，一円(いちえん)に本所に返付すべし。　『建武以来追加』
>
> (注1)　預け置いた人　(注2)　あれこれと理由をつけて　(注3)　引き渡す

(山川出版社『詳説日本史史料集　再訂版』による)

問4　次の応仁の乱について説明した文A～Cの正誤の組み合わせとして正しいものを以下のア～クから1つ選び，記号で答えなさい。

A　幕府の実権を争い，細川勝元と山名氏清が戦った。 B　『真如堂縁起』には，徒歩で軍役に服す足軽の活動が描かれている。 C　有力守護が在京して幕政に参加する体制は崩壊し，荘園制の解体も進んだ。

ア　A＝正　B＝正　C＝正
イ　A＝正　B＝正　C＝誤
ウ　A＝正　B＝誤　C＝正
エ　A＝正　B＝誤　C＝誤
オ　A＝誤　B＝正　C＝正
カ　A＝誤　B＝正　C＝誤
キ　A＝誤　B＝誤　C＝正
ク　A＝誤　B＝誤　C＝誤

問5　科目「日本史探究」の授業において，次の資料A～Cを用いて「中世の琉球」について指導する際，生徒に考えさせたい学習課題(問い・主発問)を構想して答えなさい。また，その課題の解決を通して得られる知識や概念を説明しなさい。なお，解答に当たっては，あとの『高等学校学習指導要領(平成30年告示)解説　地理歴史編』の記載事項を踏まえること。

資料A【東アジア関連年表】

年	主な出来事
1368	朱元璋（洪武帝），明を建国
1369	洪武帝，懐良親王に倭寇鎮圧を要請
1392	李成桂（太祖），朝鮮を建国
1429	尚巴志，琉球を統一
1443	癸亥約条
16世紀中頃	ポルトガルの進出で貿易衰退
1567	明が海禁政策緩和
1609	島津氏による琉球征服

資料B【万国津梁の鐘(注1)】

> 琉球国は南海に勝地(しょうち)にして，…(略)…此の二つの中間(注2)に在りて湧出(ゆうしゅつ)する蓬莱島(ほうらいとう)なり。舟楫(しゅうしゅう)(注3)をもって万国の津梁(しんりょう)(注4)となし，異産至宝は十方刹(じっぽうさつ)に充満せり。
>
> (注1)　1458年鋳造，首里城正殿に掛けられた　(注2)　明と日本
>
> (注3)　船運　(注4)　架け橋

資料C【琉球王国の対外交易】

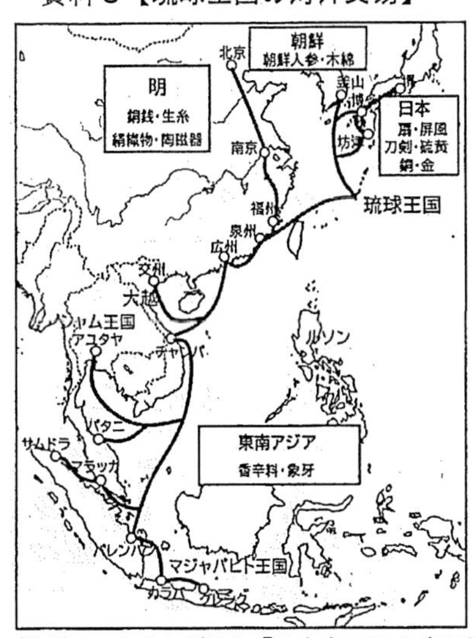

(資料B、Cはとうほう『日本史のライブラリー』による)

> 第2章　第4節　日本史探究　2　内容とその取扱い
>
> (3)　中世の国家・社会の展望と画期(歴史の解釈，説明，論述)
>
> この中項目では，(1)で学んだ古代から中世への転換の理解や時代を通観する問い，(2)で表現した中世を展望する仮説を踏まえ，資料を扱う技能を活用し，中世の国家や社会の展開について，事象の意味や意義，関係性，歴史に関わる諸事象の解釈や歴史の画期などを多面的・多角的に考察し，根拠を

示して表現する学習を通じて，中世がどのような時代であったかを理解するとともに，思考力，判断力，表現力等の育成を図ることをねらいとしている。

学習に当たっては，資料を活用して歴史を考察したりその結果を表現したりする力を段階的に高めていくことが必要であり，様々な資料の特性に着目して複数の資料の活用を図り，資料に対する批判的な見方を養うとともに，因果関係を考察したり解釈の多様性に気付くようにしたりすることが大切である。

(3)　中世の国家・社会の展開と画期(歴史の解釈，説明，論述)

ア　次のような知識を身に付けること。

(イ)　武家政権の変容，日明貿易の展開と琉球王国の成立，村落や都市の自立，多様な文化の形成や融合などを基に，地域権力の成長，社会の変容と文化の特色を理解すること。

イ　次のような思考力，判断力，表現力等を身に付けること。

(イ)　社会や経済の変化とその影響，東アジアの国際情勢の変化とその影響，地域の多様性，社会の変化と文化との関係などに着目して，主題を設定し，中世の国家・社会の変容について，事象の意味や意義，関係性などを多面的・多角的に考察し，歴史に関わる諸事象の解釈や歴史の画期などを根拠を示して表現すること。

(文部科学省『高等学校学習指導要領(平成30年告示)解説　地理歴史編』による)

問6　次の史料Aは今川氏の「今川仮名目録」，史料Bは武田氏の「甲州法度之次第」の一部である。これらの史料に示す法令が出された目的を，史料から読み取ることができる両者の共通点を明らかにしつつ75字以内で説明しなさい。

史料A 一　喧嘩に及ぶ輩(ともがら)理非を論ぜず，両方共に死罪に行ふべき也。将又(はたまた)あひて取りかくるといふとも，堪忍(かんにん)せしめ，剰(あまつさえ)疵を被るにをいてハ，事ハ非儀たりといふとも，当座をんひん(穏便)のはたらき理運たるべき也。
史料B 一　喧嘩の事，是非に及ばず成敗を加ふべし。但し取り懸くるといへども，堪忍せしむるの輩に於ひては，罪科に処すべからず。然(しか)るに贔屓偏頗(ひいきへんぱ)を以て合力せしめば理非を論ぜず同罪たるべし。

(山川出版社『詳説日本史史料集　再訂版』による)

(☆☆☆☆◎◎◎)

【3】近世の政治・経済・文化について，次の問いに答えなさい。

問1　江戸幕府の職制について説明した文として正しいものを次のア～エから1つ選び，記号で答えなさい。

ア　老中以下の役職は，原則として複数の大名・旗本らが月番で政務を担当した。

イ　朝廷の統制や西国大名の監視のため，京都守護職の役職が設けられた。

ウ　三奉行中で最も格式が高いものは江戸町奉行で，譜代大名から任命された。

エ　幕府直轄地には，関東・飛騨・美濃などに代官が，その他には郡代がおかれ，勘定奉行が支配した。

問2　資料A～Dで示した絵画と工芸品を代表とする文化について，年代の古い順に並べたものとして正しいものを以下のア～クから1つ選び，記号で答えなさい。

資料A

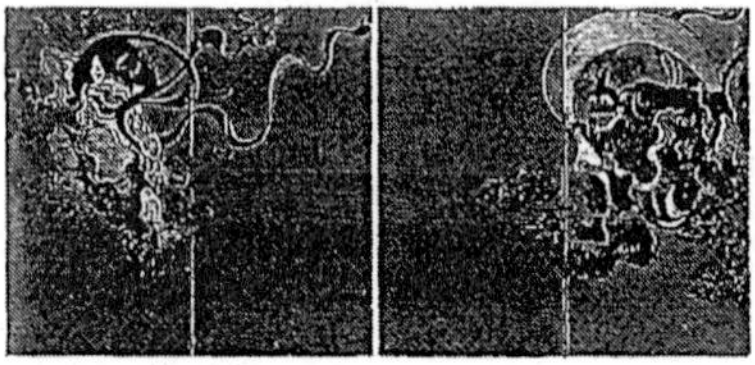

資料B

資料C

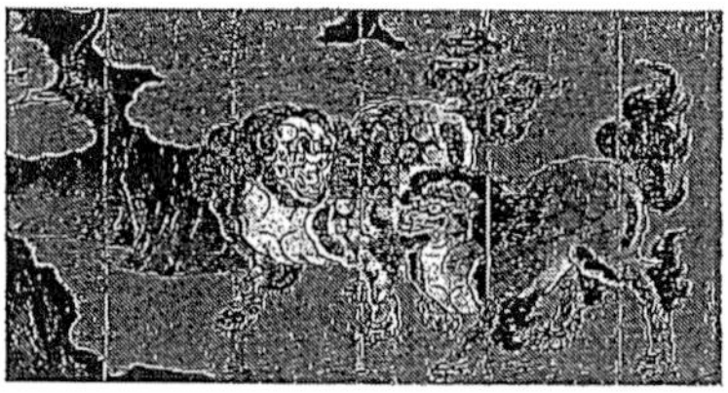

資料D

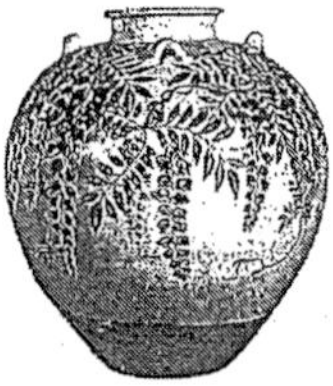

（資料A～Dは浜島書店『新詳日本史』による）

ア　A→B→C→D　　イ　A→C→B→D　　ウ　A→C→D→B
エ　A→D→B→C　　オ　C→A→B→D　　カ　C→A→D→B
キ　C→B→A→D　　ク　C→D→A→B

問3　科目「日本史探究」の授業において，次の資料A～Cを用いて「江戸幕府の政治政策の転換」についで指導する際，生徒に考えさせたい学習課題(問い・主発問)を構想して答えなさい。また，その課題の解決を通して得られる知識や概念を説明しなさい。なお，解答にあたっては，あとの『高等学校学習指導要領(平成30年告示)解説　地理歴史編』の記載事項を踏まえること。

資料Ａ【17世紀の江戸時代の出来事】

将軍	年号	出来事
家康	1603	征夷大将軍の宣下
秀忠	1614	大坂の役（～15）
	1615	一国一城令
		武家諸法度元和令
家光	1635	参勤交代の制度化
	1637	島原の乱（～38）
家綱	1651	由井正雪の乱
		末期養子の禁止緩和
	1663	殉死の禁止
綱吉	1683	武家諸法度天和令
	1685	最初の生類憐みの令
	1691	湯島聖堂の完成

資料B【武家諸法度】

元和令

一，文武弓馬ノ道，専ラ相嗜(たしな)ムベキ事。

一，諸国ノ居城補修ヲ為スト雖(いえど)モ，必ズ言上スベシ。況(いわ)ンヤ新儀ノ構営堅ク停止(ちょうじ)令(せし)ムル事。

天和令

一，文武忠孝を励(はげま)し，礼儀を正すべき事。

一，養子は同姓相応の者を撰び，若(もし)之(これ)無(な)きにおゐては，由緒(ゆいしょ)を正し，存生(ぞんじょう)の内言上(ごんじょう)致すべし。…

附(つけたり)，殉死の儀，弥(いよいよ)制禁せしむる事。

『御触書寛保集成』

資料C【大名の改易・減封】

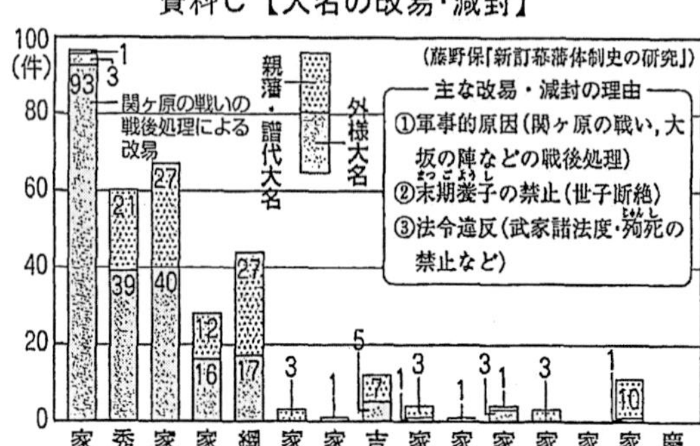

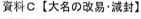

資料Aは浜島書店『新詳日本史』を基に作成、
資料Bは山川出版社『詳説日本史Ｂ』、
資料Cは浜島書店『新詳日本史』による）

第2章　第4節　日本史探究　2　内容とその取扱い

(3)　近世の国家・社会の展望と画期(歴史の解釈，説明，論述)

諸資料を活用し，(2)で表現した仮説を踏まえ，課題を追求したり解決したりする活動を通して，次の事項を身に付けることができるよう指導する。

ア　次のような知識を身に付けること。

(ア)　法や制度による支配秩序の形成と身分制，貿易の統制と対外関係，技術の向上と開発の進展，学問・文化の発展などを基に，幕藩体制の確立，近世の社会と文化の特色を理解すること。

(イ)　産業の発達，飢饉や一揆の発生，幕府政治の動揺と諸藩の動向，学問・思想の展開，庶民の生活と文化などを基に，幕藩体制の変容，近世の庶民の生活と文化の特色，近代化の基盤の形成を理解すること。

イ　次のような思考力，判断力，表現力等を身に付けること。

(ア)　織豊政権との類似と相違，アジアの国際情勢の変化，交通・流通の発達，都市の発達と文化の担い手との関係などに着目して，主題を設定し，近世の国家・社会の展開について，事象の意味や意義，関係性などを多面的・多角的に考察し，歴史に関わる諸事象の解釈や歴史の画期などを根拠を示して表現すること。

(イ)　社会・経済の仕組みの変化，幕府や諸藩の政策の変化，国際情勢の変化と影響，政治・経済・文化との関係などに着目して，主題を設定し，近世の国家・社会の変容について，事象の意味や意義，関係性などを多面的・多角的に考察し，歴史に関わる諸事象の解釈や歴史の画期などを根拠を示して表現すること。

(文部科学省『高等学校学習指導要領(平成30年告示)解説　地理歴史編』による)

問4　紫衣事件の内容とその歴史的意義を，次の＜指定語句＞全てを用いて100字程度で説明しなさい。

＜指定語句＞　後水尾天皇　　幕府の法度

問5　次の史料A～Cを読み，以下の(1)，(2)の問いに答えなさい。

史料A　これに依(より)て，今度(このたび)御吟味これ有り，役柄により其(その)場不相応ニ小身ニて御役勤め候者ハ，御役勤め候内御足高(おんたしだか)仰(おお)せ付けられ，御役料増減これ有り，別紙の通相極(あいきめ)候。

『御触書寛保集成』

史料B　其方共儀(そのほうどもぎ)，是迄(これまで)年々金壱万弐百両冥加(みょうが)上納致来(いたしきたり)候処，問屋共不正の趣(おもむき)ニ相聞(あいきこえ)候ニ付，以来上納ニ及ばず候。尤向後(もっともきょうこう)仲間株札ハ勿論，此外共都而(すべて)問屋仲間幷(ならび)組合杯(など)と唱(となえ)候儀は相成らず候。　『徳川禁令考』

史料C　近世世上(せじょう)種々新規の説をなし，異学流行，風俗を破り候類(たぐい)これ有り，全く正学衰微の故に候哉。…(略)…此度(このたび)聖堂御取締厳重に仰せ付けられ，…(略)…急度(きっと)門人共a異学相禁(あいきん)じ，猶又(なおまた)自門に限らず他門に申し合せ，正学講窮(こうきゅう)致し，人材取立候様相心掛け申すごく候事。　『徳川禁令考』

(実教出版『新詳述　日本史史料集』による)

(1)　史料A～Cの法令と関連の深い人物の組み合わせとして正しいものを次のア～カから1つ選び，記号で答えなさい。

ア　A－徳川吉宗　　B－松平定信　　C－水野忠邦
イ　A－徳川吉宗　　B－水野忠邦　　C－松平定信
ウ　A－松平定信　　B－徳川吉宗　　C－水野忠邦
エ　A－松平定信　　B－水野忠邦　　C－徳川吉宗
オ　A－水野忠邦　　B－徳川吉宗　　C－松平定信
カ　A－水野忠邦　　B－水野忠邦　　C－徳川吉宗

(2)　史料Cの下線部aの「異学」とは何か，2つ答えなさい。

(☆☆☆☆☆◎◎◎)

【4】近代～現代の政治・社会・文化について，次の問いに答えなさい。

問1　自由民権運動についての次のA～Dの文を読んで，以下の(1)，(2)の問いに答えなさい。

A　板垣退助は郷里の土佐に帰って立志社を起こし，ついでこれを中心に(　Ⅰ　)を設立して民権運動を全国に呼びかけた。この動きに対し，政府は大阪会議を開いて民権派の懐柔を図った。

B　国会の開設が近づくと，民権派は三大事件建白運動を起こし政府に迫った。政府は(　Ⅱ　)を公布して民権派を弾圧した。

C　北海道開拓使官有物払い下げ事件によって苦境に立たされた政府は，国会即時開設を主張した(　Ⅲ　)を政府から追い出し，同時に10年後の国会開設を公約した。

D　西南戦争後のインフレに対して，大蔵卿松方正義が増税を中心とするデフレ政策を行うと，生糸と米の価格が下落したため，民権運動の激化事件が多発した。

(1)　A～Dの文中(　Ⅰ　)～(　Ⅲ　)に当てはまる語句の組み合わせとして正しいものを次のア～カから1つ選び，記号で答えなさい。

ア　Ⅰ－自由党　　Ⅱ－集会条例　　Ⅲ－黒田清隆
イ　Ⅰ－自由党　　Ⅱ－保安事例　　Ⅲ－大隈重信
ウ　Ⅰ－自由党　　Ⅱ－保安事例　　Ⅲ－黒田清隆
エ　Ⅰ－愛国社　　Ⅱ－集会条例　　Ⅲ－大隈重信
オ　Ⅰ－愛国社　　Ⅱ－集会条例　　Ⅲ－黒田清隆
カ　Ⅰ－愛国社　　Ⅱ－保安事例　　Ⅲ－大隈重信

(2)　A～Dの文で説明した出来事を年代に古い順に並べかえ，記号で答えなさい。

問2　次の資料A～Cは，明治時代の初等教育の整備に関するものである。科目「日本史探究」の授業において，これらの資料から生徒に何を読み取らせたり，理解させたりすることができるか。資料Aと資料B，資料Aと資料Cをそれぞれ関連付けて箇条書きで2つ簡潔に答えなさい。

資料Ａ【初等教育制度の年表】

年号	事　項
1872	学制発布（義務教育：４年）
1879	教育令公布（就学義務：16ヶ月）
1880	改正教育令公布
1886	学校令公布（義務教育：３～４年）
1890	教育勅語発布
	義務教育３～４年を明確化
1900	義務教育期間の授業料廃止
1903	国定教科書制度の導入
1907	義務教育，６年に延長

資料Ｂ【義務教育の就学率】

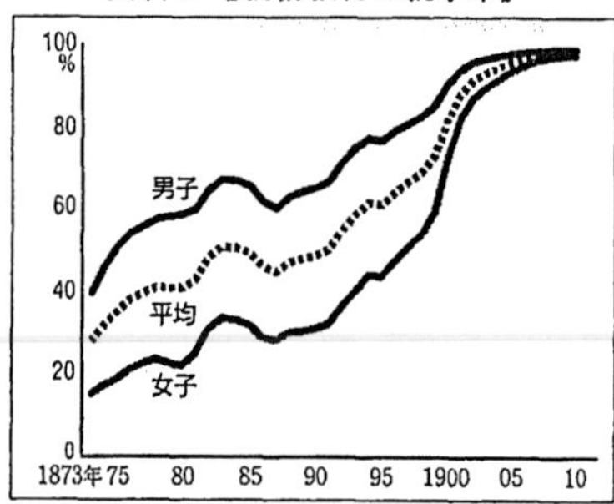

資料C【教育勅語】

朕惟(おも)フニ皇祖皇宗(こうそう)国ヲ肇(はじ)ムルコト宏遠ニ徳ヲ樹ツルコト深厚ナリ我カ臣民克(よ)ク忠ニ克ク孝ニ億兆心ヲ一(いつ)ニシテ世々(よよ)厥(そ)ノ美ヲ済セルハ此レ我カ国体ノ精華ニシテ教育ノ淵源(えんげん)亦実ニ此(ここ)ニ存ス爾(なんじ)臣民父母ニ孝ニ兄弟ニ友ニ夫婦相和シ朋友相信シ恭倹己レヲ持シ博愛衆ニ及ホシ学ヲ修メ業ヲ習ヒ以テ智能ヲ啓発シ徳器(とくき)ヲ成就シ進テ公益ヲ広メ世務ヲ開キ常ニ国憲ヲ重シ国法ニ遵(したが)ヒ一旦緩急アレハ義勇公ニ奉シ以テ天壌無窮(てんじょうむきゅう)ノ皇運ヲ扶翼(ふよく)スヘシ是ノ如キハ独り朕カ忠良ノ臣民タルノミナラズ又以テ爾(なんじ)祖先ノ遺風ヲ顕彰スルニ足ラン斯ノ道ハ実ニ我カ

> 皇祖皇宗ノ遺訓ニシテ子孫臣民ノ倶(とも)ニ遵守スヘキ所之ヲ古今ニ通シテ謬(あやま)ラス之ヲ中外ニ施シテ悖(もと)ラス朕爾臣民ト倶ニ拳々(けんけん)服膺(ふくよう)シテ咸(みな)其徳ヲ一ニセンコトヲ庶幾(こいねが)フ
>
> 明治二十三年十月三十日
>
> 御名(ぎょめい)　御璽(ぎょじ)

(資料Aは浜島書店『新詳日本史』を基に作成，資料Bは山川出版社『詳説日本史B』，資料Cは実教出版『新詳述日本史史料集』による)

問3　1900年に制定された軍部大臣現役武官制は，その後大きく2度の改正があった。現役規定はどのように変遷していったか。内閣の名称を明らかにしつつ60字以内で説明しなさい。

問4　次の史料は，二・二六事件の「決起趣意書」である。これについて以下の(1)，(2)の問いに答えなさい。

> 謹ンデ惟(おもんみ)ルニ我神州タル所以(ゆえん)ハ，万世一神タル天皇陛下御統帥ノ下ニ，挙国一体生成化育(せいせいかいく)ヲ遂ゲ，終(つい)ニ八紘一宇(はっこういちう)ヲ完(まっと)フスルノ国体ニ存ス。此ノ国体ノ尊厳秀絶ハ天祖肇国(ちょうこく)神武建国ヨリ明治維新ヲ経テ益々体制ヲ整ヘ，今ヤ方ニ万方ニ向ッテ開顕進展ヲ遂グベキノ秋(とき)ナリ。然(しか)ルニ頃来遂ニ不逞兇悪ノ徒簇出(そうしゅつ)シテ，私心我欲ヲ恣(ほしいまま)ニシ，…従ッテ外侮(がいぶ)外患日ヲ逐(お)フテ激化ス。所謂(いわゆる)元老重臣$_a$軍閥財閥完了政党等ハ此ノ元兇ナリ。$_b$倫敦海軍条約並(ならび)ニ教育総監更迭ニ於ケル統帥権干犯，至尊兵馬大権ノ僭窃(せんせつ)ヲ図リタル三月事件或(あるい)ハ学匪(がくひ)共匪(きょうひ)大逆教団等利害相結デ陰謀至ラザルナキ等ハ最モ著シキ事例ニシテ，…中岡，佐郷屋，血盟団ノ先駆捨身(せんくしゃしん)，五・一五事件ノ噴騰(ふんとう)，相沢中佐ノ閃発(せんぱつ)トナル，寔(まこと)ニ故ナキニ非ズ。…露支英米トノ間一触即発シテ祖宗遺垂(いすい)ノ此ノ神州ヲ一擲(いってき)破滅ニ堕(おちい)ラシムルハ火ヲ睹(み)ルヨリモ明カナリ。内外真ニ重大危急，今ニシテ国体破壊ノ不義不臣ヲ誅戮(ちゅうりく)シテ，稜威(みいつ)ヲ遮リ御維新ヲ阻止

シ来レル奸賊ヲ芟除（さんじょ）スルニ非ズンバ皇謨（こうぼ）ヲ一空（いっくう）セン。…

『二・二六事件－獄中手記・遺書』

(実教出版『新詳述　日本史史料集』による)

(1)　史料中の下線部aは，当時陸軍内にあった2つの派閥の1つを指す。ここで示している派閥は何か答えなさい。

(2)　史料中の下線部bについて説明した文として誤っているものを次のア～エから1つ選び，記号で答えなきい。

ア　イギリス首相マクドナルドの提唱により，軍縮会議が開催された。

イ　軍縮会議に日本からは，若槻礼次郎と海軍大臣の財部彪が全権として参加した。

ウ　主力艦の保有量が取り決められ，英米：日の比率は5：3と決められた。

エ　政府が条約調印にふみ切ると，海軍軍令部や右翼が激しく批判した。

問5　次の文A～Cは，それぞれ太平洋戦争後のいずれか内閣に関連する出来事について説明したものである。A～Cの出来事を古い順に並べたものとして正しいものを以下のア～カから1つ選び，記号で答えなさい。

A　この内閣は，「戦後政治の総決算」を唱えて行財政改革を推進し，電電公社，専売公社，国鉄の民営化を断行した。

B　この内閣の時に，小笠原諸島の返還に続き，沖縄返還協定が調印され，沖縄の日本復帰が実現した。

C　この内閣は，PKO協力法を成立させ，内戦の続くカンボジアなどへの自衛隊の海外派遣を開始した。

ア　A→B→C　　イ　A→C→B　　ウ　B→A→C

エ　B→C→A　　オ　C→A→B　　カ　C→B→A

(☆☆☆☆◎◎◎◎)

【5】次の問いに答えなさい。ただし，解答の際は＜指定語句＞全てを必ず用い，用いた＜指定語句＞にはそれぞれ下線を付すこと。

問1　奈良時代から戦国時代までの銭貨の流通について，商品流通の発展や鋳造の面に留意しながら説明しなさい。

＜指定語句＞　酒屋・土倉　　日宋貿易　　代銭納
撰銭令　　本朝十二銭

問2　第一次近衛文麿内閣がとった政策について対外政策及び国内政策の両面から説明しなさい。

＜指定語句＞　盧溝橋　　東亜新秩序　　日独伊三国防共協定
総力戦体制　　重慶

(☆☆☆☆☆◎◎◎)

【世界史】

【1】海域アジアにおける交流に関する諸史料について，次の問いに答えなさい。

問1　スマトラ島を中心に，7世紀にシュリーヴィジャヤ王国が成立した。次の史料Aは中国の僧によるこの地域の当時の宗教に関する記録である。これらの記録から読み取れる，5世紀から7世紀にかけてのスマトラ島における宗教の変化について説明しなさい。

史料A

法顕『仏国記』
その国(耶婆提(やばてい)国(注))は外道，バラモンが盛んで，仏法は言うに足らない。この国にとどまること五カ月，また他の商人に従って(船にのった)。 (注)マラッカ海峡からスマトラ，ジャワ島にかけての地域にあったと考えられるが正確な位置は不明
義浄『根本説一切有部百一羯磨』
シュリーヴィジャヤの都では僧侶が千人以上もいて学問に

いそしみ，みな托鉢を行っている。彼らが極めようとする書物はすべてインドのものと異ならないし，出家者の儀式のやり方もまたすべてインドと同じである。
義浄『南海寄帰内法伝』
南海の国々は咸(み)な仏法に遵っており，その多くは小乗で，唯(た)だマラユ(注)に少し大乗が有るだけである。 (注)パレンバン(シュリーヴイジャヤの都)

(岩波書店「世界史史料3」による)

問2　次の史料Bについて，以下の(1)，(2)の問いに答えなさい。

史料B　マルコ＝ポーロ『世界の記述』

> ザイトン(注)の港には，(あ)インドの船が香料などの高価な商品をつんで頻繁にやってくる。いろいろな商品や宝石，真珠の類が輸入されるので，マンジの商人も買いにきている。この港に輸入される胡椒の量にくらべたら，キリスト教諸国の需要に応ずるために，(い)アレクサンドリアに輸入される量のごときは，まことに微々たるもので，その百分の一にも及ばないであろう。…
>
> (注)泉州

(江上波夫監修『新訳世界史史料・名言集』による)

(1)　下線部(あ)について，インドにおける交易について説明した文として誤っているものを次のア～エから1つ選び，記号で答えなさい。

ア　1世紀には，サータヴァーハナ朝とローマ帝国の間で交易が行われた。

イ　チョーラ朝は，中国の北宋と交易を行った。

ウ　大航海時代，ポルトガルがゴアを拠点として交易を行った。

エ　17世紀以降イギリス東インド会社が，絹織物を盛んに輸入した。

(2) 下線部(い)について，この時代にエジプトを拠点として活動したイスラーム教徒の商人のことを何というか答えなさい。

問3 次の史料Cについて，以下の(1)，(2)の問いに答えなさい。

史料C スリランカで出土した漢文の碑文

> (あ)大明皇帝，太監鄭和，王貴通等を遣わし，仏世尊(仏陀)に昭らかに告げて曰く，「…惟(おも)うに，(い)錫蘭山(セイロン)(スリランカ)は海南に介し，客■(注)梵刹(ぼんさつ)の霊感は翕彰(きゅうしょう)たり。このごろ，(大明の皇帝は)使いを遣わして諸番を詔諭するに，海道の間(かん)に深く(世尊の)慈祐を頼み，人も舟も利に安んじ来往に虞(おそれ)なし。永(とこし)えに大いなる徳を惟い，礼に報施を用い，謹しみて金，銀…(略)…灯燭等の物を以て仏寺に布施し，以て供養に充つ。
>
> (注)■は1字不明

(岩波書店『世界史史料4』による)

(1) 下線部(あ)について，大明皇帝の名前を答えなさい。

(2) 下線部(い)について，スリランカの歴史について説明した文として正しいものを次のア～エから1つ選び，記号で答えなさい。

ア クシャーナ朝のアショーカ王が，王子を遣わし仏教を布教した。

イ ビルマのコンバウン朝との交流があり，東南アジアに上座部仏教を伝えた。

ウ 16世紀以降，ポルトガル，フランスによる支配の後イギリスが植民地とした。

エ 第二次世界大戦後も，シンハラ人とタミル人の対立が続いている。

問4 史料D及び表Eは，16世紀末から17世紀初めの数十年間に行われた日本の貿易に関するものである。以下の(1)，(2)の問いに答えなさい。

史料D　『長崎実録大成』

> 一，文禄之初年[1]ヨリ長崎，京都，堺ノ者御朱印ヲ頂戴シテ広南，東京(トンキン)，占城，柬埔寨(カンボジア)，六昆(リゴール)，太泥(パタニ)，暹羅(シャム)，台湾，呂宋(ルソン)，阿媽港(アマカワ)等[2]ニ商売として渡海スル事御免之有り。
>
> 注(1)1592年　(2)マカオ

(山川出版社『詳説日本史史料集』による)

表E　渡航地別の船の艘数

	昆耶宇(澎湖島)	高砂(台湾)	西洋(マカオ)	安南	東京(トンキン)	順化(ユエ)	交趾	占城	柬埔寨(カンボジア)	田弾(不明)	暹羅(タイ)	摩利伽(マラッカ)	呂宋(ルソン)	芠萊(ブルネイ)	摩陸(モルッカ)
1604～16年	1	1	18	14	11	1	32	5	24	2	36	1	34	2	1
1617～35年	0	35	0	0	26	0	39	1	20	0	20	0	20	0	0
合計	1	36	18	14	37	1	71	6	44	2	56	1	54	2	1

(吉川弘文館『国史大辞典』を基に作成)

(1)　史料D及び表Eに示されている貿易を何というか，答えなさい。

(2)　表Eを用いて「世界史探究」の授業をする場合，生徒に考えさせたい学習課題(問い・主発問)にはどのようなものがあるか，1つ挙げなさい。

問5　次の史料Fの著者は，16世紀末にフィリピンの代理総督を務めた人物である。史料F中の空欄【　Ⅰ　】，【　Ⅱ　】に当てはまる地名の組み合わせとして正しいものを以下のア～カから1つ選び，記号で答えなさい。

史料F

アントニオ＝デ＝モルガ『フィリピナス諸島において起こったさまざまの事ども』

フィリピナス諸島の(エスパニャ人)居住者の大部分は商人及び貿易商である。…(略)…そこで商品を買付け，毎年ヌエバ・エスパニャ(注)へ(そして今日では日本へも)行く帆船に積んで送り出している。ヌエバ・エスパニャでは生絹が非常な利益をあげ，帆船が【　Ⅰ　】へ帰る時にその売上げ金を商人のもとに持ち帰るが，今までのところ大きなそしてすばらしい利益をあげている。

…(略)…

また，ヌエバ・エスパニャの【　Ⅱ　】において，フィリピナス諸島から行く商品から徴収される十パーセント税及び傭船料からの収入も，相当な額ではあるけれども，…

(注)現在のメキシコを中心とする副王領

(岩波書店『世界史史料4』による)

	Ⅰ	Ⅱ
ア	バタヴィア	アカプルコ
イ	バタヴィア	ポトシ
ウ	マカオ	アカプルコ
エ	マカオ	ポトシ
オ	マニラ	アカプルコ
カ	マニラ	ポトシ

(☆☆☆◎◎◎)

【2】シチリア島に関する次の年表を見て，以下の問いに答えなさい。

年代	出来事
前1000年～	フェニキア人が西部に交易拠点をつくる
前733年	ギリシア人が東部に植民市【 あ 】を建設する
前3世紀～	ローマの支配
468～476年	北アフリカの【 い 】の支配
6世紀～	【 う 】の支配
10～11世紀	イスラームの支配
11世紀末～	ノルマン人の支配
(え)	
12世紀末	王統がホーエンシュタウフェン家になる
13世紀前半	シチリア王フェデリコ2世（神聖ローマ皇帝フリードリヒ2世）の統治
13世紀末～	アラゴン・スペインの支配
1860年	【 お 】が赤シャツ隊を率いてシチリアに上陸する
1943年	連合国軍がシチリアに上陸する・・・(か)

問1　年表中の空欄【　あ　】に当てはまる語句として正しいものを次のア～エから1つ選び，記号で答えなさい。

ア　シラクサ　　イ　ネアポリス　　ウ　カルタゴ

エ　タレントゥム

問2　年表中の空欄【　い　】,【　う　】に当てはまる語句の組み合わせとして正しいものを次のア～カから1つ選び，記号で答えなさい。

	い	う
ア	西ゴート王国	アッバース朝
イ	西ゴート王国	ビザンツ帝国
ウ	ヴァンダル王国	アッバース朝
エ	ヴァンダル王国	ビザンツ帝国
オ	ムラービト朝	アッバース朝
カ	ムラービト朝	ビザンツ帝国

問3　次の写真A，Bは，年表中の(え)の時期におけるシチリア王国の宮廷があったパレルモに関係するものである。写真Aは，当時のパレルモ宮廷に仕えた書記官を描いたものであり，写真Bは，現在のパレルモにあるキリスト教の教会(サン＝ジョヴァンニ＝デッリ＝エレミティ教会)である。科目「世界史探究」の授業において，こ

れらの写真から当時のシチリア王国の特色について生徒に何を読み取らせ，理解させたいか答えなさい。

A

B

（浜島書店『アカデミア世界史』による）

問4　年表中の(え)の時期について，12世紀は，シチリアをはじめとしたヨーロッパ各地において，通常の14世紀から始まるとされる「ルネサンス」に先立って文化復興が展開され，近代の文化的基盤を準備した世紀として「12世紀ルネサンス」の時代と理解されている。次の表は12世紀にヨーロッパで翻訳されたギリシア語・アラビア語文献の一部を示したものである。表を教材として科目「世界史探究」の授業において，「中世ヨーロッパにおける学問・文化の受容」について，思考力，判断力，表現力等を育成するための学習活動を行う場合，生徒に考えさせたい学習課題(問い・主発問)と，それによって得られる知識や概念は何か答えなさい。なお，解答に当たっては，以下の『高等学校学習指導要領(平成30年告示)解説　地理歴史編』の記載事項を踏まえること。

表　12世紀におけるギリシア・アラビア語文献のラテン語への翻訳

著　者	著　作	翻訳前の言語	訳　者	翻訳場所
ヒポクラテス	『箴言』その他	アラビア語	クレモナ（注）のゲラルド	トレド
〃	〃	ギリシア語	ピサのブルグンディオ	北イタリア
プラトン	『メノン』	ギリシア語	アリスティップス	シチリア
〃	『パイドン』	ギリシア語	〃	〃
アリストテレス	『自然学』	ギリシア語	不詳	北イタリア
〃	〃	アラビア語	クレモナ（注）のゲラルド	トレド
〃	『気象学』	ギリシア語	アリスティップス	シチリア
〃	〃	アラビア語	クレモナ（注）のゲラルド	トレド
〃	『形而上学』	ギリシア語	不詳	北イタリア
ユークリッド	『原論』	アラビア語	バース（注）のアデラード	トレド
〃	〃	ギリシア語	サレルノのエルマンノ	シチリア
〃	『与件』	ギリシア語	サレルノのエルマンノ	シチリア
〃	〃	アラビア語	クレモナ（注）のゲラルド	トレド
〃	『光学』	ギリシア語	サレルノのエルマンノ	シチリア
アルキメデス	『円の求積』	アラビア語	ティヴォリ（注）のプラトーネ	トレド
プトレマイオス	『アルマゲスト』	ギリシア語	サレルノのエルマンノ	シチリア
〃	〃	アラビア語	クレモナ（注）のゲラルド	トレド
〃	『光学』	アラビア語	パレルモのエウゲニウス	シチリア
フワーリズミー	『インド数学について』	アラビア語	バース（注）のアデラード	不詳
〃	『代数学』	アラビア語	クレモナ（注）のゲラルド	トレド
イブン=シーナー	『医学典範』	アラビア語	クレモナ（注）のゲラルド	トレド
ガザーリー	『哲学者たちの意図』	アラビア語	グンディサルボ セビリアのフアン	トレド

（注）クレモナ・ティヴォリはイタリア、バースはイギリスの地名

（伊藤俊太郎『十二世紀ルネサンス』講談社学術文庫所載の表を基に作成）

第2章　第5節　世界史探究　2　内容とその取扱い

C　諸地域の交流・再編

(1)　諸地域の交流・再編への問い

…(略)…

イ　次のような思考力，判断力，表現力等を身に付けること。

(ア)　諸地域の交流・再編に関わる諸事象の背景や原因，結果や影響，事象相互の関連，諸地域相互の関わりなどに着目し，諸地域の交流・再編を読み解く観点について考察し，問いを表現すること。

3　内容の取扱い

(1)については，生徒の学習意欲を喚起する具体的な事例を取り上げ，…(略)…指導を工夫すること。また，観点を踏まえることで，諸地域の交流・再編を構造的に捉えることができることに気付くようにすること。

学習に当たっては，…(略)…宗教や科学・技術及び文化・思想の伝播を取り上げた場合には，教師が，新たに生まれた科学・技術や文化・思想に関する資料，異なる宗教や文化・思想に接触した人々の記録など複数の資料を提示し，宗教や科学・技術及び文化・思想の伝播に見られる知的活動の特色に照らして諸地域の再編・交流を読み解く観点に関わる問いかけを行うなどして，生徒が歴史的な見方・考え方を働かせて資料から情報を読み取ることができるように指導を工夫する。

(文部科学省『高等学校学習指導要領(平成30年告示)解説地理歴史編』から抜粋)

問5　年表中の空欄【　お　】に当てはまる人物の名前を答えなさい。

問6　年表中の(か)について，これによりムッソリーニが失脚し，イタリアは無条件降伏する。この時のイタリアの内閣の首相の名前を答えなさい。

(☆☆☆☆◎◎◎◎)

【3】次の史料A～Cを読み，近代中国に関する以下の問いに答えなさい。なお，史料Aはハインリヒ＝シュリーマンが1865年に清朝中国を訪れた際の旅行記，Bは1898年に康有為が時の皇帝に奉った上奏文「統籌全局疏」，Cは1918年に陳独秀が発表した論文「東西民族根本思想之差異」のそれぞれ一部である。

史料A

[1865年]四月二十七日，われわれは白河の河口にある大沽(注)の要塞に着いた。大沽では，北の要塞にフランス軍，南の要塞にイギリス軍が駐屯している。(あ)一八六〇年の条約によって，英仏の占領は賠償金が完全に支払われるまで続くはずである。
…(略)…
(い)清国政府は，四億の人民を教化するあらゆる事業を妨げることで，よりよい統治ができると考えているから，蒸気機関を導入すれば労働者階級の生活手段を奪うことになると説明しては，改革に対する人々の憎悪を助長している。しかし，極端な困窮にあえいでいるから，早晩，自国の豊かな炭鉱に目を開き，蒸気機関を使ってそれらを採掘せざるを得なくなるであろう。いずれにしても，北京の谷間に蒸気機関車の汽笛が響くまでには幾世代もかかるだろう。

(注)大沽は渤海に面し，天津への入り口にあたる

(ハインリヒ＝シュリーマン『シュリーマン旅行記　清国・日本』講談社学術文庫による)

史料B

愚臣は嘗(かつ)て歴史を参照し，現状を考究しましたが，中国古代の堯舜夏殷周の制度は最善であるとしても，現在からは余りに遠すぎる。…(略)…漢唐宋明の歴史に取るべき点はあるが，列国競争の現在は天下統一の時代とは大いに異なる。…(略)…現今では(う)米・仏は主権在民，英・独は君・民共治の立憲制である。距離が遠ければ習慣が違いすぎ，時間があまり経てば跡が残らなくなる。願わくは陛下はロシアのピーター大帝の心をもって心の師とし，日本の明治の政治をもって政治の師とせられんことを。その中でも時代も距離も遠からず，習俗もほぼ同じく，既に成功のめどがつき，その後の推移も順調であり，名人の書画の真蹟が残って模写しやすく，宮室衣服の設計図の寸法が適当

で直ちに製作にかかれるようなものを求むれば，日本の明治維新に範をとるのが最も便利です。

(岩波書店『宮崎市定全集』別巻　政治論集による)

史料C

次に，西洋は個人主義であり，東洋は家族主義である。国家として英・米・仏・独において然り。思想家としてニイチェ，カント然り。倫理，道徳，政治，法律の諸学，社会の目的，国家存在の理由はすべて，個人を対象としてその自由と権利を幸福とを擁護するにある。…(略)…中国には昔から忠臣孝子の美談があって，人を泣かせ，人に賞(ほ)められてきた。しかし現今の文明社会の原理から考察すると，忠孝を重んずる宗法社会には四つの悪い結果が生ずる。第一に個人の独立自尊の人格を破壊する。第二に個人の意志の自由を束縛する。第三に個人の法律上に平等な筈の権利を侵害する。…(略)…第四に依頼根性を養成し，個人の生産力を阻礙(そがい)する。

(岩波書店『宮崎市定全集』別巻　政治論集による)

問1　史料Aの著者ハインリヒ＝シュリーマンについて説明した文として正しいものを次のア～エから1つ選び，記号で答えなさい。

ア　クレタ島のクノッソス宮殿を発掘した。

イ　ミケーネやトロイアの遺跡を発掘した。

ウ　神聖文字を解読した。

エ　楔形文字を解読した。

問2　史料Aの下線部(あ)に関して，この条約により終結した戦争の経過及び結果について説明した文として正しいものを次のア～エから1つ選び，記号で答えなさい。

ア　特許商人組合である公行が廃止された。

イ　ロシア軍により円明園が破壊された。

ウ　キリスト教の布教の自由が認められた。

エ　外国軍隊の北京駐兵権が認められた。

問3　史料Aの下線部(い)に見られるとおり，ハインリヒ＝シュリーマンは清朝中国における蒸気機関の導入に関して絶望視しているが，実際には1860年代から西洋技術の導入は始まっていた。しかし，その成果は日清戦争の敗北という結果となり，史料Bにみられる本格的な改革を求める動きにつながった。次の表は日清両国における西洋の技術・文化導入の時期を比較したものである。その差等に着目しながら，この表をもとに，科目「世界史探究」の授業において，生徒に読み取らせたい「日清両国における近代化への取り組みの違い」について説明しなさい。その際，「中体西用」という語句を用いて説明すること。

表

	日本		中国		その差
類似事項	出来事・内容	年	出来事・内容	年	(年)
外国語学校	洋学所	1855	同文館	1862	7
蒸気船購入	咸臨丸	1857	火輪船第1号	1862	5
留学	オランダ留学	1861	アメリカ留学	1872	11
工場	横須賀造船所	1864	西洋砲廠	1864	0
表音文字運動	漢字御廃止之儀	1866	一目了然初階	1892	26
雑誌	西洋雑誌	1867	時務報	1896	29
近代化の号令	五箇条の御誓文	1868	科挙廃止の詔	1905	37
新聞	中外新聞	1868	昭文日報	1873	5
電信	東京・横浜間	1869	上海・香港間	1871	2
貨幣制度	新貨幣制度	1871	新貨幣制度	1935	64
頭髪	散髪勝手たるべし	1871	自由剪髪	1911	40
汽車（鉄道）	東京・横浜間	1872	上海・呉淞間	1876	4
新暦	太陽暦	1873	太陽暦	1912	39
国民運動	民撰議院設立建議	1874	公車上書	1895	21
国立大学	東京大学	1877	京師大学堂	1902	25
立憲の予告	国会設立の詔	1881	立憲予備上諭	1906	25
憲法発布	大日本帝国憲法	1889	中華民国憲法	1947	58

（呂万和『明治維新と中国』六興出版所載の実藤恵秀『中国人日本留学史』の表を基に作成）

問4　史料Bの下線部(う)について，この上奏文が提出された1898年における各国の状況について述べた文として正しいものを次のア～エから1つ選び，記号で答えなさい。

ア　アメリカでは，セオドア＝ローズベルト大統領が米西戦争を起こした。

イ　フランスでは，ユダヤ人大尉に対する疑獄事件などがあり，政情が不安定であった。

ウ　イギリスでは，保守党と労働党の二大政党による政党政治が展開された。

エ　ドイツでは，ビスマルクによる鉄血政策が推進された。

問5　史料Bの上奏文が提出された後，康有為は時の皇帝により抜擢され，改革に着手するが，結果的には失敗する。この経緯について，改革の目指した方向性を含めて説明しなさい。なお，解答には時の皇帝の名とともに，改革を失敗させた人物名を明記すること。

問6　史料Cにみられる陳独秀の主張は「新文化運動」と呼ばれる。史料Cから読み取れる「新文化運動」で提唱されたことがらを50字以内で説明しなさい。

問7　史料Cが発表された同時期に「文学改良芻議」を発表し，難解な文語ではなく口語体で文学を表現しようとする白話運動を提唱した人物名を答えなさい。

(☆☆☆☆◎◎◎◎)

【4】次の近代における女性について説明した文及び諸資料を読み，以下の問いに答えなさい。

> フランス革命の源泉となった(あ)啓蒙思想でも，女性は男性の下位に置かれていた。フランス革命では，例えば1789年10月「パンをよこせ」と主張して行動したパリの女性たちによる【　い　】のように女性の活躍も見られたが，人権宣言の「人間は自由で平等である」という理念が男性のみのものであることから，オランプ＝ド＝グージュは人権宣言を模して，「女性および女性市民の権利宣言」を発表した。フランス革命の理念は(う)ナポレオン法典に具現化するが，そこでも「夫は妻を保護する義務を負い，妻は夫に服従する義務を負う(213条)」と規定された。

問1　下線部(あ)について，『哲学書簡』を著し，プロイセンのフリードリヒ2世やロシアのエカチェリーナ2世らと交流があったフランスの啓蒙思想家の名前を答えなさい。

問2　文中の【　い　】にあてはまる出来事の名称を答えなさい。

問3　下線部(う)について，次の引用文はその抜粋である。文中の空欄【　X　】に当てはまる語句を答えなさい。

> 544　【　X　】権は，法律または規定によって禁止された行使によらないかぎり，物を最も絶対的に使用し，かつ処分しうる権利である。
>
> 545　なんぴとも，公益上の理由により，かつ正当にして事前の補償を受けないかぎり，その【　X　】権の譲渡を強制されることはありえない。

(江上波夫監修『新訳世界史史料・名言集』による)

問4　次の女性とその説明のうち，19世紀の説明として誤っているものを次のア～エから1つ選び，記号で答えなさい。

ア　ナイティンゲール　－　クリミア戦争における看護活動
イ　ローザ＝ルクセンブルク　－　スパルタクス団の蜂起を指導
ウ　ストウ　－　『アンクルトムの小屋』の執筆
エ　マリ＝キュリー　－　ラジウムの発見

問5　「20世紀前半における女性の地位向上」について，科目「歴史総合」の授業において，生徒が思考力，判断力，表現力等を身に付けることをねらいとした学習活動を展開したい。次の資料A～Dを用い，生徒に考えさせたい学習課題(主題・問い)を構想して答えなさい。また，その学習を通して生徒が獲得する知識や概念を説明しなさい。なお，解答に当たっては，あとの『高等学校学習指導要領(平成30年告示)』の記載事項を踏まえること。

資料A　女性参政権の実現

年	国　名
1893	ニュージーランド
1917	ロシア（ソ連）
1918	イギリス、ドイツ
1919	オーストリア、オランダ
1920	アメリカ
1934	トルコ

（帝国書院『明解歴史総合』を基に作成）

資料B　第2回社会主義女性インターナショナル大会における女性参政権に関する決議(1910年)

あらゆる国の社会主義的な女性運動は，女性に対する制限選挙法を虚偽として，また女という性の政治的に平等な権利に関する原則に対する嘲笑として退ける。女性運動は，上述の原則の生き生きとした具体的な唯一の表現のために闘う。すなわち，財産・納税額・教養の程度その他の条件に依ることのない，成人女性の普通選挙のために…

(岩波書店『世界史史料6』による)

資料C

イギリスの女性参政権運動（1910年）
（帝国書院『明解歴史総合』による）

資料D

兵器工場で働く女性たち（1918年）
（帝国書院『新詳世界史探究』による）

イ　次のような思考力，判断力，表現力等を身に付けること。
(イ)　第一次世界大戦前後の社会の変化などに着目して，主題を設定し，日本とその他の国や地域の動向を比較したり，相互に関連付けたりするなどして，第一次世界大戦

後の社会の変容と社会運動との関連などを多面的・多角的に考察し，表現すること。

(文部科学省『高等学校学習指導要領(平成30年告示)』から抜粋)

問6　トルコはイスラーム教徒が多数を占める国だが，問5の資料Aによると，1934年にすでに女性参政権が実現している。トルコではどのような経緯で1930年代に女性参政権が実現したのか，説明しなさい。

問7　20世紀後半に首相となった女性に，イギリスのサッチャーがいる。サッチャー政権下の出来事として正しいものを次のア～エから1つ選び，記号で答えなさい。

ア　第二次中東戦争を行った。

イ　フォークランド戦争を行った。

ウ　ヨーロッパ共同体(EC)に加盟した。

エ　中国に香港を返還した。

(☆☆☆☆◎◎◎◎)

【5】次の問いに答えなさい。ただし，解答の際は＜指定語句＞全てを必ず用い，用いた＜指定語句＞にはそれぞれ下線を付すこと。

問1　アメリカ独立革命，フランス革命，ラテンアメリカ諸国の独立運動を，環大西洋革命と呼ぶことがある。19世紀前半のラテンアメリカ諸国の独立について，当時の国際情勢を踏まえつつその経過を説明するとともに，独立後のラテンアメリカ諸国にどのような社会が形成されたか，説明しなさい。

＜指定語句＞

モンロー　　ハイチ　　クリオーリョ　　メッテルニヒ

問2　アイルランドは17世紀半ばにイギリスに征服されて以後，長くその支配下に置かれた。17世紀半ばから1922年に自治領としてのアイルランド自由国の成立に至る経緯について説明しなさい。その際，土地・宗教・自治に関わる問題について必ず言及しなさい。

<指定語句>
旧教徒解放法　シン＝フェイン党　大ききん(注)　アルスター地方

(注)この大ききんは1846年からのものである。

(☆☆☆◎◎◎)

地理歴史(地理)

【1】次の文は，『高等学校学習指導要領(平成30年告示　令和3年8月一部改訂)解説　地理歴史編』の「第2章　第2節　地理探究　2　内容とその取扱い　B　現代世界の地誌的考察　(2)　現代世界の諸地域」の一部である。これを読み，以下の問いに答えなさい。なお，文中の同じ記号の空欄には同じ語句が当てはまるものとする。

(2)　現代世界の諸地域

【　X　】や地域などに着目して，課題を追究したり解決したりする活動を通して，次の事項を身に付けることができるよう指導する。

ア　次のような知識を身に付けること。

(ア)　幾つかの地域に区分した現代世界の諸地域を基に，諸地域に見られる地域的特色や【　あ　】的課題などについて理解すること。

(イ)　幾つかの地域に区分した現代世界の諸地域を基に，【　Y　】などを地誌的に考察する方法などについて理解すること。

イ　次のような思考力，判断力，表現力等を身に付けること。

(ア)　現代世界の諸地域について，【　Y　】などに着目して，主題を設定し，地域的特色や【　あ　】的課題などを多面的・多角的に考察し，表現すること。

問1　文中の空欄【　X　】,【　Y　】に当てはまる最も適切なものを，それぞれ次の①～④から1つずつ選び，番号で答えなさい。

【　X　】

①　位置や分布

②　場所

③　人間と自然環境との相互依存関係

④　空間的相互依存作用

【　Y　】

①　地域性を踏まえた備えや対応の重要性

②　地域の結び付き，構造や変容

③　場所の特徴や自然及び社会的条件との関わり

④　事象の背景や原因，結果や影響

問2　文中の空欄【　あ　】に当てはまる適切な語句を答えなさい。

問3　科目「地理探究」における「B　現代世界の地誌的考察」の授業を行う際の留意事項について説明した文として誤っているものを次の①～④から1つ選び，番号で答えなさい。

①　形式的な州を単位とする地域ではなく，様々な指標によって地域区分された様々な規模の地域を取り上げる。

②　様々な規模の地域を世界全体から偏りなく，かつ全体をくまなく取り上げることで，羅列的な知識を身に付けるようにする。

③　地域の多様な事象を項目ごとに整理したり，特色ある事象と他の事象を有機的に関連付けたり，対照的又は類似的な性格の二つの地域を比較したりして考察できるようにする。

④　地理の総合性に留意して，他の諸科学の成果なども活用しながら現代世界の地理的認識を深めるよう工夫する。

問4　科目「地理探究」における「B　現代世界の地誌的考察」の授業において，「西アジア」の地域を取り上げ，「宗教」を地域区分の指標として授業を展開するとき，生徒が地理的な見方・考え方を働かせて学習するための主題(学習課題・問い)を簡潔に答えなさい。

(☆☆☆◎◎◎)

【2】世界の自然環境や産業に関する次の問いに答えなさい。

問1　次の図1を見て，以下の(1)～(7)の問いに答えなさい。

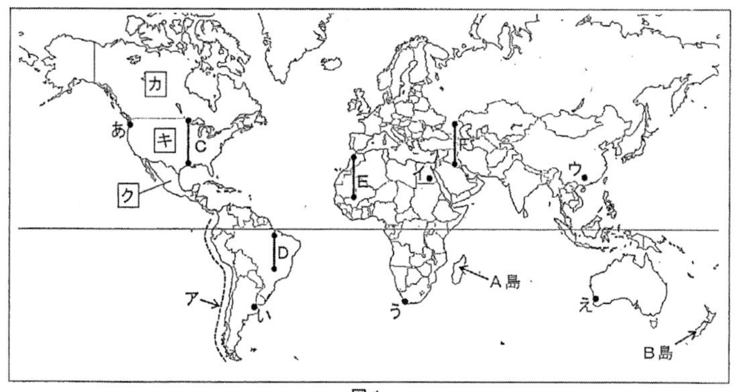

図1

(1)　図1中の地点あ～え のうち，他の地点と異なるケッペンの気候区分に属している地点を1つ選び，記号で答えなさい。また，選んだ地点に該当する気候区分の記号を答えなさい。

(2)　次の図2は，図1中のA島，B島における7月の降水量を等値線で示したものである。A島，B島に共通して見られる降水量の特徴について，その要因を明らかにしつつ簡潔に説明しなさい。

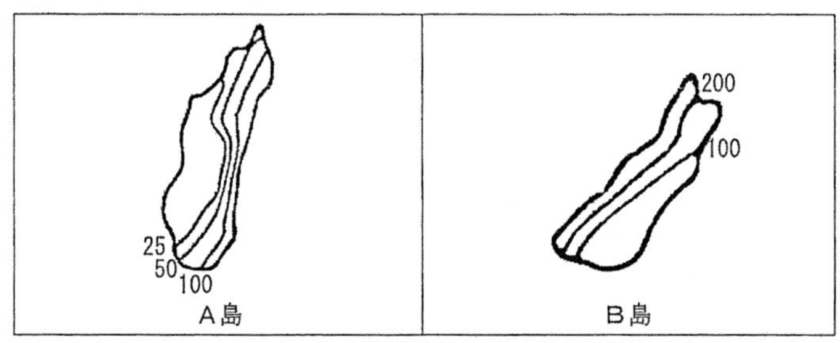

図2　帝国書院『新詳高等地図』により作成

(3)　次の図3中の①～④は，図1中の線分C～Fの地形断面図を示したものである。線分CとDに該当する地形断面図として最も適切なものをそれぞれ1つずつ選び，番号で答えなさい。なお，図3中の断面図の横軸は図1中の線分C～Fの最北端から最南端まで距離を示し，各線分の最北端の地点を0kmとしている。

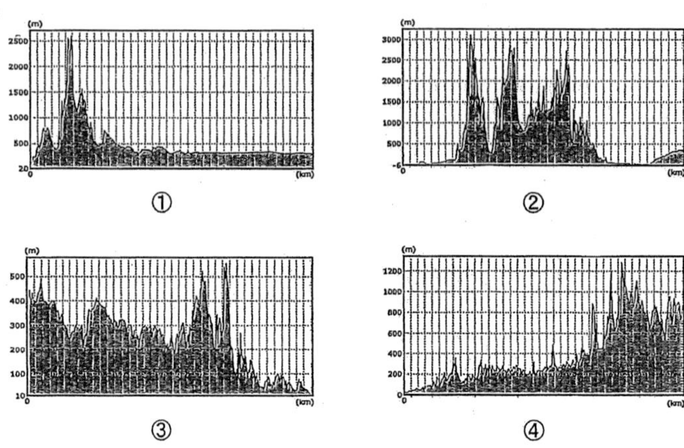

図3　『地理院地図』により作成

(4)　図1中のアはプレートの境界を示している。この境界に関して説明した次の文a，bの正誤の組み合わせとして正しいものを以下の①～④から1つ選び，番号で答えなさい。

a　太平洋プレートが，南アメリカプレートの下に沈み込む境界である。

b　この境界に平行して南北に連なるアンデス山脈には，火山が分布している。

	①	②	③	④
a	正	正	誤	誤
b	正	誤	正	誤

(5)　図1中の地点イには1970年に河川流域に大規模なダムが建設された。ダム建設によってもたらされた河川流域における環境の変化を，産業に与える影響と合わせて簡潔に説明しなさい。

(6)　次の写真1は，図1中の地点ウに見られる景観を示したものである。写真1に見られる地形の成因を，この地形の名称を明らかにしつつ簡単に説明しなさい。

写真１　とうほう『新編地理資料』による

(7) 次の図4中のG～Iは，図1中の[カ]～[ク]の国における，国土面積に対する排他的経済水域の割合※と魚介類の1人当たり供給量※※を示したものである。図1中の[カ]～[ク]と図4中のG～Iの組み合わせとして正しいものを以下の①～⑥から1つ選び，番号で答えなさい。

※　国土面積及び排他的経済水域の面積をそれぞれ10,000km²までの概数にした値から算出

※※　食料として直接利用可能な1人1年当たりの供給量

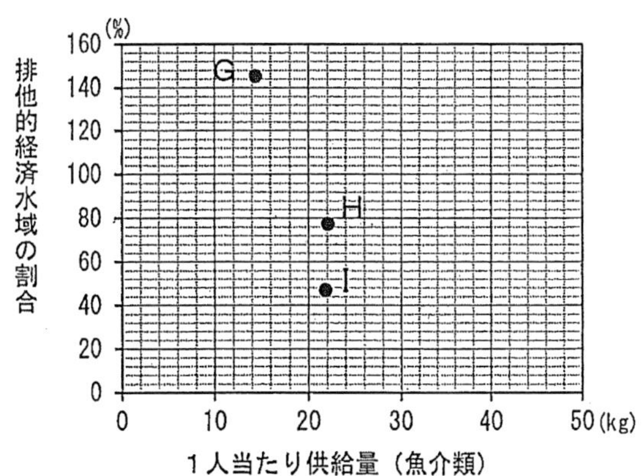

図４　帝国書院『新詳地理B』，
総務省統計局『世界の統計 2023』
により作成　統計年次は2019年

	①	②	③	④	⑤	⑥
カ	G	G	H	H	I	I
キ	H	I	G	I	G	H
ク	I	H	I	G	H	G

問2　次の図5と，図中のサ～セにおける自然環境や農牧業を説明した文J～Mについて，あとの(1)～(4)の問いに答えなさい。

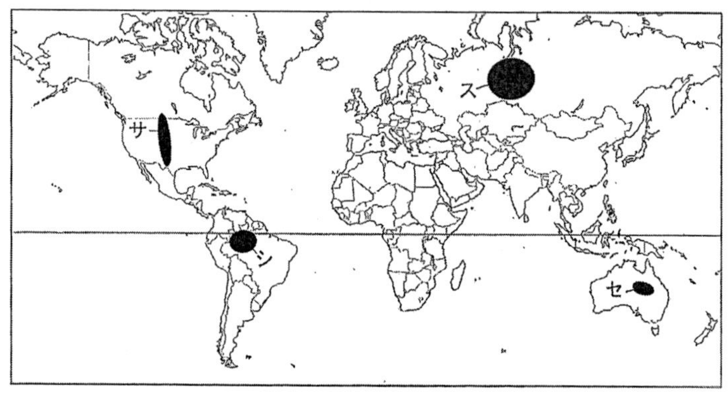

図5

J　【　1　】山脈以東に広がる広大な低地。(あ)土壌中の水分が下方へ移動することで，化学成分が溶脱した酸性の土壌が広く分布している。

K　世界最大の流域面積を誇る河川流域に広がる盆地。【　2　】と呼ばれる熱帯雨林は，開発にともなう伐採が進んでおり，森林面積が急激に減少している。

L　新期造山帯に属する山脈の東部に広がる短草草原地帯。1960年代から家畜飼料が大規模に生産されるようになり，畜産が盛んになった。(い)牛を短期間で濃厚飼料を利用して肥育している。

M　(う)被圧地下水が存在しており，【　3　】井戸によってくみ上げられている。この水は塩分が多く農業用水には適さないため，家畜の飲み水として利用されている。

(1)　J～Mの文中の空欄【　1　】～【　3　】に当てはまる適切な

語句を答えなさい。

(2) Jの文中の下線部(あ)について，この土壌の色として最も適切なものを次の①～④から1つ選び，番号で答えなさい。

① 黒色　② 赤褐色　③ 栗色　④ 灰白色

(3) Lの文中の下線部(い)について，このような家畜の飼育を行う施設のことを何というか，カタカナで答えなさい。

(4) Mの文中の下線部(う)について，地下水を含む地球上の水は循環している。次の図6中のタ～ツは，陸水に占める地下水，湖水・河川水，氷河の割合を示したものである。このうち，地下水に該当する記号と，地球の水量全体に占める陸水の割合の組み合わせとして正しいものを以下の①～⑨から1つ選び，番号で答えなさい。

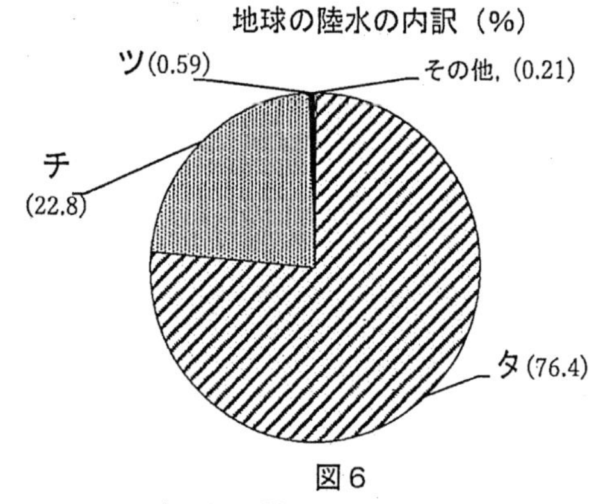

図6
帝国書院『新詳地理探究』により作成

	①	②	③	④	⑤	⑥	⑦	⑧	⑨
地下水	タ	チ	ツ	タ	チ	ツ	タ	チ	ツ
地球の水量全体に占める陸水の割合(%)	2.6	2.6	2.6	12.6	12.6	12.6	24.6	24.6	24.6

問3　次の表1は東南アジアに位置するインドネシアとマレーシアにおけるマングローブ林の面積の推移を示している。表1から読み取れるように，マングローブ林が減少している理由を，日本の食生活と

関連付けて簡潔に説明しなさい。

表1

	1980年 (千ha)	1990年 (千ha)	2000年 (千ha)	2005年 (千ha)	2000～2005年 年増減率(%)
インドネシア	7,769	3,500	6,163	5,858	−1.6
マレーシア	674	642	590	565	−0.8

二宮書店『データブックオブ・ザ・ワールド2022』より作成

(☆☆☆◎◎◎)

【3】日本に関する次の問いに答えなさい。

問1　次の図7中の破線で囲まれた海域の島嶼群の名称を答えなさい。

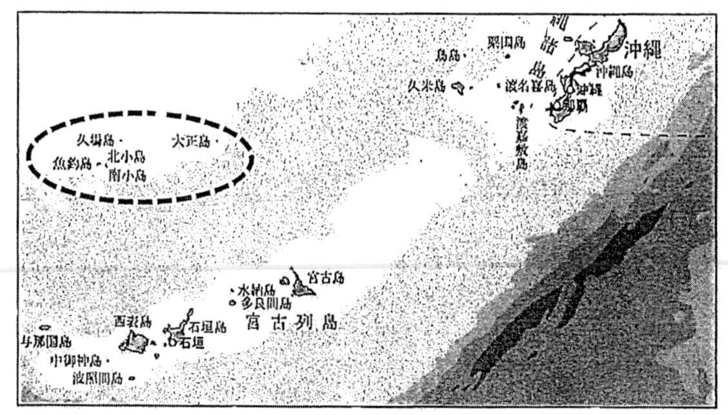

図7　「地理院地図」より作成

問2　次の図8は，東京，長野市，静岡市，那覇市のいずれかの都市の月別降水量を示したものである。東京と那覇市に該当するものを，それぞれ①～④から1つずつ選び，番号で答えなさい。

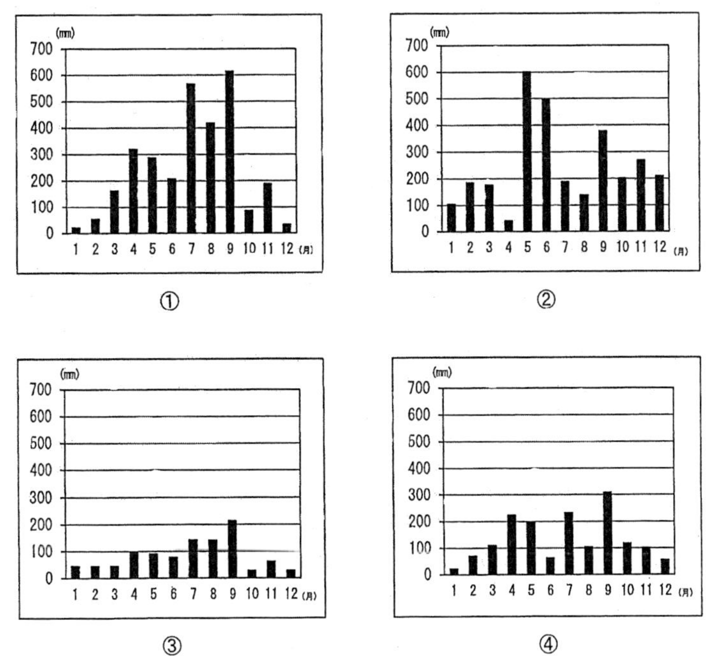

図8　気象庁webページより作成

問3　新旧の地図を比較し，那覇市の市街地における土地利用の変化について調べることにした。次の図9－1は1973年に発行された地形図であり，図9－2は現在の地図(「地理院地図」)である。土地利用の変化について，2つの図から読み取れることを述べた文として正しいものを，あとの①～⑤から2つ選び，番号で答えなさい。

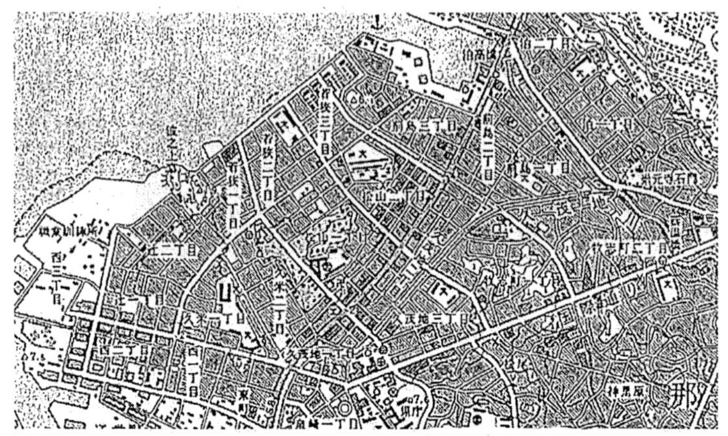

図9－1　1973年発行地形図（拡大）

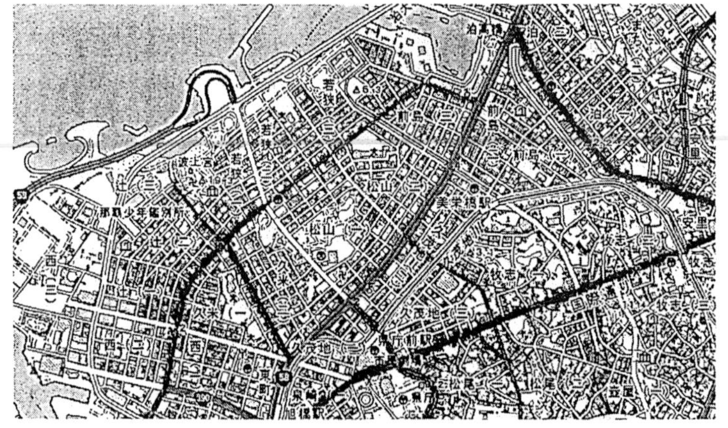

図9－2　現在の地図（「地理院地図」）

①　市役所が移設され，北東部に新たな市街地が拡大した。

②　南東部に直交路型の住宅地が造成された。

③　北西部の埋め立て地に新たな道路が建設された。

④　北部の港湾に発電所が建設された。

⑤　河川に沿って鉄道が建設された。

問4　次の表2は，沖縄県と静岡県の人口に関する数値を示したものである。表2中の増加率，産業別人口割合に着目し，各県の特徴を違いがわかるように説明しなさい。

表2

	総人口(万人)	増加率(‰)	産業別人口割合 %			転出入先都道府県	
			第1次	第2次	第3次	転出第1位	転入第1位
沖縄県	147	4.1	4.0	15.4	80.7	東京都	東京都
静岡県	363	-5.4	3.3	33.4	63.3	東京都	東京都
全　国	12,614	-3.2	3.4	24.1	72.5	―	―

総務省統計局等より作成(人口は2020年、増加率は，2019年-2020年)

問5　次の表3は，静岡県内の，ある4つの高等学校の修学旅行行程表(11月下旬実施，2日目の行程表)である。A高校～D高校の修学旅行の行先を表3から読み取り，それぞれ以下の①～⑩から1つずつ選び，番号で答えなさい。

表3

高校	行　　程　（＝：バス移動　・：徒歩移動）
A高校	ホテル出発＝研　修＝祈念資料館＝商店街散策（班別研修）・ホテル ○静岡駅から各都道府県への移動時間及び主な移動手段：約6時間30分（航空機） 【生徒の研修体験記】 11月なのに，海水は温かかった。静岡県の海ではほとんど見られない魚も多く泳いでいて，海水なのに木が育っているのには，驚いた。
B高校	ホテル出発＝研　修＝工芸資料館＝商店街散策（班別研修）・ホテル ○静岡駅から各都道府県への移動時間及び主な移動手段：約3時間10分（鉄道） 【生徒の研修体験記】 地理授業で学習した出入りの激しい海岸地形の様子を実際に見ることができた。スペイン北西部が名前の由来と先生から教わり，スペインにも行ってみたいと思った。
C高校	ホテル出発・研　修＝歴史民俗資料館＝語り部講演会と座談会・ホテル ○静岡駅から各都道府県への移動時間及び主な移動手段：約5時間30分（航空機） 【生徒の研修体験記】 静岡県では，これほど雪が降っているのを見たことがないので，感動した。アイヌ民族の語り部は，知らないことばかりだった。昼食のさんま定食が美味しかった。
D高校	ホテル出発・研　修・植物展示資料館・生物学教授講演会・ホテル ○静岡駅から各都道府県への移動時間及び主な移動手段：約4時間00分（貸切バス） 【生徒の研修体験記】 標高2,034mの山頂まで登山したとき，山の麓には収穫が終わった，ぶどうとももの果樹園が広がっていた。頂上付近では，雪が積もっていた。

A～D高校は、仮想のものとする。

①　北海道　　②　山形県　　③　東京都　　④　長野県
⑤　福井県　　⑥　和歌山県　⑦　広島県　　⑧　高知県
⑨　福岡県　　⑩　沖縄県

問6　次の図10は，富士山静岡空港の国内便における就航路線を示したものである(2022年冬ダイヤ)。図を参考にして，富士山静岡空港と各地を結ぶ航空路線の特徴を他の交通機関と比較して説明しなさい。

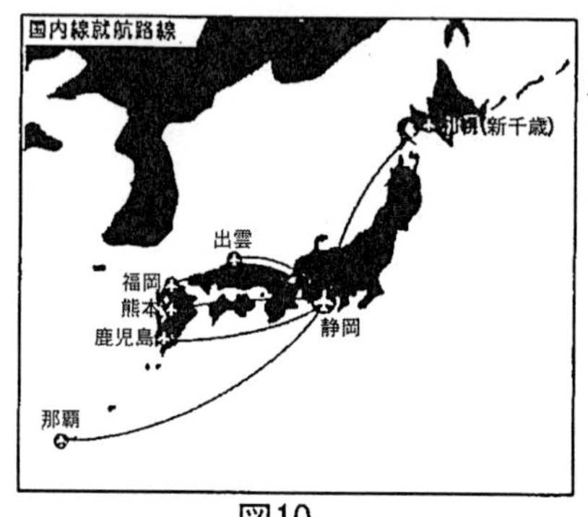

図10
富士山静岡空港webページより

(☆☆☆◎◎◎)

【4】サービスや商業，貿易に関する次の問いに答えなさい。

問1　次の表4は，アメリカ合衆国，インド，日本のいずれかのインターネット利用者数に関するものである。図11は，世界全体の電話契約数の推移を示したものである。これらの資料を見て，あとの(1)，(2)の問いに答えなさい。

表4　インターネット利用者数

国名	1997年	2014年	利用者率
ア	716万人	11,504万人	92.7%
イ	13万人	22,813万人	41.0%
ウ	5,073万人	28,181万人	89.4%

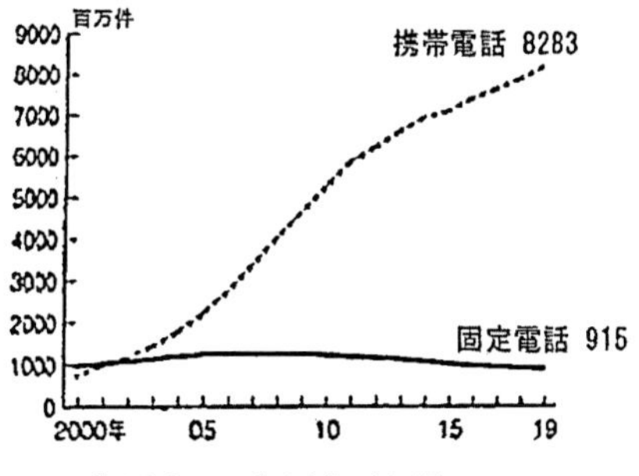

図11　電話契約数
二宮書店『データブック
オブ・ザ・ワールド2022』より作成

(1)　表4中の国名とア～ウの組み合わせとして正しいものを次の①～⑥から1つ選び，番号で答えなさい。

	①	②	③	④	⑤	⑥
アメリカ合衆国	ア	ア	イ	イ	ウ	ウ
インド	イ	ウ	ア	ウ	ア	イ
日　本	ウ	イ	ウ	ア	イ	ア

(2)　図11のように，世界の携帯電話契約数は大幅に増加しているが，固定電話の契約数は，ほぼ横ばいに推移している。なぜ，このような差が生じているか説明しなさい。

問2　次の図12中のカ～クは，日本，シンガポール，中国の観光客受入数と1人当たりのGNIを示したものである。国名とカ～クの組み合わせとして正しいものを以下の①～⑥から1つ選び，番号で答えなさい。

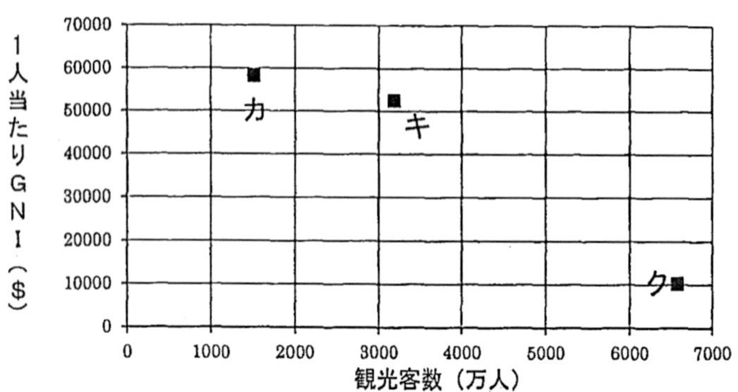

図12　統計年次は2019年
二宮書店『データブック オブ・ザ・ワールド2022』より作成

	①	②	③	④	⑤	⑥
日　本	カ	カ	キ	キ	ク	ク
シンガポール	キ	ク	カ	ク	カ	キ
中　国	ク	キ	ク	カ	キ	カ

問3　日本の商業施設について，次の(1)，(2)の問いに答えなさい。

(1)　次の図13は，日本における小売店の販売額の推移を示したものであり，サ～スは大型スーパー，百貨店，コンビニエンスストアのいずれかである。それぞれと，サ～スの組み合わせとして正しいものを以下の①～⑥から1つ選び，番号で答えなさい。

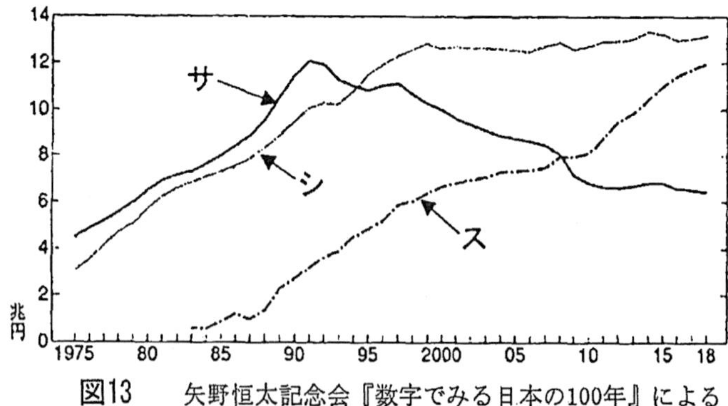

図13　矢野恒太記念会『数字でみる日本の100年』による

	①	②	③	④	⑤	⑥
大型スーパー	サ	サ	シ	シ	ス	ス
百貨店	シ	ス	サ	ス	サ	シ
コンビニエンスストア	ス	シ	ス	サ	シ	サ

(2) 次の写真2のような大型スーパーにはどのような立地の傾向が見られるか，その要因と合わせて簡潔に説明しなさい。

写真2

問4 貿易に関する次の(1)～(4)の問いに答えなさい。

(1) 次の表5中のタ～テは，貿易額の合計が世界で上位の4か国である。このうち日本に該当するものを1つ選び，記号で答えなさい。また，表中の空欄【 X 】に該当する品目を答えなさい。

表5 （上段：輸出、下段：輸入）

国 名	輸出入額（百万ドル）	主要輸出入品の輸出入額に占める割合の上位品目(%)		
タ	2,590,646	機械類(44.5)	繊維と織物(6.0)	衣 類(5.5)
	2,055,612	機械類(36.2)	【 X 】(8.6)	鉄鉱石(5.8)
チ	1,434,117	機械類(24.9)	自動車(7.1)	精密機械(4.8)
	2,334,330	機械類(29.8)	自動車(10.4)	医薬品(6.0)
ツ	1,380,379	機械類(28.5)	自動車(14.7)	医薬品(7.3)
	1,170,726	機械類(24.7)	自動車(10.0)	医薬品(5.9)
テ	641,341	機械類(35.7)	自動車(18.9)	精密機械(6.0)
	634,431	機械類(26.1)	【 X 】(6.8)	液化天然ｶﾞｽ(4.7)

二宮書店『データブック オブ・ザ・ワールド2022』より作成（統計年次は2020年）

(2) 次の表6は，日本の主な貿易港における輸出総額と主要輸出品目を示したものであり，表中のナ～ヌは，名古屋港，成田国際空港，東京港のいずれかである。貿易港とナ～ヌの組み合わせとして正しいものを以下の①～⑥から1つ選び，番号で答えなさい。

表６

貿易港	輸出総額(億円)	主要輸出品目と輸出総額に占める割合　%		
ナ	104,138	自動車 24.6	自動車部品 16.6	内燃機関 4.1
ニ	101,589	半導体製造装置 8.4	金(非貨幣用) 7.6	科学光学機器 5.5
ヌ	52,332	自動車部品 5.8	半導体製造装置 5.2	ｺﾝﾋﾟｭｰﾀ部品 5.1

二宮書店『データブック オブ・ザ・ワールド2022』より作成（統計年次は2020年）

	①	②	③	④	⑤	⑥
名古屋港	ナ	ナ	ニ	ニ	ヌ	ヌ
成田国際空港	ニ	ヌ	ナ	ヌ	ナ	ニ
東京港	ヌ	ニ	ヌ	ナ	ニ	ナ

(3)　次の文は，世界貿易に関する組織や取り決め等について説明したものである。文中の空欄【　ハ　】～【　フ　】に該当する適切な語句を以下の①～⑤から1つずつ選び，番号で答えなさい。

> 1929年の世界恐慌を受け，1930年代は，世界的に保護貿易を行う国々が増えていった。そこで，輸出入の数量規制等の措置を原則禁止し，関税を基本とした貿易を推進するため，1947年に【　ハ　】が発足した，その後，関税の引き下げ等，貿易しやすい環境を整え，自由貿易の拡大を目指し，サービス貿易や知的財産権までを取り扱うWTOが1995年に設立された。日本は，太平洋諸国との関税の撤廃や貿易制限の撤廃等を目指し，2016年TPPに署名した。さらに基本的には2か国間での関税や貿易措置の撤廃等を協議し実施する【　ヒ　】や物の貿易だけでなく知的財産権や人・サービスの移動等幅広い分野で相互連携を目指す【　フ　】の締結国を増やしており，貿易の拡大を目指している。

①　WHO　　②　UNCTAD　　③　GATT　　④　EPA
⑤　FTA

(4)　次の図14は，主な国家，地域間の貿易の変化について示したものであり，図中のマ～ムは，アメリカ合衆国，日本，中国のいずれかである。国名とマ～ムの組み合わせとして正しいものを以下の①～⑥から1つ選び，番号で答えなさい。

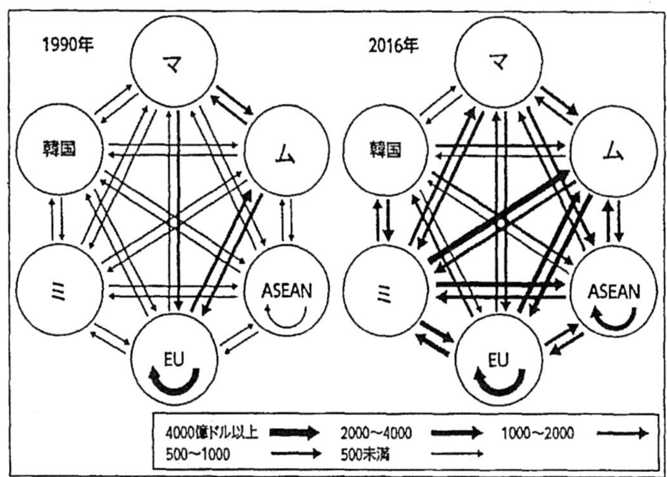

図14　東京書籍『地理探究』による

	①	②	③	④	⑤	⑥
アメリカ合衆国	マ	マ	ミ	ミ	ム	ム
日　本	ミ	ム	マ	ム	マ	ミ
中　国	ム	ミ	ム	マ	ミ	マ

(☆☆☆◎◎◎)

【5】次の図15を見て，南アジアに関する以下の問いに答えなさい。

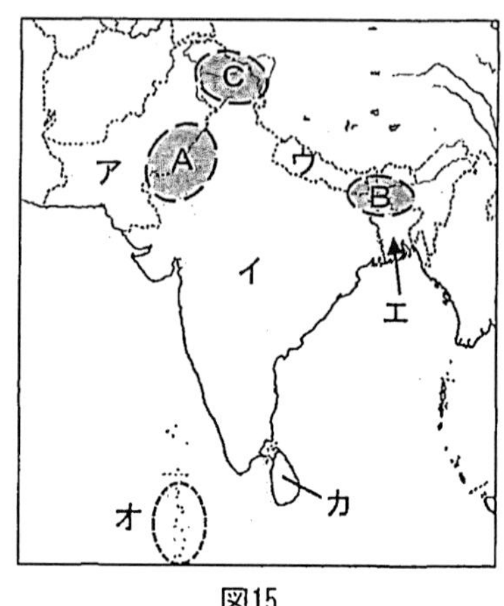

図15

問1　図15中のA～Cの地域について，次の(1)～(3)の問いに答えなさい。

(1)　AとBの地域には，降水量に違いが見られる。降水量の違いとその要因を説明しなさい。

(2)　次の表7は，Bの地域で生産が盛んなある農作物の生産上位国と生産量及び世界に占める割合を示したものである。この農作物について説明した文として正しいものを以下の①～④から1つ選び，番号で答えなさい。また，表中の【　X　】に該当する国名を答えなさい。なお，表中のイ，カは図15中の国家を示している。

表7

国　名	生産量（千トン）	割合(%)
中　国	2,777	42.7
イ	1,390	21.4
【　X　】	459	7.1
カ	300	4.6
ベトナム	269	4.1

統計年次は2019年
二宮書店『データブック オブ・ザ・ワールド2022』による

①　ニューギニア島が原産地とされている。食用だけでなく，燃料としても利用されている。

② 生産上位国と消費上位国が大きく異なる商品作物である。2019年における輸入量世界第1位の国は，アメリカ合衆国である。

③ 繊維の原料となる。伸度が少ないこの繊維は，日本ではカーペットの裏地や，畳表を製造するための糸などに利用されている。

④ 奈良・平安時代に中国から日本に伝えられた。明治時代初期には士族授産等を目的に，台地上に農園が開拓された。

(3) 図15中のCの地域は，アとイの国が国境紛争をしている地方である。この地方の名称を答えなさい。

問2 図15中のア～カの国について，次の(1)，(2)の説明に該当するものをそれぞれすべて選び，記号で答えなさい。

(1) 2021年における総人口が，同年の日本の総人口よりも多い。

(2) イスラーム教徒の割合が多数を占めている。

問3 図15中のイの国に関する次の(1)～(4)の問いに答えなさい。

(1) 次の図16は図15中のイの国で用いられている紙幣を示したものである。図から読み取ることができる，この紙幣に見られる特徴を，イの国における民族に関連付けて説明しなさい。

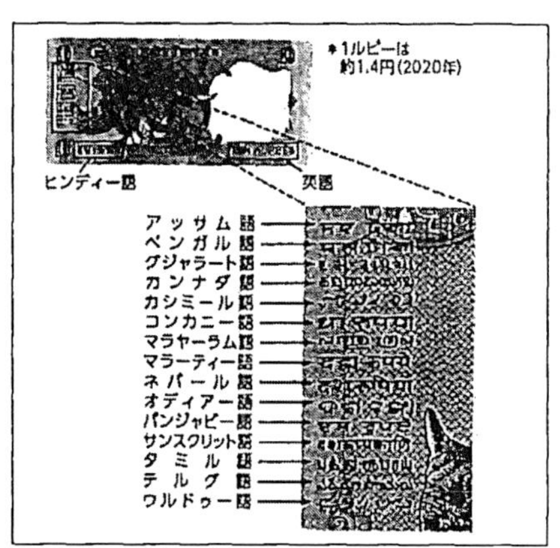

図16 帝国書院『高等学校新地理総合』による

(2)　次の図17はイの国における食肉生産量と鶏肉の割合の推移，図18はイの国のGDPの推移を示したものである。科目「地理総合」におけるB　国際理解と国際協力　(1)生活文化の多様性と国際理解の授業において，図17，図18を用いて生徒が思考・判断・表現する学習活動を展開したい。そのための生徒に提示する学習課題(問い・主題)と，思考・判断・表現することによって獲得される知識や概念を，あとの学習指導要領の内容を踏まえて答えなさい。

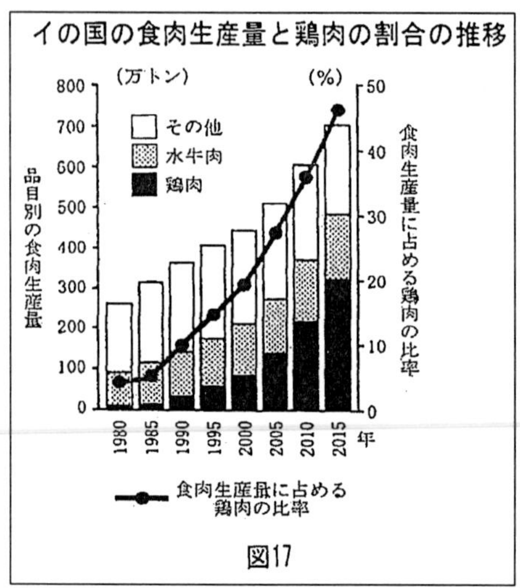

図17

図17は，後藤拓也の著作(「人文地理　第73巻第2号（2021年)」による

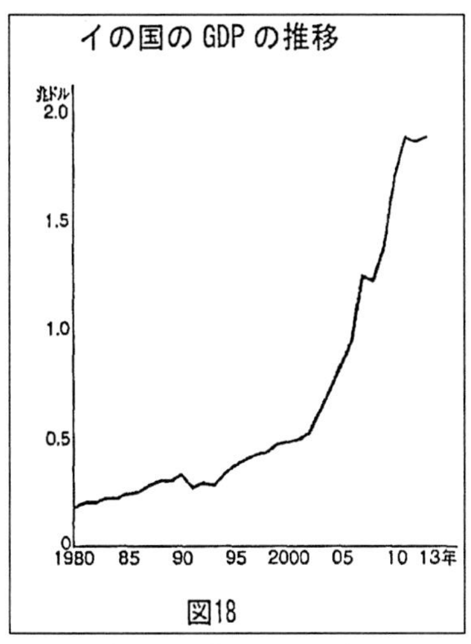

図18は，帝国書院『新詳地理Ｂ』より作成

(1)　生活文化の多様性と国際理解

> (1)　生活文化の多様性と国際理解
>
> 　場所や人間と自然環境との相互依存関係などに着目して，課題を追究したり解決したりする活動を通して，次の事項を身に付けることができるよう指導する。
>
> ア　次のような知識を身に付けること。
>
> 　(ア)　世界の人々の生活文化を基に，人々の生活文化が地理的環境から影響を受けたり，影響を与えたりして多様性をもつことや，地理的環境の変化によって変容することなどについて理解すること。
>
> 　(イ)　…(略)…
>
> イ　次のような思考力，判断力，表現力等を身に付けること。

(ア)　世界の人々の生活文化について，その生活文化が見られる場所の特徴や自然及び社会的条件との関わりなどに着目して，主題を設定し，多様性や変容の要因などを多面的・多角的に考察し，表現すること。

(内容の取扱い)

イ　内容のBについては，次のとおり取り扱うものとすること。

(ア)　(1)については，次のとおり取り扱うこと。

…(略)…

その際，地理的環境には，自然環境だけでなく，歴史的背景や人々の産業の営みなどの社会環境も含まれることに留意すること。また，ここでは，生活と宗教の関わりなどについて取り上げるとともに，日本との共通点や相違点に着目し，多様な習慣や価値観などをもっている人々と共存していくことの意義に気付くよう工夫すること。

文部科学省『高等学校学習指導要領(平成30年告示　令和3年8月一部改訂)解説　地理歴史編』より抜粋

(3)　次の図19，表8を資料として用い，科目「地理探究」で図15中のイの国の地誌を扱う授業において，イの国の国際関係の変化に関して，生徒にどのようなことを読み取らせることができるか答えなさい。

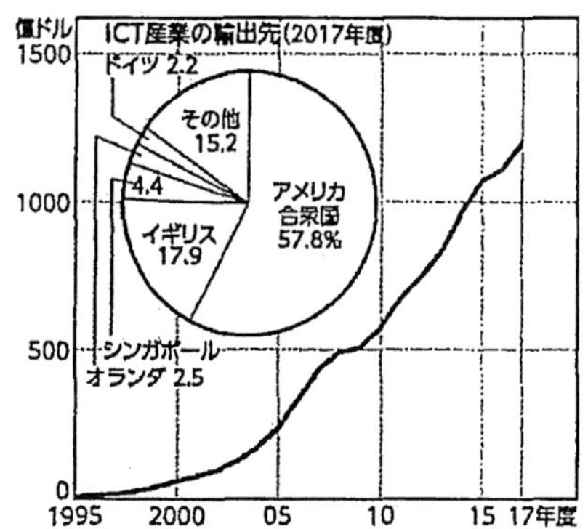

図19　イの国におけるＩＣＴ関連産業の輸出額の推移と輸出先

帝国書院『新詳地理資料 COMPLETE2022』による

表８　アメリカへの移民の出身国の推移

年代	総数(千人)	第１位(%)	第２位(%)	第３位(%)	第４位(%)	第５位(%)
1991～2000	9,081	メキシコ(24.8)	フィリピン(5.6)	中　国(4.7)	ベトナム(4.6)	イ(4.2)
2001～2010	10,501	メキシコ(16.1)	中　国(6.3)	イ(6.3)	フィリピン(5.6)	ドミニカ共和国(3.1)

二宮書店『データブックオブ・ザ・ワールド2022』による

(4)　次の図20は，図15中のイの国，日本，中国，ナイジェリアの人口及び将来人口の推移を1950年における総人口を100として示したものである。イの国に該当するものを①～④から1つ選び，番号で答えなさい。

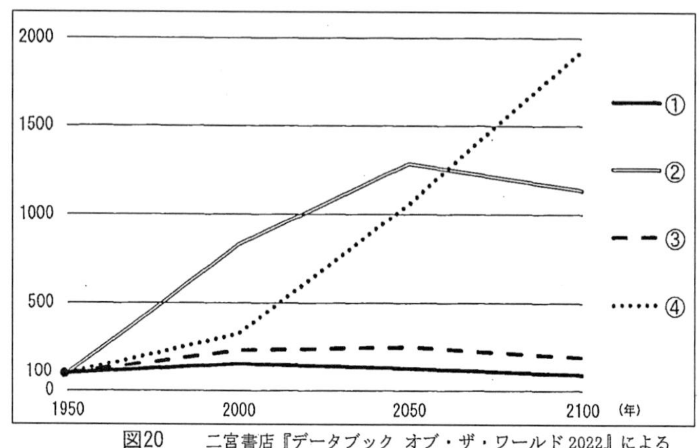

図20　　二宮書店『データブック オブ・ザ・ワールド2022』による

問4　次の写真3は，図15中のエの国で頻繁に起こる自然災害の様子を示したものである。写真3のように，この災害の被害が大きくなる理由を，エの国の人々が居住する地域の地形に関連付けて簡潔に説明しなさい。

写真３　帝国書院『新詳地理資料COMPLETE2022』による

(☆☆☆◎◎◎)

【6】ヨーロッパに関する次の問いに答えなさい。

問1　次の図21を見て，以下の(1)～(4)の問いに答えなさい。

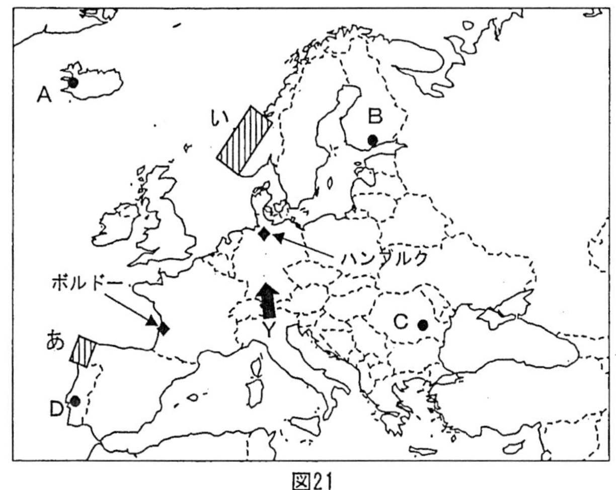

図21

(1) 次の図22中のア～エは，図21中の都市A～Dのいずれかの月別平均気温を示したものである。また，図22中のア～エに引かれた線分Xは，いずれも同じ気温を示している。都市Bに該当する図と，線分Xの示す気温の組み合わせとして正しいものを以下の①～⑧から1つ選び，番号で答えなさい。

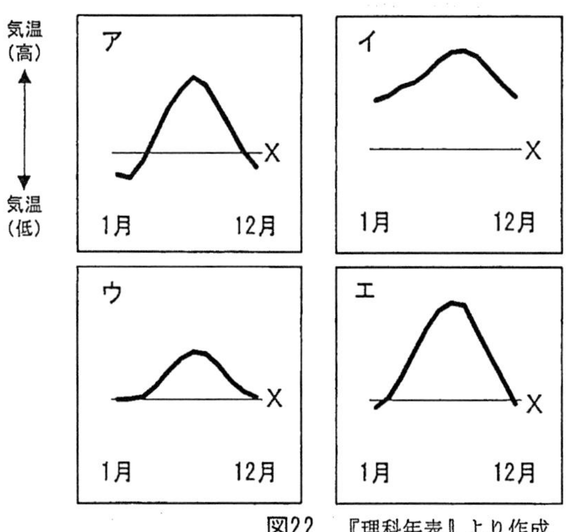

図22 『理科年表』より作成

	①	②	③	④	⑤	⑥	⑦	⑧
都市B	ア	イ	ウ	エ	ア	イ	ウ	エ
Xの気温	0℃	0℃	0℃	0℃	10℃	10℃	10℃	10℃

(2)　図21中の矢印Yはアルプス山脈を越えて吹く局地風(地方風)の風向を示している。このことについて，次のa，bの問いに答えなさい。

a　この局地風の名称を答えなさい。

b　この局地風がアルプス山脈を越えて吹き降ろす際，風の性質は山脈を越える前に比べてどのように変化するか，気温と湿度に着目して15字程度で説明しなさい。

(3)　科目「地理総合」における「世界の様々な地形」の授業で，図21中の あ，い に見られる特徴的な海岸地形の共通点や相違点を説明するため，生徒にどのような板書を示すことができるか書きなさい。説明の他，図や注釈などを書き込んでもよい。

(4)　図21中に示されたボルドーとハンブルクは，ともに河川のエスチュアリーに発達した都市である。それぞれの都市でエスチュアリーが発達する河川の名称を答えなさい。

問2　次の写真4で示された住居は，それぞれスペイン南部及びドイツ中部で見られる伝統的な住居である。それぞれの地域の気候的な特徴に関連付けて，住居の材質の違いについて説明しなさい。

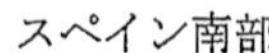

スペイン南部

ドイツ中部

写真4　　二宮書店「新編詳解地理B改訂版」より

問3　次のヨーロッパの民族や宗教について説明した文カ～クについて，その正誤の組み合わせとして正しいものを以下の①～⑧から1つ選び，番号で答えなさい。

カ　ポーランドはスラブ系の人々が多く，約8割が東方正教を信仰している。

キ　フィンランドやバルト三国(エストニア，ラトビア，リトアニア)はウラル系の人々が多く，プロテスタントが多数派を占める。

ク　キプロス島では北部に居住するトルコ系の人々と南部に居住するギリシャ系の人々による対立が続いている。

	①	②	③	④	⑤	⑥	⑦	⑧
カ	正	正	正	正	誤	誤	誤	誤
キ	正	正	誤	誤	正	正	誤	誤
ク	正	誤	正	誤	正	誤	正	誤

問4　次の図23は，ヨーロッパにおける地域的な枠組み(2022年)の相互関係の一部を示したものである。この図を見て，以下の(1)～(3)の問いに答えなさい。

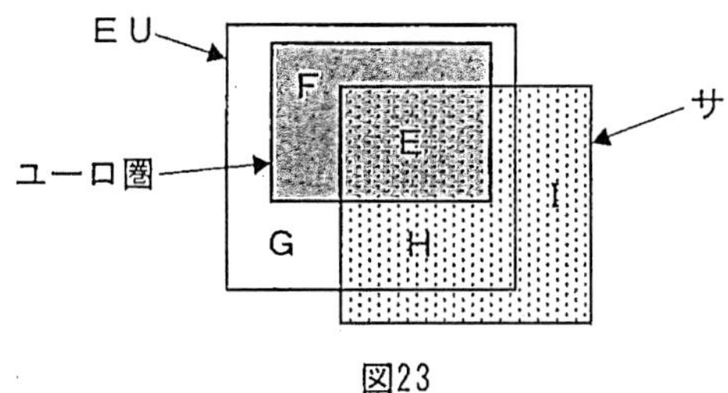

図23

(1)　図23中のサに当てはまる，加盟国間において国境検査なしで国境を超えることを許可する協定の名称を答えなさい。

(2)　次の①～④の国は，図23中E～Hのいずれかのエリアに入る。このうち，F及びHに当てはまる国をそれぞれ1つずつ選び，番号で答えなさい。

①　アイルランド　　②　エストニア　　③　デンマーク

④　ブルガリア

(3)　図23中Iのエリアに当てはまるヨーロッパの国名を1つ答えなさい。

問5　次の図24中タ～ツは，ヨーロッパにおける小麦，ライ麦，羊のいずれかの分布をドットマップで示したものである。農畜産物とタ～ツの組み合わせとして正しいものを以下の①～⑥から1つ選び，番号で答えなさい。

タ

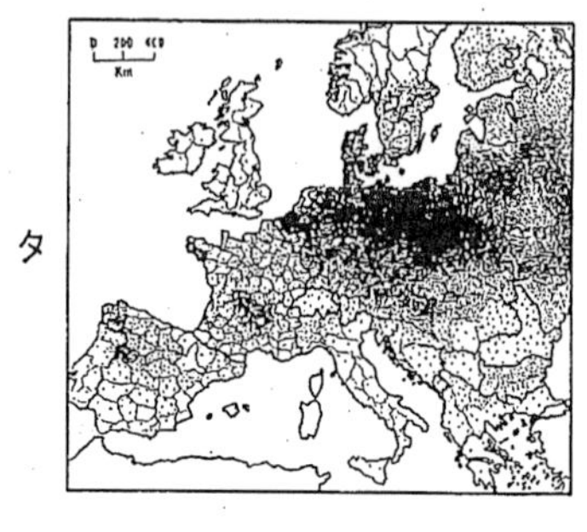

チ

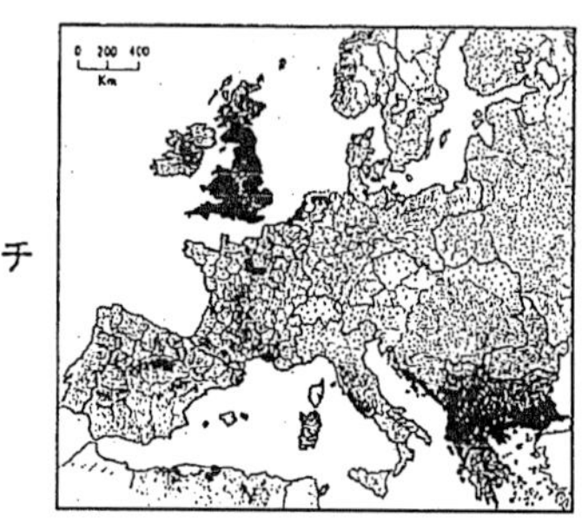

ツ

注）図中のドット１つが示す値
小麦・・・10万ブッシェルの生産量
（１ブッシェル＝36リットル）
ライ麦・・・５千エーカーの栽培面積
（１エーカー＝0.4ha）
羊・・・１万頭の飼育頭数

図24　　二宮書店「ＥＵの地理学」より

	①	②	③	④	⑤	⑥
小麦	タ	タ	チ	チ	ツ	ツ
ライ麦	チ	ツ	タ	ツ	タ	チ
羊	ツ	チ	ツ	タ	チ	タ

問6　次の表9は，ヨーロッパのいくつかの国における品目別食料自給率を示したものであり，表中の①～④はイギリス，イタリア，オランダ，デンマークのいずれかである。イタリアに該当するものを1つ選び，番号で答えなさい。

表9 (%)

	いも類	野菜類	果実類	牛乳・乳製品
①	87	43	14	90
②	109	51	12	201*
③	150	411	40	203
④	54	149	109	81

牛乳・乳製品は2017年，*は2009年，それ以外は2018年
とうほう「新編地理資料2022」より作成

問7　次の表10は，ヨーロッパのいくつかの国における鉱工業生産量を示したものであり，表中の①～⑤はイギリス，スペイン，チェコ，ドイツ，ポーランドのいずれかである。イギリスとスペインに該当するものをそれぞれ1つずつ選び，番号で答えなさい。

表10

	石炭（万トン、2018）	原油（万トン、2019）	粗鋼（万トン、2020）	自動車（万台、2020）	産業用ロボット稼働台数（千台、2019）
①	6338	97	789	45	15.8
②	77	4	1093	227	36.7
③	276	193	3566	374	221.5
④	438	8	447	116	19.4
⑤	258	4874	719	99	21.7

二宮書店「データブック オブ・ザ・ワールド2022」より作成

問8　次の図25は，ヨーロッパ各国における一人当たりGNIと輸出依存度(GDPに占める輸出の割合)を表したものである。図中の破線で囲まれたグループ ナ～ネのうち，ナに該当するものを以下の選択肢①～④から1つ選び，番号で答えなさい。

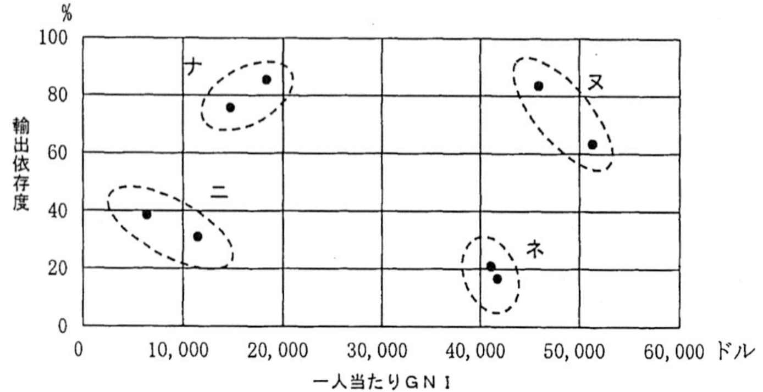

図25　一人当たりＧＮＩは2019年、輸出依存度は2020年
二宮書店「データブック オブ・ザ・ワールド2022」より作成

①　イギリス・フランス　　②　オランダ・ベルギー
③　スロバキア・ハンガリー　　④　セルビア・ルーマニア

問9　次の表11は，ヨーロッパのいくつかの国から日本に輸出されるものの上位品目とその割合を示したものであり，表中の①～④はイタリア，スイス，スウェーデン，ブルガリアのいずれかである。スウェーデンに該当するものを1つ選び，番号で答えなさい。

表11

	①		②		③		④	
1位	医薬品	39.5	たばこ	17.3	医薬品	39.9	衣類	31.8
2位	一般機械	10.5	一般機械	9.2	時計	22.6	電気機器	17.2
3位	乗用車	8.3	バッグ類	9.0	科学光学機器	7.4	バッグ類	7.9
4位	製材	7.7	医薬品	8.9	一般機械	7.1	一般機械	7.6
5位	電気機器	6.4	衣類	7.6	有機化合物	4.5	医薬品	6.3

統計年次は2020年　二宮書店「データブック オブ・ザ・ワールド2022」より作成

(☆☆☆◎◎◎)

【７】次の図26は，ヨーロッパのいくつかの国の電力構成を示したグラフである。この図を見て，以下の問いに答えなさい。

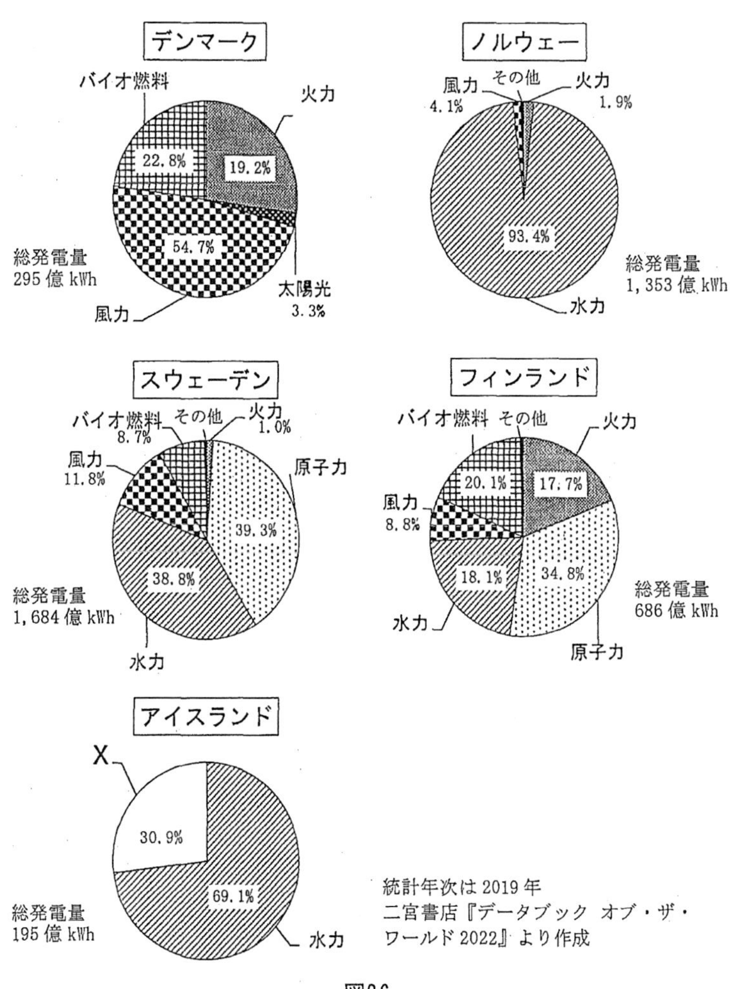

図26

問1　図26より，ノルウェーでは水力発電がさかんに行われていることがわかる。その要因を自然環境に着目して説明しなさい。

問2　図26中のアイスランドでは，他の4か国にはないXという再生可能エネルギーを使った発電が一定の割合を占めている。Xに当てはまるエネルギー源を答えなさい。

問3　図26中のデンマーク，ノルウェー，スウェーデン，フィンランドは「ノルドプール」と呼ばれる国際電力市場で電力の自由な売買を行っている。これらの国々が国境を越えて電力を売買するメリットについて，再生可能エネルギーの特徴と関連付けて説明しなさい。

(☆☆☆◎◎◎)

公　民　科

【1】倫理の授業を受けている生徒たちが，「人間の生と死」について会話をしている。次の会話文を読み，以下の問いに答えなさい。

生徒P：正直言って，A)生きることや死ぬことについて，倫理の授業を受けるまでは真剣に考えたことはなかったな。

生徒Q：わたしはたまに，死んだ後のB)魂ってどうなってしまうんだろうって考えることがあるよ。

生徒R：そうなんだ。でも，輪廻という考えは受け入れにくいなあ。

生徒Q：じゃあ，C)キリスト教やイスラームにある，死後にD)神の裁きがあって天国と地獄に行くことについてはどう思っているの？

生徒R：そうだなあ，似たような考えで，E)日本の仏教にも極楽浄土と地獄の教えがあるけど，どちらも信じていないかな。わたしは，今をどう生きるかをもっと考えたいと思っているよ。

生徒P：確かに，F)春秋戦国時代の思想家である孔子も，「いまだ生を知らず，いずくんぞ死を知らん」と言っているよね。僕も，死んだ後のことよりも，生き方を考えることの方が大切な気がしてきたよ。

生徒Q：倫理の授業で触れたさまざまな宗教では，人間が死後どうなるかを示していたけど，それはこの世でG)どう生きるかっていう問題と深く関わっているということなのかな。

生徒R：そういえば，倫理の授業で知った先哲たちは，様々な人間の「生きること」について語っていたなあ。

生徒P：ソクラテスは，人間にとって大事なことは「よく生きる」ことだと言っていたね。

生徒Q：フランクルは，ユダヤ人強制収容所での経験から，著書『夜と霧』で，いかなる状況でもH)人間らしい尊厳に満ちた態度で生きていくことの大切さを述べていると考えられているよ。

生徒R：その一方で，I)ハイデガーは人間を「死への存在」であるとも言っていたし，山本常朝は「J)武士道といふは死ぬ事と見つけたり」という言葉を残しているし，人間と死との関係について，独自の考えを持った人たちもいたんだよね。

問1　次の文は「高等学校学習指導要領(平成30年3月告示)第2章　第3節　公民　第2　倫理」部分の抜粋である。文中の(　a　)・(　b　)に当てはまる語句の組合せとして最も適切なものを，以下のア～エのうちから1つ選び，記号で答えなさい。

高等学校学習指導要領(平成30年3月告示)

> 第2　倫理
>
> 1　目標
>
> 人間としての在り方生き方についての見方・考え方を働かせ，現代の諸課題を追究したり解決に向けて構想したりする活動を通して，広い視野に立ち，人間尊重の精神と(　a　)に対する畏敬の念に基づいて，グローバル化する国際社会に(　b　)生きる平和で民主的な国家及び社会の有為な形成者に必要な公民としての資質・能力を次のとおり育成することを目指す。

ア　a　生命　　b　主体的に　　イ　a　生命　　b　他者と共に

ウ　a　権利　　b　主体的に　　エ　a　権利　　b　他者と共に

問2　下線部A)に関連して，アリストテレスが主張した人間の幸福や理想的な生き方について述べた文として最も適切なものを，次のア

～エのうちから1つ選び，記号で答えなさい。

ア　それぞれの人の功績等に応じて，報酬を比例的に配分するような調整的正義に基づく生き方が，人間としての幸福であると述べた。

イ　感覚される世界を超越して存在し，事物の本質であるイデアを想起し学び知ることが，人間の幸福につながる生き方であると述べた。

ウ　理性を働かせ，真理を探り，そのことに喜びを見出す観想的生活こそが，人間にとっての最高の生き方であると述べた。

エ　身体・金銭・地位などに恵まれ，ポリス的動物として友愛よりも正義を大切にすることで，魂が善いものになっていくと述べた。

問3　下線部B)に関連して，ヘレニズム時代のストア派に関する次の説明文①・②の正誤の組合せとして最も適切なものを，以下のア～エのうちから1つ選び，記号で答えなさい。

①　自然は理性の法であるロゴスによって支配されており，人間は自然に従って理性的に生きることが最高善であると主張した。

②　自然と湧き上がる欲望であるパトスに従った魂の状態を徳とし，人間の幸福は徳だけで十分であると主張した。

ア　①　正　②　正　　イ　①　正　②　誤

ウ　①　誤　②　正　　エ　①　誤　②　誤

問4　下線部C)に関連して，キリスト教の発展に寄与した人物に関する記述として最も適切なものを，次のア～エのうちから1つ選び，記号で答えなさい。

ア　パウロは，人が義とされるのは律法の行いによるのではなく聖書によるという聖書中心主義を説き，イエスの贖罪に示された神の愛を信じることに救いの道を見出した。

イ　アウグスティヌスは，全人類の歴史を神の国と地上の国の抗争として捉え，両者を仲立ちする教会を通じて与えられる神の恩寵によらなければ，人間は善を志すこともできないと説いた。

ウ　トマス＝アクィナスは，神への信仰と人間が持ちうる理性は対等なものであると捉えたが，信仰と理性が認識する真理は異なるため，それらは対立し相容れないものであると主張した。

エ　オッカムは，人は神から与えられた使命である職業に励むべきであるという新しい人間の生き方を提示するとともに，信仰・希望・愛という三元徳によって救われると説いた。

問5　下線部D)に関連して，ドイツの哲学者ライプニッツは，神以外のすべての存在は，分割できず，空間的な広がり・大きさをもたない，非物体的な実体によって構成されるとしたが，この実体を何というか答えなさい。

問6　下線部E)に関連して，次の問いに答えなさい。

(1)　次の資料1・2は，平安時代に庶民を中心に浄土教を広めた空也に関するものである。資料1を参考に，資料2の空欄に当てはまる語句を答えなさい。

資料１

空也上人像（六波羅蜜寺蔵）

資料2

ひとたびも　[　　]と　いふ人の はちすの上に　のぼらぬはなし 空也上人

『拾遺抄』により作成

(2)　次の資料3・4を参考に，道元の修行に対する考えについて，以下のⅠ・Ⅱの指示に従い，50字程度で説明しなさい。

資料3

学道の最要は，坐禅，是第一也。大宋の人，多く得道する事，皆坐禅の力也。一文不通にて無才愚鈍の人も，坐禅を専らにすれば，多年の久学聡明の人にも勝れて出来する。…(略)…<u>仏祖の道は只坐禅也</u>。他事に順ずべからず。

『正法眼蔵随聞記』により作成

資料4

それ，修証はひとつにあらずとおもへる，すなはち外道の見なり。<u>仏法には修証これ一等なり</u>。いまも証上の修なるゆゑに，初心の弁道すなはち本証の全体なり。

『正法眼蔵』により作成

Ⅰ　資料3の下線部が示していることについて具体的に説明すること。 Ⅱ　資料4の下線部が示していることについて具体的に説明すること。

問7　下線部F)に関連して，次のカード①～④は，諸子百家と呼ばれる春秋戦国時代の思想家の人間観と統治のあり方について生徒がまとめたものの一部である。このうち，荀子の思想に近い内容のカードの組合せとして最も適切なものを，以下のア～エのうちから1つ選び，記号で答えなさい。

カード①　(人間観) ・人間は生まれつき人を憐れみ，互いに譲り合う心を持っている。

カード②　(人間観) ・人間は生まれつき欲望に従い利を求め，人を憎む傾向がある。

カード③ (統治のあり方)
・君主みずから身を修め，その君主が策定した客観的な法を人民に遵守させることにより，国を統治する。

カード④ (統治のあり方)
・君主が定めた社会の規範としての礼を，人民に教え身につけさせることにより，国を統治する。

ア カード①とカード③　イ カード①とカード④
ウ カード②とカード③　エ カード②とカード④

問8 下線部G)に関連して，アメリカの心理学者エリクソンが青年期の発達課題とした，自分が何者なのか自覚することを何というか，答えなさい。

問9 下線部H)に関連して，次の資料5は，ルネサンス期のある人物が書いた演説草稿の抜粋であり，これについて生徒たちが会話をしている。この会話文を参考に，資料5を書いた人物として最も適切なものを，あとのア～エのうちから1つ選び，記号で答えなさい。

資料5

アダムよ，…(略)…私がおまえをその手中に委ねたおまえの自由意志に従っておまえの本性を決定すべきである。

生徒P：この人物は，神は人間をあらゆるものの中間にある存在として創造したととらえているように読めるね。

生徒Q：そうであれば，人間は神のような存在にも動物のような存在にもなりうる，という解釈でいいのかな。

生徒R：そうだね。この考えは，のちの宗教改革に少なからず影響を与え，論争をうみだすきっかけになったとも考えられているよ。

ア ピコ＝デラ＝ミランドラ　イ ダランベール
ウ マキャヴェリ　エ エラスムス

問10　下線部I)に関連して，生徒Rがハイデガーの思想について，次のようにノートをまとめた。ノートと資料6の(　a　)に当てはまる語句を答えなさい。ただし，それぞれの(　a　)には同じ語句が入る。

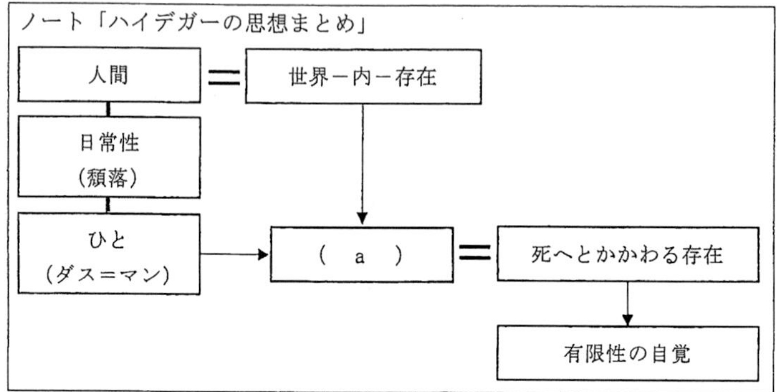

資料6

人間というこの存在者をわれわれは術語的に(　a　)と表現する。…(略)…(　a　)が，なんらかの仕方で表立っておのれの存在においておのれを了解しているということにほかならない。

『存在と時間』により作成

問11　下線部J)に関連して，次の①・②は武士としての心構えや生き方に関する主張である。それぞれを主張した人物の組合せとして最も適切なものを，以下のア～エのうちから1つ選び，記号で答えなさい。

①　武士道(シヴァリー)は日本固有のものであり，それを生み育てた社会状態は消え失せて久しいが，武士道(シヴァリー)の光は今なお我々の道徳の道を照らしている。

②　武士は，治国平天下における道徳的指導者として農・工・商の三民の師となり，みずから道を修め，その模範とならなければいけない。

ア　①　夏目漱石　　　②　山鹿素行

イ　①　夏目漱石　　②　藤田東湖
ウ　①　新渡戸稲造　②　山鹿素行
エ　①　新渡戸稲造　②　藤田東湖

(☆☆☆◎◎◎)

【2】次は，公共の授業で，移民の受け入れを例に「ダイバーシティとインクルージョン」について，先生が授業を行った際の板書内容と，授業後に生徒が作成したレポートである。これらを読み，以下の問いに答えなさい。

先生の板書

○移民の受け入れに対する姿勢
・自民族中心主義　⟺　・多文化共生
・同化政策　　　　　　・多文化主義

○インターカルチュラル・シティとは？
・新しい都市のあり方
・移民、外国人　→　住民の多様性　＝　好機　（活力・革新　創造・成長）
・○○市での取組…課題や今後の可能性は？

生徒のレポート

授業を通じて感じたことは，多様な文化的背景を持つ移民を受け入れるために，A)新しい社会をつくっていく必要があるということです。インターカルチュラル・シティは，初めて聞くことばでしたが，多文化共生がさらに進んだものだということがわかりました。移民を一時的な労働者とみなす，また受け入れるにしても同化させるといった姿勢では，宗教や民族間の紛争やB)全体主義によるC)少数者の抑圧ど，過去の悲劇を繰り返しかねません。だからこそ，ヴォルテールが言ったとされる「わたしはあなたの意見には反対だ。だが，あなたがそれを主張するD)権利は命をかけて守る。」という言葉のように，寛容であることが大切ですし，多文化共生の本質はそこにあると思います。

確かに多文化共生の考えによって，お互いが衝突することは

避けられたかもしれませんが，インターカルチュラル・シティは移民の受け入れに対して，より前向きで積極的な印象を受けました。これからは，寛容であることは当たり前で，E)さまざまな文化やF)思想，G)生活様式などをもった人たちとの関わりから好機を作り出すということが大切であると，この授業を受けることで考えが変わってきました。

問1　次の文は「高等学校学習指導要領(平成30年3月告示)第2章　第3節　公民　第1　公共」部分の抜粋である。文中の(　a　)・(　b　)に当てはまる語句の組合せとして最も適切なものを，以下のア～エのうちから1つ選び，記号で答えなさい。

高等学校学習指導要領(平成30年3月告示)

第1　公共 2　内容 A　公共の扉 (1)　公共的な空間を作る私たち イ　次のような思考力，判断力，表現力等を身に付けること。 (ア)　社会に参画する自立した主体とは，孤立して生きるのではなく，(　a　)などの様々な集団の一員として生き，他者との協働により当事者として国家・社会などの公共的な空間を作る存在であることについて(　b　)に考察し，表現すること。

ア　a　国際社会　　b　多面的・多角的
イ　a　国際社会　　b　対話的・主体的
ウ　a　地域社会　　b　多面的・多角的
エ　a　地域社会　　b　対話的・主体的

問2　下線部A)に関連して，社会変革の理論を展開した思想家に関する記述として最も適切なものを，次のア～エのうちから1つ選び，記号で答えなさい。

ア　フーリエは，環境が人間の性格をつくると考え，教育に力を入れるとともに理想的協同社会であるニューハーモニー村を建設し，幼稚園を併設した。

イ　ベルンシュタインは，革命による社会主義の実現を否定し，議会制民主主義を通じて漸進的に社会主義の理想を実現する社会民主主義を唱えた。

ウ　河上肇は，主著『貧乏物語』で文明国における貧乏という問題を取り上げ，のちに国民の福利を目的とする民本主義という訳語を提唱した。

エ　幸徳秋水は，日露戦争時，急進的な社会主義・平和主義運動を展開するが，戦後は日本固有の伝統や価値を発揚すべきという国粋主義を訴えた。

問3　下線部B)に関連して，全体主義を批判したホルクハイマーやアドルノに代表されるフランクフルト学派の思想家たちが，目的達成のための手段となってしまっている理性を何と呼んだか，答えなさい。

問4　下線部C)に関連して，少数者の抑圧からの自由について論じた哲学者ミルに関する記述として適切でないものを，次のア～エのうちから1つ選び，記号で答えなさい。

ア　ある行為が，たとえ愚かに見えることであっても，他者に直接危害を与えなければ，他者危害の原則からその行為は干渉されるべきではないと主張した。

イ　人間の快楽において，快楽の量より快楽の質を重視し，肉体的(感覚的)快楽より精神的快楽の方が優越していると考えた。

ウ　人類の半数を占める女性の解放こそが社会全体の利益につながると考え，女性参政権の要求を下院に提出するなど，社会改革に尽力した。

エ　個人の幸福と社会の利益が一致しない場合，四つの外的な制裁によりその行為は規制されるべきだとし，特に政治的制裁を重視した。

問5　下線部D)に関連して，中江兆民が権利について書いた次の資料7中の(　a　)・(　b　)に当てはまる語句の組合せとして最も適切なものを，以下のア～エのうちから1つ選び，記号で答えなさい。

資料7

> 世の所謂(いわゆる)民権なる者は，自(おのずか)ら二種有り。英仏の民権は(　a　)的の民権なり。下より進みて之を取りし者なり。世又一種(　b　)的の民権と称すべき者有り。上より恵みて之を与ふる者なり。

『三酔人経綸問答』により作成

ア　a　恢復　　b　恩賜　　イ　a　天賦　　b　恩賜

ウ　a　恢復　　b　天賦　　エ　a　恩賜　　b　恢復

問6　下線部E)に関連して，文化や芸術に関係する人物について説明した次の①～③の記述のうち，正しいものの組合せとして最も適切なものを，以下のア～キのうちから1つ選び，記号で答えなさい。

①　レオナルド＝ダ＝ヴィンチは，職業人と呼ばれ，学問分野のみならず，絵画『最後の審判』をはじめとする芸術分野でも優れた業績を残した。

②　エリック＝ホッファーは，あらゆる文化の根底には「遊び」があるとし，文化を生み出す人間の特性をアニマル＝シンボリクムと定義した。

③　柳宗悦は，日常使いの雑器類にある健康な美，素朴な美を見出し，このような用の美をたたえた器物を民芸と名付けた。

ア　①　　イ　②　　ウ　③　　エ　①と②

オ　①と③　　カ　②と③　　キ　①と②と③

問7　下線部F)に関連して，ある思想家について説明した，次の①・②の正誤の組合せとして最も適切なものを，以下のア～エのうちから1つ選び，記号で答えなさい。

①　明六社の社員であった西村茂樹は，西洋哲学を日本に紹介し，

「philosophy」を哲学と訳したほか，理性，客観，演繹など，哲学における多くの学術用語を生み出した。

② 懐徳堂に学んだ富永仲基は，真の知識に至るため偏見を捨て去るというベーコンの思想に通じる批判精神から，独創的な自然哲学体系である条理学を主張した。

ア ① 正 ② 正　イ ① 正 ② 誤
ウ ① 誤 ② 正　エ ① 誤 ② 誤

問8 下線部G)に関連して，次の問いに答えなさい。

(1) イスラームにおける六信五行のうち，イスラーム暦9月に1か月間行われる行為を何というか，答えなさい。

(2) 先生の問いに対し，哲学対話で生徒がそれぞれの意見を述べている。生徒P～Sのうち，インドの経済学者センの思想に近い意見として最も適切なものを，以下のア～エのうちから1つ選び，記号で答えなさい。

先生の問い

格差や不平等が解決すべき課題となっている社会で，みんながよりよく生活するために必要なことは何でしょうか？

生徒P：競争が当たり前でなければ，経済の発展はないよね。それで生じる格差は仕方ないけど，移民や外国人のほか，いちばん恵まれない人々の立場を少しでもよくするためには，結果を重視して，所得や財産の向上だけを考えるべきだと思うよ。

生徒Q：格差や貧困をなくすには，ただ単に所得や財産が増えればいいってことだけじゃないと思うんだ。基礎教育を充実させて，移民や外国人も含めた一人ひとりの置かれている環境の違いなどに着目して，みんなの達成可能な生き方の幅を広げることが重要だと思う。

生徒R：税金をとって移民や外国人を含めたすべての人に再分配

するって，なんか納得いかないな。だって，一生懸命努力して働いた成果としての所得なんだから，どんな理由があってもそれを強制的に奪うなんて，認められないと思う。

生徒S：一部の人だけが莫大な利益を得る今の社会は，多くの人たちにとって不満なんじゃないかと思う。このような格差をなくすためには，すべての富を国が管理して，すべての国民や移民，外国人に対して均等に分配するべきだと思う。

ア　生徒P　　イ　生徒Q　　ウ　生徒R　　エ　生徒S

問9　次の資料8・9は外国人労働者受け入れに関する日本人就労者の世論調査およびアンケート結果，資料10はインターカルチュラル・シティ・プログラムに加盟しているある団体の取組事例である。インターカルチュラル・シティのような都市政策を実現させるために，外国人労働者を受け入れる際の課題と必要な対応について，あとのⅠ～Ⅳの指示に従い，120字程度で説明しなさい。

資料8　外国人労働者に求めるもの（n=3,191）

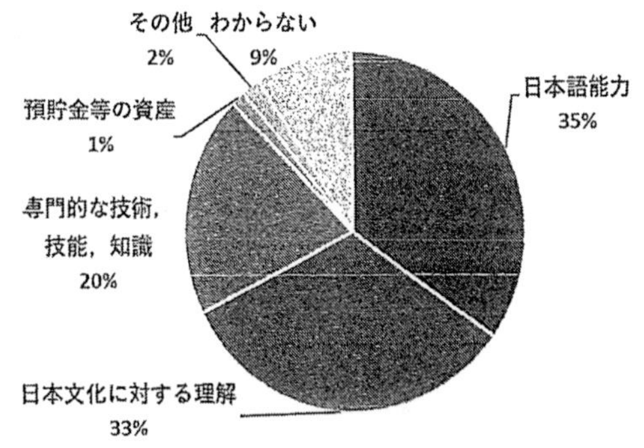

『外国人労働者の受入れに関する世論調査』（内閣府）により作成

資料９　外国人人材など，さまざまな人と一緒に働くことについて（複数回答　%）

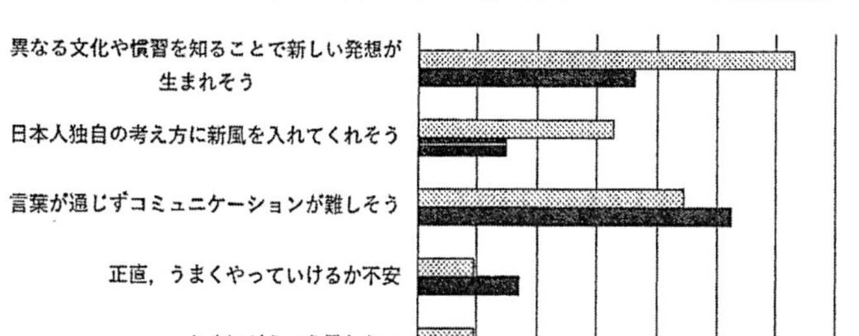

『静岡県経済白書 2023』により作成

資料10

特定非営利活動法人Fは，「日本社会で自立し，生活の幅を広げていけること」を目標に活動しており，〇〇市及び近隣地域に住むフィリピン出身の外国人住民を対象とする初級の日本語教室「バヤニハンクラス」を開催している。

…(略)…

バヤニハンクラスでは，ボランティアとして参加する地域の日本人住民との交流に加えて，フィリピン人が多く在住する地域の公共施設を開催場所とすることで，当該施設を使用する近隣住民との交流も促している。

…(略)…

また，バヤニハンクラスについては，…(略)…参加者・日本人住民の間で，「困っている外国人住民」，「支援する日本人住民」という立場を固定化させないよう，フラットな立場で参加できるレクリエーションの開催等，地域住民との相互理解の醸成を図っている。

※バヤニハン(BAYANIHAN)：タガログ語で「助け合い」の

意味

多文化共生事例集(令和3年度版一式，総務省)により作成

Ⅰ　日本の職場で外国人労働者を受け入れるにあたり，想定される課題について，資料8・9から共通して読み取れることを一つ挙げること。 Ⅱ　多文化主義の考え方について説明すること。 Ⅲ　資料9のグラフから読み取れる，外国人人材と一緒に働くことのメリットについて説明すること。 Ⅳ　資料10の取組事例の内容を踏まえて，外国人労働者を受け入れる際の課題に対する必要な対応を説明すること。

(☆☆☆◎◎◎)

【3】次のカード1～5は，政治・経済の授業において，「日本国憲法第9条に関する政府の見解・解釈の変遷」というテーマで，生徒が調査した結果をまとめたものである。これらを読み，以下の問いに答えなさい。

カード1　〔1950年〕吉田茂首相　答弁

警察予備隊の目的は全くの治安維持にある。したがってそれは軍隊ではない。

カード2　〔1952年〕吉田茂内閣　統一見解

「戦力」とは，近代戦争遂行に役立つ程度の装備，編制を備えるもの。「戦力」に至らざる程度の実力を保有し，これを直接侵略防衛の用に供することは違憲ではない。

カード3　〔1972年〕A)田中角栄内閣　統一見解

日本国憲法第9条2項が保持を禁じている「戦力」は自衛のための最小限度を超えるものであり，それ以下の実力の保持は同条項によって禁じられていない。

カード4　〔1994年〕B)村山富市首相　答弁

専守防衛に徹し，自衛のための必要最小限度の実力組織である自衛隊は，憲法の認めるものである。

カード5　〔2014年〕C)安倍晋三内閣　閣議決定

我が国と密接な関係にある他国に対する武力攻撃が発生し，これにより我が国の存立が脅かされ，国民の生命，自由及び幸福追求の権利が根底から覆される明白な危険がある場合において，これを排除し，我が国の存立を全うし，国民を守るために他に適当な手段がないときに，必要最小限度の実力を行使することは，自衛のための措置として，憲法上許容されると考えるべきである。

問1　次の文は，「高等学校学習指導要領(平成21年3月告示)第3節　公民　第3　政治・経済」と「高等学校学習指導要領(平成30年3月告示)第3節　公民　第3　政治・経済」部分の抜粋である。文中の(　a　)に当てはまる語句として最も適切なものを，以下のア～エのうちから1つ選び，記号で答えなさい。ただし，それぞれの(　a　)には同じ語句が入る。

高等学校学習指導要領(平成21年3月告示)

> 第3　政治・経済
> 　3　内容の取扱い
> 　　(2)　内容の取扱いに当たっては，次の事項に配慮するものとする。
> 　　　ア　内容の(1)については，次の事項に留意すること。
> 　　　　(ア)　アの「法の意義と機能」，「基本的人権の保障と法の支配」，「権利と義務の関係」については，法に関する基本的な見方や考え方を身に付けさせるとともに，　(　a　)を扱うこと。

高等学校学習指導要領(平成30年3月告示)

> 第3　政治・経済
> 　3　内容の取扱い
> 　　(2)　内容の取扱いに当たっては，次の事項に配慮するものとする。
> 　　　ウ　内容のAについては，次のとおり取り扱うものとすること。
> 　　　　(ウ)　(1)のアの(ア)の「政治と法の意義と機能，基本的人権の保障と法の支配，権利と義務との関係」については関連させて取り扱うこと。その際，(　a　)を扱うこと。また，私法に関する基本的な考え方についても理解を深めることができるよう指導すること。

ア　司法制度改革　　イ　裁判員制度
ウ　被害者参加制度　　エ　日本司法支援センター

問2　カード1に関連して，次の問いに答えなさい。

(1)　警察予備隊が創設されるきっかけとなった，1950年にアジア地域で起こった戦争は何か，答えなさい。

(2)　次の資料11は戦後の安全保障理事会において拒否権が発動された回数をまとめたものである。これを参考に，国際連合の安全保障理事会において，実質事項に関する決議がたびたび否決された理由を，以下のⅠ・Ⅱの指示に従い，70字程度で答えなさい。

資料11　安全保障理事会において拒否権が発動された回数

年	中国	フランス	イギリス	アメリカ	ソ連
1946-55	1	2	0	0	80
1956-65	0	2	3	0	26
1966-75	2	2	10	12	7
1976-85	0	9	11	34	6
合計	3	15	24	46	119

国立国会図書館資料により作成

Ⅰ　実質事項に関する安全保障理事会の決定が行われる条件を説明すること。 Ⅱ　資料11で示された期間における国際情勢を踏まえて説明すること。

問3　カード2に関連して，次の資料12は，生徒が砂川事件の裁判についてまとめたものである。これを読み，以下の問いに答えなさい。

資料12

第一審(1959年3月30日)東京地裁　【伊達判決】一部無罪 日本国憲法第9条は自衛のための戦力も一切否定，在日米軍の指揮権の有無にかかわらず戦力にあたり，D)<u>安保条約</u>は違憲。自衛隊の実態判断なし。 跳躍上告(1959年12月16日)最高裁　原判決を破棄差し戻し 以下，最高裁の裁判要旨 7　わが国が主体となつて指揮権，管理権を行使し得ない外国軍隊はたとえそれがわが国に駐留するとしても憲法第9条第2項の「戦力」には該当しない。 8　安保条約の如き，主権国としてのわが国の存立の基礎に重大な関係を持つE)<u>高度の政治性を有するものが，違憲であるか否の法的判断は，純司法的機能を使命とする司法裁判所の審査に原則としてなじまない性質のものであり，それが一見極めて明白に違憲無効であると認められない限りは，裁判所の司法審査権の範囲外にあると解するを相当とする</u>。

『最高裁判所判例集』により作成

(1)　資料12の下線部D)に関連して，1959年当時の日米安全保障条約に明記されている内容として最も適切なものを，次のア～エのうちから1つ選び，記号で答えなさい。

ア　この条約が10年間効力を存続した後は，締約国から条約を終了させる意思の通告がない場合，自動的に延長される。

イ　各締約国は，日本の施政下にある領域における，いずれか一方に対する武力攻撃に対しては，共同で防衛にあたる。

ウ　外国の教唆または干渉による日本国内の大規模な内乱および騒擾に対しては，その鎮圧のため駐留米軍を使用できる。

エ　在日米軍基地で働く従業員の基本給や基地内の水道光熱費については，日本の負担とする。

(2)　資料12の下線部E)が示す考え方を何というか，答えなさい。

問4　カード3の下線部A)に関連して，田中角栄が首相在任中に行った外交政策として最も適切なものを，次のア～エのうちから1つ選び，記号で答えなさい。

ア　日ソ共同宣言調印　　イ　日韓基本条約調印

ウ　日中国交正常化　　エ　日朝首脳会談開催

問5　カード4に関連して，次の問いに答えなさい。

(1)　下線部B)に関連して，村山富市を首相とする連立政権を構成した政党として適切でないものを，次のア～エのうちから1つ選び，記号で答えなさい。

ア　自由民主党　　イ　日本社会党　　ウ　日本新党

エ　新党さきがけ

(2)　自衛隊がPKO協力法に基づいて派遣された国を，次のア～カのうちからすべて選び，記号で答えなさい。

ア　カンボジア　　イ　イラク　　ウ　ソマリア

エ　ジブチ　　オ　南スーダン　　カ　東ティモール

(3)　次の文は，自衛隊の防衛政策に関してまとめた生徒のメモである。文中の(　a　)～(　c　)に当てはまる語句の組合せとして最も適切なものを，以下のア～カのうちから1つ選び，記号で答えなさい。

・防衛政策の策定では，内閣に設置された(　a　)会議が司令塔の役割を担っている。

・現在は，「防衛計画の大綱」により防衛力の具体的な体制が定められている。
・武器の輸出については，2014年に(b)三原則が閣議決定され，これにより武器の輸出が(c)されることとなった。

	a	b	c
ア	国家安全保障	武器輸出	原則禁止
イ	防衛省改革	防衛装備移転	原則容認
ウ	国家安全保障	防衛装備移転	原則禁止
エ	防衛省改革	武器輸出	原則禁止
オ	国家安全保障	防衛装備移転	原則容認
カ	防衛省改革	武器輸出	原則容認

問6 下線部C)に関連して，次の問いに答えなさい。

(1) 第二次安倍内閣が行った政策として適切なものを，次のア～カのうちからすべて選び，記号で答えなさい。

ア 選挙年齢を18歳に引き下げ
イ 道路公団や郵政事業の民営化
ウ 消費税率10%引き上げと軽減税率の導入
エ 裁判員制度の導入
オ 1府12省庁に省庁を再編
カ 地方財政に関する「三位一体の改革」

(2) 衆議院と参議院で，与党と野党の合計議席数が逆転している状態の国会を何というか，5文字で答えなさい。

(3) カード5が示す自国の防衛に関する権利を何というか，6文字で答えなさい。

(☆☆☆◎◎◎)

【4】次の資料13は，政治・経済の「民主政治の実現」を主題とする探究学習で，生徒が設定した問いの一覧である。これに関連する以下の問いに答えなさい。

資料13

生徒P	主権はどこにあるべきか？
生徒Q	憲法で保障するべき基本的人権とは何だろうか？
生徒R	世論を反映させた選挙とは？
生徒S	三権分立とはどのような仕組みだろうか？

問1　次の文は「高等学校学習指導要領(平成30年3月告示)第1節　公民　第1　公共」部分の抜粋である。文中の(　a　)～(　c　)に当てはまる語句の組合せとして最も適切なものを，以下のア～エのうちから1つ選び，記号で答えなさい。

高等学校学習指導要領(平成30年3月告示)

> 第1　公共
>
> 2　内容
>
> (3)　公共的な空間における基本的原理
>
> 自主的によりよい公共的な空間を作り出していこうとする自立した主体となることに向けて，(　a　)，(　b　)，(　c　)などに着目して，課題を追究したり解決したりする活動を通して，次の事項を身に付けることができるよう指導する。

	a	b	c
ア	幸福	正義	公正
イ	思考	判断	表現
ウ	協働	公平	尊重
エ	合理性	協調性	多様性

問2　生徒Pのテーマに関連して，次の問いに答えなさい。

(1)　主権の概念を提唱したフランスの思想家ボーダンの著書と，その著書で示した主張の組合せとして最も適切なものを，あとのア～カのうちから1つ選び，記号で答えなさい。

【著書】

① 『国家論』　② 『君主論』

【主張】

a　君主が主権を握り，あらゆる分野で絶大な権力を行使する。

b　国民が政治権力の主体であり，政府は国民の信託により運営する。

c　政府は人々に共通する一般意思に基づいて政治を行う。

ア　①−a　イ　②−a　ウ　①−b

エ　②−b　オ　①−c　カ　②−c

(2)　資料14は日本国憲法第1条の条文である。文中の(　a　)に当てはまる語句を答えなさい。

資料14

天皇は，日本国の象徴であり(　a　)統合の象徴であつて，この地位は，主権の存する(　a　)の総意に基く。

問3　生徒Qのテーマに関連して，次の問いに答えなさい。

(1)　日本国憲法で保障された基本的人権についての説明として適切なものを，次のア～エのうちからすべて選び，記号で答えなさい。

ア　財産権の内容は，公共の福祉に適合するように法律で定められ，私有財産は正当な補償の下，公共のために用いることができる。

イ　自由権は「国家による自由」と言われ，個人が国家権力による干渉や介入を受けずに自由に行動する権利である。

ウ　在日外国人については，国政における選挙権は認められていないが，地方自治においては選挙権が認められている。

エ　生存権をめぐる訴訟で最高裁が示したプログラム規定説は，国の責務を宣言したものであって，国民に具体的権利を保障したものではないとした。

(2)　原告側が「表現の自由」を侵害するとして争った裁判として最も適切なものを，次のア～エのうちから1つ選び，記号で答えなさい。

ア　『宴のあと』事件　　イ　袴田事件

ウ　チャタレー事件　　エ　『石に泳ぐ魚』事件

問4　生徒Rのテーマに関連して，次の問いに答えなさい。

(1)　衆議院議員総選挙の小選挙区での導入が議論された，人口変動に応じて自動的に各都道府県への議席数の配分を決める方式を何というか，答えなさい。

(2)　参議院議員選挙の選挙区選挙の一部で採用されている，合区の組合せとして適切なものを，次のア～エのうちからすべて選び，記号で答えなさい。

ア　大分県・熊本県　　イ　鳥取県・島根県

ウ　青森県・秋田県　　エ　徳島県・高知県

(3)　次の資料15は，ある年に行われた衆議院議員総選挙(小選挙区)における得票率と獲得した議席数を示したものである。生徒Rは，この資料を見て，選挙の当選者が述べる「選挙で民意を得た」という言葉に疑問を持った。なぜ「選挙で民意を得た」と言い難いと考えられるのか，またそのような課題を現行の国政の選挙制度ではどのように補おうとしているのかを，小選挙区の選出方法と資料15から読み取れるその特徴に触れながら，100字程度で説明しなさい。

資料15　衆議院議員総選挙（小選挙区）における得票率と獲得した議席数

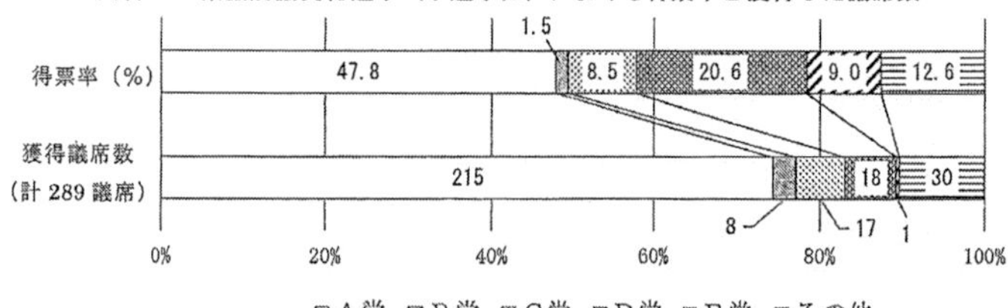

総務省ＨＰにより作成

問5　生徒Sのテーマに関連して，次の問いに答えなさい。

(1)　アメリカ大統領制の説明として適切でないものを，次のア～エのうちから1つ選び，記号で答えなさい。

ア　アメリカ大統領は，議会を解散する権限や法案を提出する権限がない。

イ　アメリカ大統領は，議会に教書を送付し，立法の要請を行うことができる。

ウ　アメリカ大統領は，議会で不信任が決議されると辞職しなければならない。

エ　アメリカ大統領は，間接選挙によって選出され，議員との兼職はできない。

(2)　日本の国会が持つ権限として適切でないものを，次のア～エのうちから1つ選び，記号で答えなさい。

ア　条約の承認　　イ　内閣総理大臣の指名

ウ　予算の作成　　エ　法律案の議決

(☆☆☆◎◎◎)

【5】ある先生は，政治・経済の社会保障と福祉の単元において，次に示す授業用のメモを作った。これを読み，以下の問いに答えなさい。

先生のメモ

1　社会保障のはじまりと制度化

年代	国名	政策・法律等	ねらい
16世紀初頭	イギリス	エリザベス救貧法	働けない者の救済
19世紀末	ドイツ	疾病保険法	A）労働者対策
20世紀前半	アメリカ	B）ニューディール政策	労働者保護
20世紀半ば	イギリス	C）社会保障制度の確立 スローガン「ゆりかごから墓場まで」	生存権の保障

2　日本の社会保障制度

公的扶助	全ての国民に対して最低限度の生活を保障　生活保護
D）社会保険	保険の加入者に対する生活保障 医療保険　E）年金保険　雇用保険　労災保険　介護保険
社会福祉	社会的弱者の自立支援　施設・サービスの提供
F）公衆衛生	健康の推進，疾病の予防，生活の質の向上を目的とした事業

3　日本の社会保障制度を支えるG）財政の在り方

問1　次の文は「高等学校学習指導要領(平成30年3月告示)第3節　公民第3　政治・経済」部分の抜粋である。文中の(　a　)・(　b　)に当てはまる語句の組合せとして最も適切なものを，以下のア～エのうちから1つ選び，記号で答えなさい。

高等学校学習指導要領(平成30年3月告示)

> 第3　政治・経済
>
> 2　内容
>
> A　現代日本における政治・経済の諸課題
>
> (2)　現代日本における政治・経済の諸課題の探究
>
> 社会的な見方・考え方を総合的に働かせ，他者と(　a　)して持続可能な社会の形成が求められる現代日本社会の諸課題を探究する活動を通して，次の事項を身に付けることができるよう指導する。
>
> ア　少子高齢社会における社会保障の充実・(　b　)化，地域社会の自立と政府，多様な働き方・生き方を可能にする社会，産業構造の変化と起業，歳入・歳出両面での財政健全化，食料の安定供給の確保と持続可能な農業構造の実現，防災と安全・安心な社会の実現などについて，取り上げた課題の解決に向けて政治と経済とを関連させて多面的・多角的に考察，構想し，よりよい社会の在り方についての自分の考えを説明，論述すること。

ア　a　競争　b　効率　　イ　a　協働　b　安定

ウ　a　共存　b　適正　　エ　a　創造　b　健全

問2　下線部A)に関連して，次の問いに答えなさい。

(1)　労働争議に関して，労使双方による自主的な解決が困難な場合に，斡旋・調停・仲裁にあたることを目的として設置された公的機関(行政委員会)を何というか，答えなさい。

(2)　次の資料16は，非正規の職員・従業員数と雇用者に占める非正規の職員・従業員の割合を示したグラフ，資料17は，短時間労働者の雇用管理の改善等に関する法律の一部である。資料16・17を参考に，資料17が改正された背景と改正のねらいを，70字程度で説明しなさい。ただし，資料17中の「通常の労働者」は「正規雇用者」,「短時間・有期雇用労働者」は「非正規雇用者」として解答すること。

資料 16 非正規の職員・従業員数と雇用者に占める非正規の職員・従業員の割合

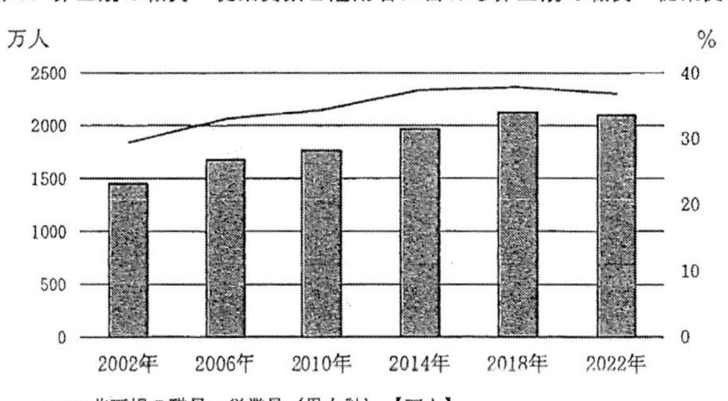

e-Stat により作成

資料17　短時間労働者の雇用管理の改善等に関する法律の一部

> 第9条
>
> 事業主は，職務の内容が通常の労働者と同一の短時間・有期雇用労働者(第11条第1項において「職務内容同一短時間・有期雇用労働者」という。)であって，当該事業所における慣行その他の事情からみて，当該事業主との雇用関係が終了するまでの全期間において，その職務の内容及び配置が当該通常の労働者の職務の内容及び配置の変更の範囲と同一の範囲で変更されることが見込まれるもの(次条及び同項において「通常の労働者と同視すべき短時間・有期雇用労働者」という。)については，短時間・有期雇用労働者であることを理由として，基本給，賞与その他の待遇のそれぞれについて，差別的取扱いをしてはならない。

問3　下線部B)に関連して，この政策の一環として，1935年にアメリカで制定された公的扶助と社会保険を統合した法律は何か，答えなさい。

問4　下線部C)を確立させるきっかけとなった報告書は何か，答えなさい。

問5　下線部D)に関連して，日本の社会保険制度について説明した文として最も適切なものを，次のア～エのうちから1つ選び，記号で答えなさい。

ア　医療保険では，国民健康保険への全員加入を義務付けている。

イ　雇用保険では，一定期間，事業主に保険金が支給される。

ウ　労災保険には，労働者が全額事業主負担で加入している。

エ　介護保険は，60歳以上の国民が加入する保険である。

問6　下線部E)に関連して，次のカード1とカード2は年金の財源を調達する2つの方式をまとめたものである。これらを読み，以下の問いに答えなさい。

カード1

現在働いている世代が納める保険料が，年金として現在の受給者に支払われる。

カード2

年金の受給者本人が納めた保険料を運用し，本人が年金として受給する。

(1)　カード1とカード2で説明されている調達方式の組合せとして最も適切なものを，次のア～エのうちから1つ選び，記号で答えなさい。

	カード1	カード2
ア	積立方式	賦課方式
イ	賦課方式	積立方式
ウ	保険方式	積立方式
エ	賦課方式	保険方式

(2) 1965年と2020年の物価を比較した資料18を参考に，年金の財源の調達方式の変更について説明した以下の文の，(a)･(b)に当てはまる語句の組合せとして最も適切なものを，あとのア～エのうちから1つ選び，記号で答えなさい。

資料18 1965年と2020年の物価の比較

品目		1965年	2020年
鶏肉	100g	71.8円	128円
牛乳	瓶1本	20円	133円
カレーライス	1皿	105円	714円
コーヒー	1杯	71.5円	512円
ノートブック	1冊	30円	162円

＊出典：小売物価統計調査

「いっしょに検証！公的年金」（厚生労働省）により作成

> 資料18のような物価の変化が起きると，将来受け取る予定の年金額の実質価値が(a)可能性が高くなる。そのようなことを考慮し，日本では1985年の基礎年金制度の導入以後，(b)の方式を主軸に据えることに変更された。

ア a 上がる b カード1

イ a 下がる b カード1

ウ a 上がる b カード2

エ a 下がる b カード2

(3) 次の資料19は，年金を給付するための財源の内訳を示したものである。資料19中のa～cに当てはまる語句の組合せとして最も適切なものを，以下のア～エのうちから1つ選び，記号で答えなさい。

資料19　年金を給付するための財源の内訳

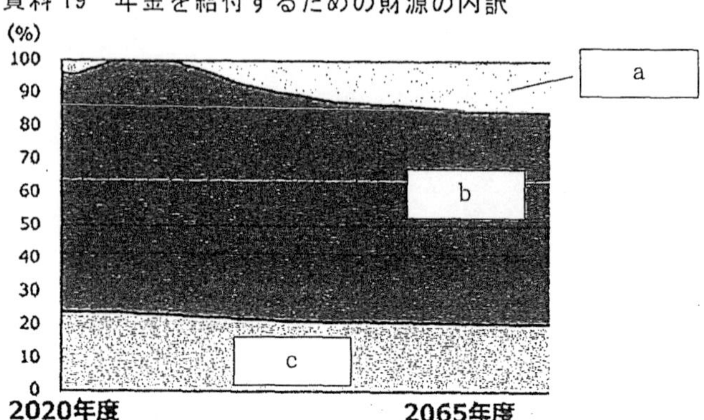

「いっしょに検証！公的年金」（厚生労働省）により作成

	a	b	c
ア	積立金の運用益	国庫負担	保険料
イ	保険料	国庫負担	積立金の運用益
ウ	国庫負担	保険料	積立金の運用益
エ	積立金の運用益	保険料	国庫負担

問7　下線部F)に関連して，次の地域保健法の条文中の(　a　)に当てはまる機関は何か，答えなさい。

> 第3章　第6条
> (　a　)は，次に掲げる事項につき，企画，調整，指導及びこれらに必要な事業を行う。
> (略)
> 三　栄養の改善及び食品衛生に関する事項
> 四　住宅，水道，下水道，廃棄物の処理，清掃その他の環境の衛生に関する事項
> 五　医事及び薬事に関する事項
> (略)
> 十二　感染症その他の疾病の予防に関する事項
> (以下略)

問8　下線部G)に関連して，次の問いに答えなさい。

(1)　次の資料20は日本の租税収入額の推移を示したものである。資料20中のa～cに当てはまる語句の組合せとして最も適切なものを，以下のア～カのうちから1つ選び，記号で答えなさい。

資料20　日本の租税収入額の推移

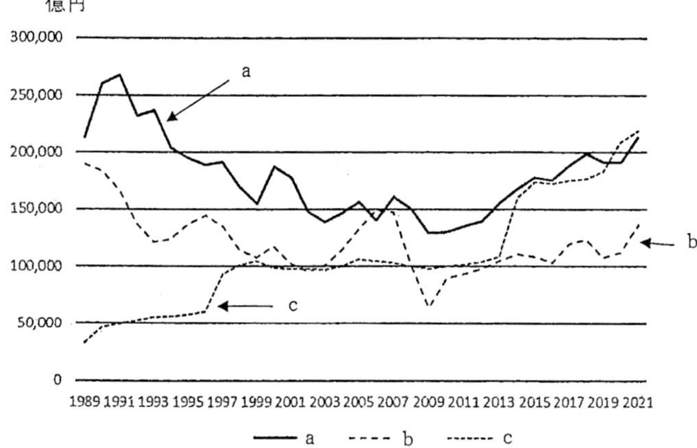

財務省ＨＰにより作成

	a	b	c
ア	所得税	法人税	消費税
イ	所得税	消費税	法人税
ウ	法人税	所得税	消費税
エ	法人税	消費税	所得税
オ	消費税	所得税	法人税
カ	消費税	法人税	所得税

(2)　日本の税制について説明した文として最も適切なものを，次のア～エのうちから1つ選び，記号で答えなさい。

ア　所得税は，所得が多いほど税率が高いという逆進性を持つ。

イ　固定資産税は，所得税と同様，直接税に分類される。

ウ　消費税は，垂直的公平性を保障する性質を持つ

エ　自動車税は，消費税と同様，間接税に分類される。

(☆☆☆◎◎◎)

【6】次の政治・経済の授業を担当している先生と生徒たちの会話文を読み，あとの問いに答えなさい。

先生　：次の資料21は日本の経常収支の推移を示したものです。これを見て気付いたことや疑問をグループで自由に話し合ってみましょう。

生徒P：経常収支ってことは，これは日本の貿易なんかに関するグラフだよね。日本は，経常収支がだいたい黒字で推移しているけど，どういうことなのかな。

生徒Q：経常収支は，財・サービスの取引だって教わったよ。つまり，日本に貨幣が入ってくる場合をプラス，貨幣が日本国外へ出ていく場合をマイナスとして計上しているんだよ。

生徒P：そうすると，例えば，日本が中東地域から原油を輸入した場合は，貿易収支の(　①　)として計上されて，(　②　)場合は，第一次所得収支のマイナスとして計上されるってことだよね。

生徒Q：そういうこと。日本政府が行う A)ODAも国際収支に計上されているよ。

生徒R：日本以外の国を見ると，B)GDPの値が日本より高くても，経常収支が大幅に赤字の国があるのは不思議だな。国内のC)経済状況と国際収支の関係性は気になね。

生徒Q：経済成長に関連していうと，日本では2011年に東日本大震災が起きて，日本の国際収支にもだいぶ影響があったと思うな。

生徒R：たしかに。他にも，1996年にD)日本版金融ビッグバン構想が実行に移されて金融の自由化が進んだことは，E)日本銀行が行う金融政策にも影響があっただろうし，日本の国際収支に少なからず影響を与えたはずだよね。

生徒P：F)どんなことが日本の国際収支に影響を与えるのか調べてみたくなったな。

先生　：各国の経常収支が不均衡な状態にあることは問題だともいわれています。各国にとってどのような取引が公正なのか，というテーマで探究しても面白いかもしれませんよ。

資料21　日本の経常収支の推移

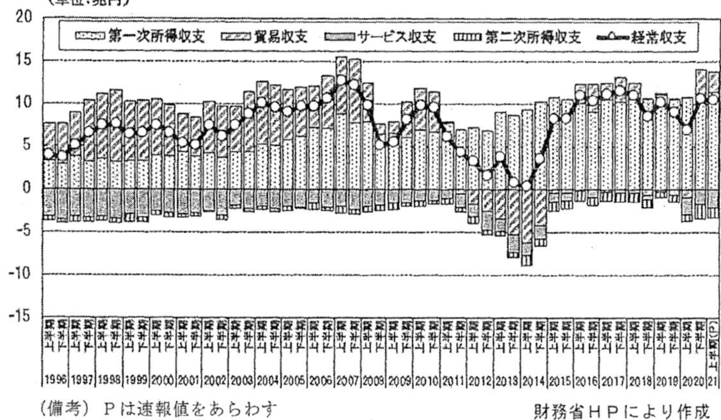

（備考）Pは速報値をあらわす　　財務省HPにより作成

問1　次の文は「高等学校学習指導要領(平成30年3月告示)第3節　公民　第1　公共」部分の抜粋である。文中の(　a　)・(　b　)に当てはまる語句の組合せとして最も適切なものを，以下のア～エのうちから1つ選び，記号で答えなさい。

高等学校学習指導要領(平成30年3月告示)

> 第1　公共
> 　2　内容
> 　　B　自立した主体としてよりよい社会の形成に参画する私たち
> 　　　ア　次のような知識及び技能を身に付けること。
> 　　　　(ウ)　職業選択，雇用と労働問題，財政及び租税の役割，少子高齢社会における社会保障の充実・安定化，市場経済の機能と限界，金融の働き，経済のグローバル化と相互依存関係の深まり(国際社会における貧困や格差の問題を含む。)などに関わる現実社会の事柄や課題を基に，(　a　)な経済

	活動を行うことを通して資源の効率的な配分が図られること，市場経済システムを機能させたり国民福祉の向上に寄与したりする役割を政府などが担っていること及びより活発な経済活動と(　b　)を共に成り立たせることが必要であることについて理解すること。

ア　a　公正かつ自由　　b　社会への貢献
イ　a　自由かつ公平　　b　社会への貢献
ウ　a　公正かつ自由　　b　個人の尊重
エ　a　自由かつ公平　　b　個人の尊重

問2　会話文中の(　①　)・(　②　)に当てはまる，次のa～dの語句及び文の組合せとして最も適切なものを，以下のア～エのうちから1つ選び，記号で答えなさい。

a　プラス
b　マイナス
c　日本人が保有している外国企業の株式による配当金を受け取った
d　日本で働く外国人労働者が受け取った賃金の一部を本国へ送金した

ア　①　a　②　c　　イ　①　a　②　d　　ウ　①　b　②　c
エ　①　b　②　d

問3　下線部A)に関連して，次の資料22～24はODAに関する資料であり，資料22～24中のA～Cは，日本，アメリカ，ドイツのいずれかを示している。A～Cに当てはまる国の組合せとして最も適切なものを，以下のア～カの中から1つ選び，記号で答えなさい。

資料 22　主要ＤＡＣ諸国の二国間ＯＤＡの分野別配分（2021 年）

	A	B	C
社会インフラ（教育，保健，上下水道等）	27.8%	39.5%	43.0%
経済インフラ（輸送，通信，電力等）	35.8%	3.1%	15.7%
農林水産分野（農業，林業，漁業等）	2.6%	2.1%	5.1%
工業等その他生産分野（鉱業，環境等）	14.2%	2.5%	12.4%
緊急援助（人道支援等）、食糧援助	6.6%	38.2%	10.9%
プログラム援助等（債務救済、行政経費等）	13.0%	14.5%	12.9%

『2022 年版開発協力白書』（外務省）により作成

資料 23　地域別で見た主要ＤＡＣ諸国からの支援実績の割合（2021 年）

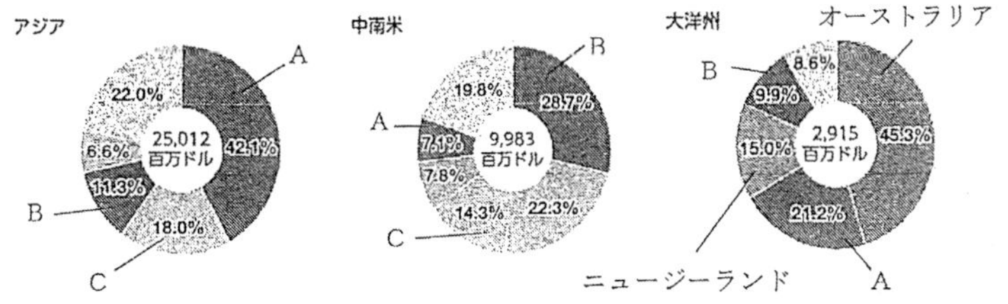

＊一部の国名のみ示している。
＊大洋州において，Ｃは割合が少ないため表示されていない。

『2022 年版開発協力白書』（外務省）により作成

資料24　援助形態別実績の割合（2021年）

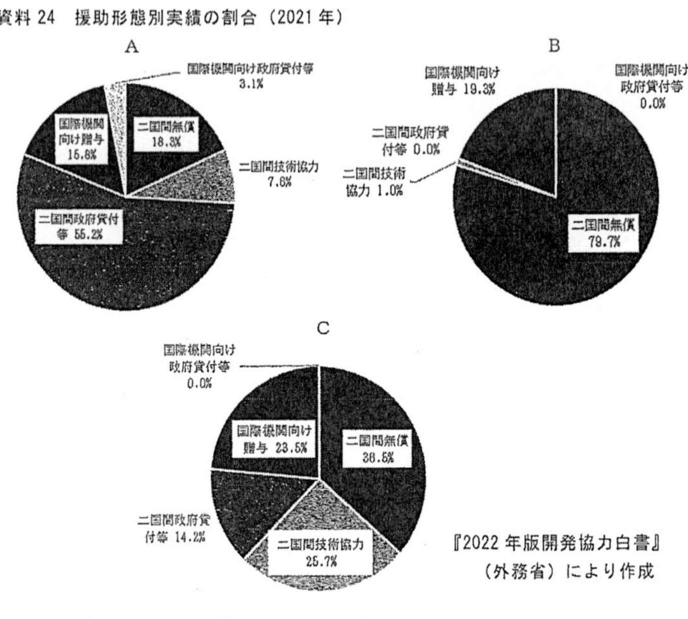

『2022年版開発協力白書』（外務省）により作成

	A	B	C
ア	アメリカ	ドイツ	日本
イ	アメリカ	日本	ドイツ
ウ	日本	ドイツ	アメリカ
エ	日本	アメリカ	ドイツ
オ	ドイツ	日本	アメリカ
カ	ドイツ	アメリカ	日本

問4　下線部B)に関連して，日本のGDPを向上させる要因となるものとして適切なものを，次のア～オのうちからすべて選び，記号で答えなさい。ただし，手数料等は除くものとする。

ア　自家用自動車を中古車店に売却すること

イ　ボランティアでゴミ拾い活動をすること

ウ　コンビニで廃棄したお弁当を清掃業者が処分すること

エ　消毒用アルコール製剤が日常的に売れるようになること

オ　家庭菜園で収穫したトマトを自宅で消費すること

問5　下線部C)に関連して，次の資料25は日本のジニ係数の推移を示し，資料25中の①・②は，当初所得の格差，税や社会保障による所得再分配後の格差のいずれかを示している。資料25について説明した文中の(　a　)・(　b　)に当てはまる語句の組合せとして最も適切なものを，あとのア～エのうちから1つ選び，記号で答えなさい。

資料25　日本のジニ係数の推移

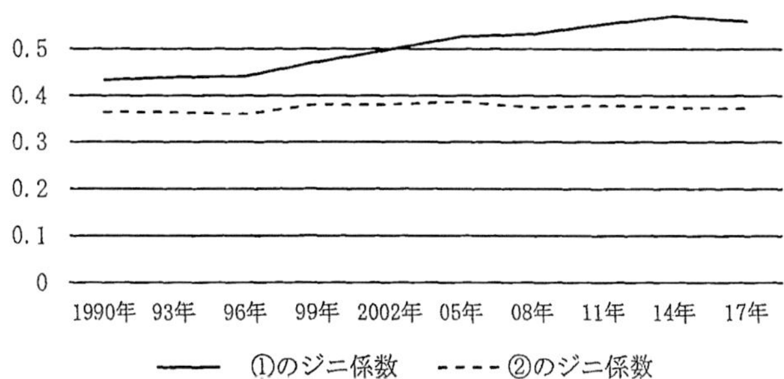

> ジニ係数は，所得等の格差を測る指標で，(　a　)に近づくほど格差は縮小する。資料25の(　b　)は，税や社会保障による所得再分配後の格差を示したものである。

ア　a　0　b　①　　イ　a　0　b　②　　ウ　a　1　b　①

エ　a　1　b　②

問6　下線部D)に関連して，この構想に沿って進められたものとして適切でないものを，次のア～エのうちから1つ選び，記号で答えなさい。

ア　金融機関の自己資本比率を下げ，経営の健全化を図ること

イ　銀行窓口で保険商品を販売することが解禁されたこと

ウ　独占禁止法が改正され，持株会社の設立が可能になったこと

エ　外貨預金や海外との債権・株式売買を自由化すること

問7　下線部E)に関連して，次の問いに答えなさい。

(1)　次の資料26は日本銀行法第2条である。資料26中の(　a　)に当

てはまる語句を漢字2文字で答えなさい。

資料26　日本銀行法第2条

日本銀行は，通貨及び金融の調節を行うに当たっては，(a)の安定を図ることを通じて国民経済の健全な発展に資することをもって，その理念とする。

(2)　次の資料27は，無担保コールレート翌日物金利の推移を表したものである。日本銀行が量的・質的金融緩和を進めるために，2016年1月に導入した政策を何というか，資料27を参考に答えなさい。

資料27　無担保コールレート翌日物金利の推移

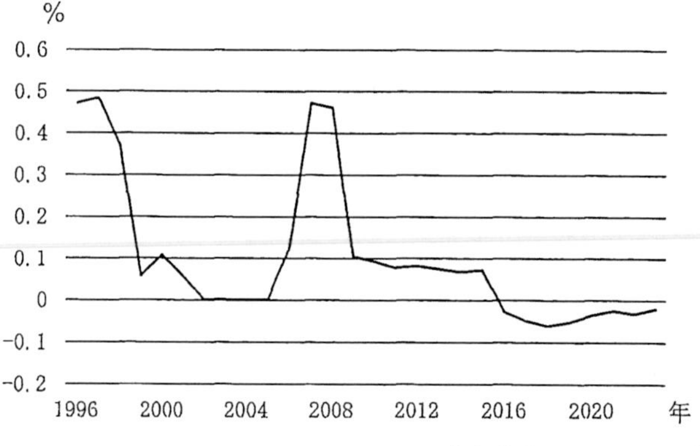

日本銀行ＨＰにより作成

問8　下線部F)に関連して，次の問いに答えなさい。

(1)　生徒Pは，2016年から2019年にかけてサービス収支の赤字額が減少している要因について，次の海外旅行者数の推移を示した資料28を参考に考察し，その結果を以下のメモにまとめた。メモ中の(a)・(b)に当てはまる語句の組合せとして最も適切なものを，あとのア～エのうちから1つ選び，記号で答えなさい。

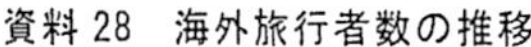
資料28　海外旅行者数の推移

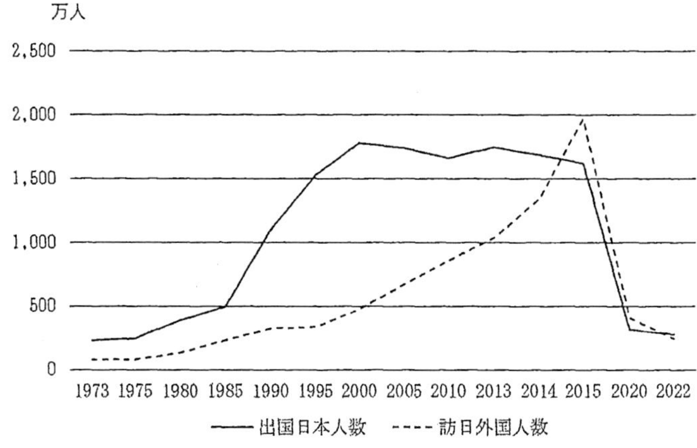

日本観光統計データＨＰにより作成

生徒Pのまとめ

サービス収支の赤字額が減少した要因は，(　a　)が増加したことと，為替相場が2012年末から(　b　)傾向になったことだと考えられる。

ア　a　訪日外国人数　　b　円安
イ　a　訪日外国人数　　b　円高
ウ　a　出国日本人数　　b　円安
エ　a　出国日本人数　　b　円高

(2)　次の資料29は日本の経常収支の推移を示したもの，資料30は日本とアメリカの金利差を示したもの，資料31はアメリカの消費者物価指数の推移を示したものである。資料29より，2021年12月ごろから2022年にかけて日本の貿易収支の赤字が急激に膨らんでいることが分かる。日本の貿易収支の赤字が増えた原因について，以下のⅠ・Ⅱの指示に従い，100字程度で説明しなさい。

資料 29　日本の経常収支の推移

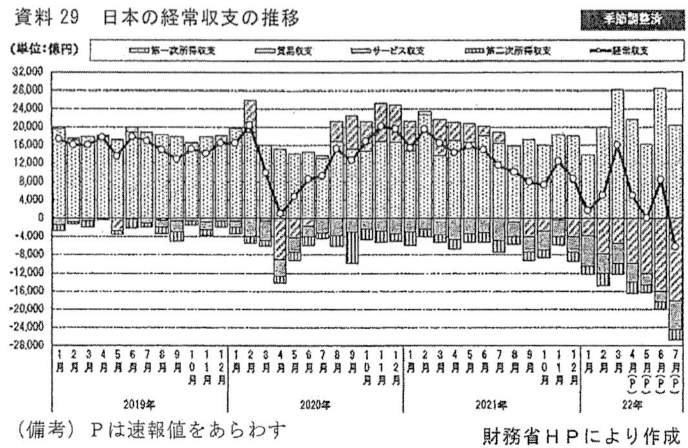

（備考）Ｐは速報値をあらわす

財務省ＨＰにより作成

資料 30　日本とアメリカの金利差

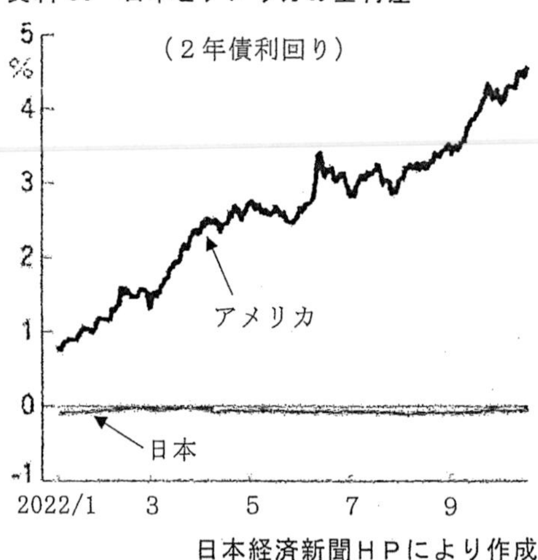

日本経済新聞ＨＰにより作成

資料31　アメリカの消費者物価指数の推移

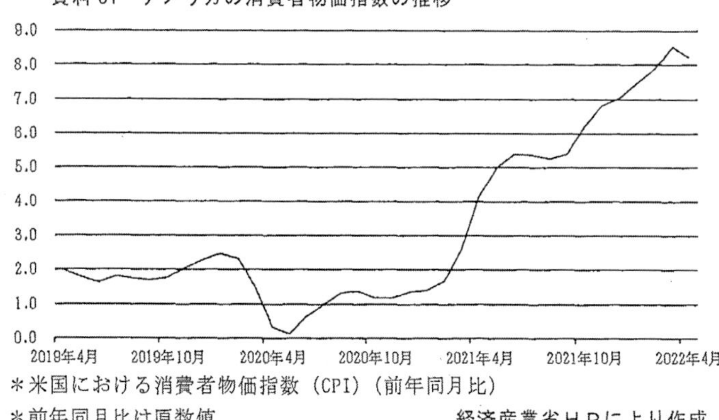

＊米国における消費者物価指数（CPI）（前年同月比）
＊前年同月比は原数値　　　　経済産業省ＨＰにより作成

> Ⅰ　資料30，31より，アメリカの金利上昇の背景について説明すること。
> Ⅱ　資料30より，日米の金利差と為替相場の関係について説明すること。

(☆☆☆◎◎◎)

解答・解説

中学社会

【1】(1)　ウ　　(2)　①　ウ　　②　東京は，各国の大使館や外資系企業が集まっており，世界中から集まってきた外国人が多く住んでいるから。　③　ア，オ　④　c　ヒートアイランド　e　京浜　f　北関東　⑤　郊外などから都心へ鉄道を使って通勤や通学する人が多いから。　⑥　イ　(3)　近郊農業　(4)　高原野菜

〈解説〉(1)　Aは内陸部に位置し，1月や2月の気温が低く，気温の年較差が大きいのでウ。Cは海に面し，年降水量が多く，A～Cの中で最も南部に位置しており年平均気温が高いのでア。　(2)　①　過密状態になると，「地価の上昇」が起きる。　②　首都東京には，外国人居住者が多く居住しているが，愛知県や静岡県など自動車工場が分布する地域でも外国人労働者が多く居住している。　③　政令指定都市は人口50万人以上の都市であり，福祉，衛生，都市計画などの一部の権限が道府県から委譲されている。比較的新しい政令指定都市は静岡市，堺市，新潟市，浜松市，岡山市，相模原市，熊本市である。
④　c　人口の集中やコンクリート化などの要因によって，都市域が高温化する現象をヒートアイランド現象という。　e　東京，神奈川県の沿岸部に広がる京浜工業地帯は，鉄鋼，機械，化学などの重工業を中心に発達している。　f　群馬県，栃木県，茨城県に広がる関東内陸工業地域は，高速道路周辺に電気機器や自動車などの組み立て工場も立地して，工業団地がみられる。　⑤　都心部の千代田区，中央区，港区では地価も高く，郊外から通勤や通学する人が多い。　⑥　東京，埼玉，大阪，愛知と三大都市圏の都県が上位を占めていることから，人口が多く，出版社や新聞社の需要が多いイの印刷業。　(3)　近郊農業は，大都市の近郊で行われ，野菜や花卉などの栽培が盛んに行われる。　(4)　群馬県や長野県などでは，冷涼な気候を利用し，収穫を遅らせる抑制栽培が行われている。キャベツ，レタス，白菜など標高が高い地域で栽培される野菜を，高原野菜という。

【2】(1)　a　エ　　b　ウ　　(2)　ウ　　(3)　(ブラジルの輸出品は，)1965年はコーヒー豆の輸出に依存していたが，2016年にはその割合が減り，大豆や肉類，機械類などの割合が増えた。　　(4)　ア
(5)　①　D　　②　E　　(6)　①　メスチソ　　②　奴隷　　③　F

〈解説〉(1)　各地域の特色には特殊性もあるが，地域間には一般的共通性もあることに気づかせたい。地球的課題について考察を深める際は，持続可能な社会をいかにしてつくるか，授業で取り上げたい。

(2) A 熱帯の高原を中心に栽培され，ブラジル，ベトナムが上位のコーヒー豆。 B 熱帯地域で栽培が盛んで，ブラジル，インドが上位のさとうきび。 C アメリカ合衆国，ブラジルで栽培が盛んな大豆。 (3) 1965年時点はコーヒー豆の輸出に依存するモノカルチャー経済であったが，2016年には大豆や肉類，鉄鉱石などの一次産品の輸出は依然多いが，多角化が行われ，自動車など工業製品の輸出もみられる。 (4) 1978年より一貫して数値が増えており，近年はその伸びも鈍化していることから，アマゾンの森林伐採面積の累計が適切である。 (5) ① ラパスの標高は3500m前後である。 ② パンパは厚く肥沃な土壌をもつ平坦な平原で，アルゼンチンの耕地の約80%を占める。年降水量550mm線以東の湿潤パンパでは牧牛とトウモロコシ栽培が，以西の乾燥パンパでは羊の放牧が多い。境界部では小麦が栽培されている。 (6) ① ヨーロッパ系と先住民の混血の人々をメスチソと呼び，チリやメキシコなどでその割合は高い。なお，アフリカ系とヨーロッパ系の混血はムラートと呼ぶ。 ② 南アメリカではかつてさとうきびプランテーションの労働力として，アフリカ人奴隷が導入され，現在でもブラジル北東部やハイチ，ジャマイカなどにはアフリカ系の人々が多い。 ③ 1908年から日本はブラジルへの移民政策を行い，多くの移民がブラジルへ渡った。1990年には日本の出入国管理法が改正され，ブラジルの日系人にも在留資格が認められ，多くの日系ブラジル人が日本に居住している。

【3】(1) ① a イスラム b ルネサンス e プロテスタント ② ア，ウ ③ ・アジアの香辛料などの富を得るため。
・キリスト教を広めるため。 ④ 活版印刷術の発明により，聖書を大量に発行することができるようになり，多くの人が読めるようになったから。 ⑤ ア，イ (2) ウ (3) ① 記号…イ 都道府県名…鹿児島県 ② 記号…ケ 都道府県名…滋賀県
③ 記号…ウ 都道府県名…佐賀県 ④ 記号…ク 都道府県名…大阪府

〈解説〉(1)　①　a　十字軍は聖地イェルサレムをイスラム支配から奪還する目的で結成されたキリスト教徒の軍隊。聖地回復の目的は達成されなかったが，東方貿易の活発化やイスラム文化の流入など，中世ヨーロッパ社会を大きく変動させた。　b　14～16世紀にかけてイタリアで始められ，西欧各地に広まった芸術・思想上の新しい動き。神や教会を中心とする中世的な世界観から，新しい人間中心の世界観への転換が模索された。　e　キリスト教徒の中で，宗教改革に始まるルター派などカトリックから離脱した新教徒のことをプロテスタントと呼んだ。カルヴァン派やイギリス国教会も含まれる。　②　ア　1543年に種子島に伝来。　イ　1467年に将軍継嗣争いから起こった11年間の大争乱。　ウ　1573年に15代将軍足利義昭が織田信長と不和になり，京都を追われたことで滅亡。　エ　1404年に足利義満が明との間に朝貢貿易を始めた。　③　ヨーロッパで香辛料の需要が高まっていたが，オスマン帝国が東方貿易を妨害したことから，より直接的に香辛料をアジアから輸入するルートを開拓する必要に迫られた。また，イベリア半島におけるイスラム支配からの国土回復運動(レコンキスタ)や宗教改革などによってキリスト教布教の熱が高まっていたことも新航路開拓の背景にある。　④　活版をつくって印刷する技術の開発によって，書物の製作は迅速・安価なものとなり，思想・知識の普及に貢献した。　⑤　ウ　㋒はポルトガルのヴァスコ＝ダ＝ガマのルートである。太平洋を南下したのではなく，アフリカの喜望峰を回り，アフリカ東岸のイスラム勢力圏に沿って北上し，インドに到達した。

エ　㋓は伊東マンショら少年4名による天正遣欧使節による航路である。　(2)　ア　鎌倉・室町時代といった中世に関する記述。中世は農業や手工業が著しく発達し，それに伴って人々の生活が向上，商品流通が活発化した。　イ　江戸時代に関する記述で，「藩校や寺子屋」による教育の普及や，町人を担い手とする文化が形成された。

エ　江戸時代に関する記述。江戸幕府によって身分制度が確立し，人口の多数を占めた農民が村を生活の基盤として暮らし，農村が幕府や藩の経済を支えていた。　(3)　①　ザビエルは鹿児島に来日し，キリスト教を布教。上京したが目的を達せず山口に戻った。 ② 安土城は信長が近江に築いた最初の近世的城郭。 ③ 有田焼は肥前有田の陶磁器。 ④ 千利休は堺の豪商出身で織田信長や豊臣秀吉に仕えた。

【4】(1) イ (2) ① 軍国 ② 地主・小作制を無くすため。 (3) 文化の日 (4) ① ア ② 戦後 ③ イ ④ バブル ⑤ 湾岸戦争 ⑥ 政権を担う自由民主党と日本社会党などの野党が対立する政治体制。 ⑦ エ

〈解説〉(1) 戦後の混乱の中で，国民の貧しさからの解放の願いや平和と民主主義への期待などを背景に，日本国憲法の制定をはじめとして大きな改革が次々に進められ，現代の日本の骨組みが形成された。その際，戦後の混乱や生活の様子，国民の努力などについて考えさせ，主役が国民であることに気付かせることが求められる。

(2) ① 軍国主義とは政治・経済・教育などの組織を戦争目的のために整備し，戦争によって国の威力を示そうとする考え方。当初の占領目標は日本の非軍事化・民主化であった。 ② GHQは農民層の窮乏が日本の対外侵略の動機となったとして，寄生地主制を除去し，安定した自作農経営を創出するために農地改革を求めた。これにより，農家の大半が自作農となり，大地主は経済力を失った。 (3) 日本国憲法は1946年11月3日に公布され，翌1947年5月3日から施行された。5月3日の憲法記念日と間違えないようにしたい。 (4) ① イ 1956年の日ソ共同宣言第9条のものである。その中で，日ソ平和条約締結後に日本に引き渡すことが約束されたが，現在まで平和条約の締結には至っていない。 ウ ポツダム宣言第8項についての記述。

② 国民一人当たりの消費額が1953年に戦前の水準を突破したことを受けて，復興完了を宣言するとともに，復興要因の消滅がもたらす成長率低下への懸念を同時に示した言葉。 ③ 1953年以降，家庭電化製品が急速に普及し，白黒テレビ・洗濯機・冷蔵庫は三種の神器と呼ばれた。1960年代後半からは，カー(自動車)・カラーテレビ・クーラーの3Cの普及率が上昇した。アとウは1970年までに普及率が90％前後

に達していることから，白黒テレビと電気冷蔵庫のいずれかが該当する。ウは1970年代以降，急速に普及率が下がっており，これはカラーテレビの普及によるものと判断できるため，これが白黒テレビのグラフとなる。カラーテレビの普及は1964年の東京オリンピックが影響していることからイが該当する。よって，アは電気冷蔵庫，イはカラーテレビ，ウは白黒テレビ，エはエアコンとなる。　④　超低金利と金余りのため，巨額の資金が土地と株に流れて起こり，都市の各所に地上げされた空き地がみられた。実態とかけ離れた泡のようだという表現からバブルと呼ばれた。　⑤　湾岸戦争において日本は，アメリカに「国際貢献」を迫られ多国籍軍に多額の資金援助を行ったが，国際社会の評価は厳しいものであった。これを機にPKOに協力し，自衛隊の海外派遣を可能にする法案が成立した。　⑥　1955年，分裂していた社会党の統一と自由民主党の結成系以後，衆議院の3分の2を占める自由党が政権を保持し，3分の1を占める野党の社会党と国会で対立する構造が生まれた。これは1993年まで続いた。　⑦　ア　1999年に成立した，男女が対等の構成員として社会参画する理念を明確にした法である。　イ　1993年に成立し，地球環境問題も盛り込んだ法である。公害対策基本法から引き継がれている。　ウ　1994年に制定され，製造物の欠陥により，生命，身体，財産に損害を被った場合に，被害者が製造業者等に対して，製造物責任に基づき損害賠償を求めることができる法である。　エ　1998年に施行され，ボランティア団体や市民活動団体に，法人格取得を認めた法律。日本では1995年の阪神淡路大震災からNPOの動きが活発になった。

【5】(1)　a　オ　　b　ウ　　(2)　①　集団的自衛(権)　　②　日米安全保障条約　　③　e　国権　　f　紛争　　g　放棄　　④　文民統制　(3)　①　h　ウ　　i　カ　　j　オ　　②　子どもの権利条約　③　こども家庭庁　　④　イ，ウ，エ

〈解説〉(1)　対立と合意，効率と公正，個人の尊重と法の支配，民主主義などに着目しては頻出であるので覚えておきたい。　(2)　①　かつ

て，わが国は集団的自衛権を保有するものの，その行使は憲法によって禁止されているとしてきたが，2014年にこの憲法解釈を変更した。その翌年に安全保障関連法が制定され，集団的自衛権の限定的行使が解禁された。　②　旧・日米安全保障条約は，1951年にサンフランシスコ講和条約の締結と同時に締結された。「安保改定」と呼ばれるが，1960年に新・日米安全保障条約が締結され，現在に至っている。旧条約は片務的な内容だったが，新条約には共同防衛義務が明記されるなどした。　③　また，憲法第9条2項には「前項の目的を達するため，陸海空軍その他の戦力は，これを保持しない。国の交戦権は，これを認めない」とある。政府解釈では，憲法第9条はわが国の自衛権を否定するものではなく，自衛隊は自衛のための必要最小限度の実力であって戦力ではないとしている。　④　文民統制(シビリアンコントロール)とは，民主主義を守るために，軍隊を文民(非軍人)の統制下に置くこと。内閣総理大臣や国務大臣は文民でなければならず，自衛隊の最高指揮監督権者は内閣総理大臣とされている。　(3)　①　憲法第14条は「法の下の平等(平等権)」を保障する規定。「社会的身分」と「門地」の意味については，様々な解釈がある。また，同条の2項で華族制度は否定され，3項では勲章や栄典にはいかなる特権も伴わないことなどが定められている。　②　子どもの権利条約(児童の権利に関する条約)は，18歳未満の子ども(児童)の権利に関する条約である。「生きる権利」，「育つ権利」，「守られる権利」，「参加する権利」の4つが，子どもの基本的権利とされている。未締約国はアメリカ合衆国のみである。　③「こどもまんなか社会」の実現を目指し，こども家庭庁が設置された。内閣府の外局として設置され，その主任の大臣は内閣総理大臣だが，こども政策担当の内閣府特命担当大臣が置かれることになっている。　④　憲法は，国民に対して教育を受ける権利を保障しており，外国人は義務教育の対象外となっている。だが，修学を希望する外国人も日本国籍者と同等に義務教育を受けることができる。夜間中学もその例外ではなく，近年は夜間中学に通う外国人の生徒が増えている。

【6】(1)　a　カ　　b　イ　　(2)　①　労働基準法，労働組合法，労働関係調整法　　②　労働組合を結成することで，企業と対等に交渉ができること。　　③　ア　　④　イ，ウ，エ　　(3)　出来事…リーマンショック　　理由…失業率が急激に高くなっているから。

(4)　企業の社会的責任

〈解説〉(1)「個人や企業の経済活動における役割と責任」については，起業と金融について取り扱うことが述べられている。また，「社会生活における職業の意義と役割及び雇用と労働条件の改善」については，労働保護立法について触れることが述べられている。　(2)　①　労働三法はいずれも戦後占領期に制定された法律で，労働法の中でも中核的な位置にある。労働基準法は労働条件の最低の基準，労働者の団結の用語や団体交渉の助成など，労働関係調整法は労働争議の予防や解決の手続きなどを定めた法律である。　②　民法の契約自由の原則は契約を締結する者どうしは対等な関係にあることを前提としているが，実際には雇う立場にある使用者は個々の労働者よりも強い立場にあり，劣悪な労働条件で雇用されることもある。だが，労働者が団結すれば，使用者と対等に交渉することができる。　③　資料Ⅱにより，正社員と非正社員の生涯賃金の格差は明らかである。　イ　正社員の年収が上がり続けるのは50～54歳までである。　ウ　資料Ⅱで示されているのは男性のみ。　エ　資料Ⅲによると400万円程度である。④　年功序列型賃金とは，勤続年数に応じて賃金が上昇する制度のこと。仕事の成果に応じて賃金が決まる制度は成果型賃金と呼ばれている。終身雇用とともに，年功序列型賃金も見直されてきた。　(3)　リーマンショックとは，アメリカで起きていたサブプライム住宅ローン危機により，大手投資銀行だったリーマンブラザーズ社が倒産した事件。また，これにより，金融危機は世界規模に波及し，わが国でも失業率が上昇した。　(4)　社会の持続的発展なくして，企業の発展はない。ゆえに，企業の社会的責任(CSR)が唱えられるようになっている。コンプライアンス(法令遵守)やフィランソロピー(社会貢献活動)，環境問題の取組みのほか，現代企業には人権への配慮も求められている。

地理歴史(歴史)

【歴史共通問題】

【1】問1　1　見通し　2　現代的な諸課題　3　学び方　問2　影響や結果…③　類似と差異…②

〈解説〉問1　「主題」や「問い」を中心に構成する学習の展開として，学習内容への見通しをもたせる「問い」を表現する学習，主題を設定して現代的な諸課題の形成や現代的諸課題を考察，構想する学習を示している。また，資料を活用し，歴史の学び方を習得する学習も提示されている。　問2　歴史的事象の「影響や結果」としては，この事象によって，どのような変化が生じたのだろうかという課題が挙げられる。また，「類似と差異」としてはその事象と他の事象を比較すると，どのような共通点と相違点を見いだすことができるだろうかという課題が考えられる。

【2】問1　ウ　問2　ウ　問3　ア　問4　イ　問5　エ
問6　エ　問7　ウ　問8　ア　問9　カ　問10　イ
問11　イ　問12　ア　問13　エ　問14　ウ　問15　イ

〈解説〉問1　Ⅰ　ササン朝ペルシアで作製されたカットグラスである。Ⅱ　ペルセポリスは，アケメネス朝ペルシアのダレイオス1世がイラン高原に造営した都である。　問2　『後漢書』東夷伝に，紀元57年に倭の奴国の王の使者が後漢の都洛陽におもむいて光武帝から印綬を受けたことが記述されている。これが志賀島で発見した金印である。問3　資料の中に，「クリスト者に対しても万人に対しても，各人が欲した宗教に従う自由な権能を与える」とあることからア。資料は313年にコンスタンティヌスが出したミラノ勅令であり，キリスト教を公認した。　問4　楊貴妃は玄宗の寵愛を受けた。その結果，楊氏の一族が勢いを増したことが安史の乱につながった。黄巾の乱は，後漢末に起こった農民反乱である。　問5　A　藤原道長が建立した阿弥陀堂は法成寺。　X　一木造は平安初期にみられる技法。平安中期には一木造から寄木造へ変化した。　問6　A　侍所は1180年に設けられ，御家人の統制と軍事・警察の任に当たった。長官を別当と言い，和田義盛が任じられた。　B　政所は1184年に当初は公文所として設置された。別当には大江広元が任じられた。　C　問注所も1184年に設置され，訴訟・裁判処理を担った。長官は執事と呼ばれ，三善康信が任じられた。　問7　ア　コロンブスの新大陸「発見」は1492年である。イ　第1回十字軍は1096年に派遣された。　エ　カール大帝が西欧の主要部を統一し戴冠されたのは，800年。　問8　中世の荘園の農民，すなわち農奴には移動の自由がなかったので，アは誤りである。

問9　A　1336年に足利尊氏が光明天皇を立て，建武式目を発表したことに反発したもの。　B　1334～1336年のこと。　C　1331年の討幕計画(元弘の変)の失敗によって隠岐に流された。　問10　朝鮮が貿易を行ったのは対馬藩の宗氏である。　問11　史料は「生類憐みの令」の一部である。これは5代将軍徳川綱吉によって出されたもので，生類すべての殺生を禁じた。この法によって庶民は迷惑をこうむったが，とくに犬を大切に扱ったことから，野犬が横行する殺伐とした状態は解消された。　問12　A　ダ・ヴィンチの『最後の晩餐』で15世紀。B　レンブラントの『夜警』で17世紀。　C　ドラクロワの『民衆を率いる自由の女神』で，1830年の七月革命を描いたものである。

問13　イギリス国教会は，チューダー朝のヘンリ8世が1534年に出した首長法によって成立した。背景には離婚をめぐる問題や王権強化の意図などがあった。三十年戦争は1618～1648年。　問14　『ターヘル＝アナトミア』は杉田玄白・前野良沢らに翻訳され，最初の翻訳解剖書『解体新書』として刊行された。　ア　日本最初の解剖図録『蔵志』を著した。　イ　長崎で学んだ科学の知識をもとに寒暖計やエレキテルを製作，物理学の研究を進めた。　エ　徳川吉宗の命で蘭学を学び，甘藷の栽培も成功させた。　問15　この誓いが実現して，1791年には憲法が制定された。作者は古典主義のダヴィド。服装から，中央には貴族が多くいることがわかる。こうした自由主義貴族を中心に制定された憲法は，政治体制を立憲君主主義とし，制限選挙の実施を定めた。

【3】問1　ウ　　問2　エ　　問3　カ　　問4　イ　　問5　ア
問6　イ　　問7　ウ　　問8　ウ　　問9　エ　　問10　イ
問11　イ

〈解説〉問1　ア　五箇条の誓文の翌日に掲げられた人民の心得を表す五種の高札。五輪道徳順守，徒党・強訴・逃散禁止，キリスト教禁止，外国人への暴行禁止，郷村脱走禁止が示された。　イ　五箇条の誓文に基づき，政治の基本的組織を規定した法。　エ　薩長の武力倒幕派が計画し，1867年12月に発表された政体改革の命令書。摂関・幕府の廃絶，三職の設置などが宣言された。　問2　1876年に大規模な農民一揆が発生し，翌年政府は税率を2.5％に軽減した。　問3　A　大日本帝国は天皇が定めて国民に与える欽定憲法である。　C　法律の範囲内で所有権の不可侵，信教の自由，自由・出版・集会・結社の自由が認められた。　問4　1894年にハワイで興中会を結成した孫文は，1905年にはそれに光復会などを加え，本格的な革命組織である中国同盟会を東京で結成し，辛亥革命を引き起こした。その結果，1912年に中華民国を創設し，臨時大総統となった。しかし，清朝打倒と引き換えに袁世凱にその地位を譲ると，中華民国は形骸化し，軍閥割拠の状態となった。第一次世界大戦後には民族主義が高揚し，パリ講和会議に反発して五・四運動がおこり，その中心となった孫文は，中国国民党を結成した。　問5　イギリスは，ウラービー・パシャの乱を鎮圧してエジプトを保護国化した。その後1904年には英仏協商が締結され，エジプトとモロッコの権益を相互に保障する英仏協商が締結された。その結果モロッコ事件では，イギリスが中心となってドイツを退け，モロッコはフランスの保護国となった。　問6　新渡戸稲造は内村鑑三らとともに札幌農学校でキリスト教に入信した教育者。著書に『武士道』『帰雁の蘆』がある。国家主義は，国家の利益を個人の利益に優先させる思想で，明治20年代に高まり，やがて軍国主義・対外膨張論と結びついて超国家主義へと発展した。　問7　国際連盟の結成を提唱したのはアメリカのウィルソン大統領であるが，国内における孤立主義の世論の高まりにより，アメリカは加盟しなかった。

問8　ア　1933年の斎藤実内閣。　イ　1940年の第2次近衛文麿内閣。　エ　1945年の鈴木貫太郎内閣。　問9　日韓基本条約は1965年である。韓国大統領朴正煕政権は開発独裁政権であり，高度成長中の日本からの経済援助を期待して条約を締結し，国交を樹立した。　問10　ベトナム戦争では，解放勢力を駆逐するために，子どもや女性を含むすべての人を対象とした掃討作戦をアメリカ軍は行った。全村民が殺されたソンミ村虐殺事件がその代表である。写真は，アメリカ軍の攻撃から逃れようとして川を泳いで渡っている女性と子どもである。

問11　1993年のオスロ合意の写真である。アメリカのクリントン大統領に仲介されて，PLOのアラファト議長とイスラエルのラビン首相が握手している。この合意を受けて，ガザ地区やヨルダン川西岸地区で暫定自治が行われるようになったが，パレスチナ国家は国連においてオブザーバー参加を認められているに過ぎない。

【4】問1　戊辰戦争　　問2　イ　　問3　ウ　　問4　日中共同声明(日中国交正常化)　　問5　関東大震災　　問6　第五福竜丸

〈解説〉問1　上野には寛永寺という徳川家の菩提寺が建てられていたが，上野戦争で被災し大部分が公園となった。戊辰戦争勃発後，新政府軍が江戸に進軍，江戸城は無血開城された。旧幕臣有志によって結成された彰義隊が寛永寺に立て籠もり，約1000人が官軍に反抗したが1日で敗退した。　問2　ア「荒城の月」「花」などの歌曲・童謡を作曲した。　ウ　木彫家で東京美術学校では教授を務めた。仏師の伝統的な技法に西洋の特色を加えて新しい木彫を開いた。　エ　東京美術学校で岡倉天心に師事し，のちに日本美術院の創立及び再興に尽力した。

問3　三国協商は，1891年の露仏同盟，1904年の英仏協商，1907年の英露協商の成立の結果形成されたものである。　問4　田中角栄首相が訪中して発表され，日本側が過去の戦争責任を痛感・反省した上で日中国交正常化を声明。このとき，日中友好のシンボルとして2頭のパンダが中国から贈られることも決定した。　問5　関東大震災は1923年9月1日に関東地方を襲った大地震。全体の死者10万人，行方不明4万人以上。震災は大戦景気以来蓄積された国富に大被害を与えると共に，不況が深刻化した。　問6　1954年3月，中部太平洋のビキニ環礁でアメリカが水爆実験を行い，第五福竜丸が放射能灰を浴び，乗組員が死亡した。これを機に原水爆禁止運動が全国で高まりをみせた。

【日本史】

【1】問1　ウ　　問2　国司は中央政府から貴族が派遣され，一定の任期で地方行政にあたった。郡司は国司の下にあり，旧国造など地方豪族から任命されて地方行政の実務に携わり，任期もなかった。(80字)　問3　都から安芸までの道のりは，大路が整備されていたのに対し，土佐までは海を渡る不便な経路を用いなければならず，安芸よりも移動に必要な日数が多かった。　問4　エ　問5　(1)　イ　(2)　イ

〈解説〉問1　長野県和田峠原産の黒曜石の分布は主に関東・東海地方が中心となる。瀬戸内海にみられる黒曜石の多くは大分県姫島原産である。　問2　律令体制の地方組織には国・郡・里が置かれた。国司は中央から貴族が派遣され，役所である国府(国衙)を拠点に国内を統治した。任期は6年，のち4年となった。郡司にはかつての国造など伝統的な地方豪族が任じられ，終身官であった。郡の役所である郡家(郡衙)を拠点に郡内を支配した。　問3　資料Bから都への運脚の日数がわかる。安芸(現広島県)から平安京までは上り14日，下り7日だが，土佐(現高知県)からは上り35日，下り18日で安芸の2倍近くの日数を要することが読み取れる。資料Cでは古代の道路状況がわかる。安芸までは陸路で大路が整備されているが，土佐までは陸路での道は整備されていないため，海を渡る必要があったと判断できる。このことが運脚にかかる日数の違いに現れ，安芸と土佐の配流における距離の違いを生んでいる。　問4　エ　鎌倉時代の彫刻で興福寺天灯鬼像。

問5　(1)　ア　承和の変は842年の出来事。　ウ　昌泰の変は，901年に藤原時平の讒言により菅原道真が大宰府へ左遷された事件。紀夏井は応天門の変に異母弟の紀豊城が関与したことで土佐に配流された。エ　安和の変は969年の出来事。　(2)　平清盛による大輪田泊修築は

12世紀の出来事で，問題文の時期に該当しない。

【2】問1　エ　　問2　承久の乱　　問3　近江，美濃，尾張の3ヶ国で1年限りの措置として出された半済令で，守護に対し，一国内の荘園や公領の年貢の半分を兵粮米として徴収する権限を与えた。(71字)　問4　オ　　問5　学習課題…・琉球王国がこの時期に形成されたのはなぜか?　　・中世の琉球王国が栄えた理由は何か?　　・琉球王国が16世紀中頃以降衰退したのはなぜか?　　知識や概念…・14世紀後半から15世紀にかけて東アジア世界の情勢が大きく変動する中，琉球でも三山分立に終止符を打ち琉球王国として統一された。　・琉球王国は三山時代に引き続き明に朝貢して冊封関係を持ち，明の海禁政策のもと，環シナ海域交易の要となる地理的地位を生かして中国産品とアジア諸地域産品の中継貿易で繁栄した。　・貿易立国としての自信は王宮正殿の鐘に刻まれた銘文からもわかるが，明の海禁政策緩和やポルトガル人の進出により琉球の中継貿易は衰退し，やがて薩摩藩の侵攻を受けることになる。　　問6　両者の共通点は，喧嘩両成敗の規定である。家臣同士が私闘で紛争を解決することを禁止し，すべての紛争を大名による裁判に委ねさせる目的があった。(69字)

〈解説〉問1　院政期に強訴を繰り返した南都北嶺は興福寺と延暦寺の僧兵である。　問2　慈円は承久の乱を前にして後鳥羽上皇を中心とした討幕計画を諌めるねらいもあって『愚管抄』を著した。　問3　半済令は南北朝の動乱が続く中，軍事行動が活発化した南朝に対抗するために出された。その内容は，近江・美濃・尾張の3ヶ国のみで，1年限り年貢の半分を軍費として取得し，武士に分与する権限を守護に認めた法令であった。やがて諸国に拡大して恒常化した。　問4　応仁の乱で細川勝元と幕府の実権を争ったのは山名宗全(持豊)である。　問5　学習課題の構想においては「建国」「繁栄」「衰退」の3つの観点から考えるのがよい。「建国」については「なぜこの時期に琉球王国が誕生したのか」を考えることで，学習指導要領に示される「東アジアの国際情勢の変化とその影響」を踏まえた知識や概念が理解できる。

すなわち，14世紀後半から東アジア情勢が変化し，明や朝鮮が建国される中，琉球でも長らく続いていた三山分立に終止符が打たれ，中山の尚巴志によって琉球王国が誕生というものである。「繁栄」については「琉球王国が栄えた理由」を考えることが重要である。資料から琉球王国が，明の海禁政策のもと，東アジア間の中継貿易に活躍していた事実がわかり，これらは学習指導要領の「日明貿易の展開と琉球王国の成立」を踏まえた知識や概念につながる。「衰退」については「16世紀以降に中継貿易が衰退した理由」について考えることが必要である。これにはポルトガルの東アジア進出や明の海禁政策緩和といった外的要因が衰退な大きな理由となっており，学習指導要領の「東アジアの国際情勢の変化とその影響」を踏まえた知識や概念が理解できる。　問6　史料Aでは「喧嘩をしたものは理由の如何を問わず，両方を死罪とする」ことが，史料Bでは「喧嘩をしたものは，理由の如何を問わず処分をする」旨が記されており，これはいくつの分国法で見られる喧嘩両成敗についての規定である。家臣相互の紛争を自分たちの実力による私闘(喧嘩)で解決することを禁じ，すべて紛争を大名による裁判に委ねさせることで，両国の平和を実現することを目的としている。

【3】問1　ア　　問2　カ　　問3　学習課題…・4代将軍以降，大名の改易数が減少したのはなぜか。　　・江戸幕府の政治政策が転換された理由は何か。　　知識や概念…・3代将軍までの武断政治により幕藩体制は安定したが，大名改易による牢人増大や秩序におさまらない「かぶき者」の対策が問題となった。　　・由井正雪の乱を契機に，末期養子の禁を緩和するなど武断政治から文治政治への政策転換がなされた。　　問4　後水尾天皇が幕府に無許可で紫衣着用を勅許し，幕府は禁中並公家諸法度に反しているとして無効とした。抗議した大徳寺の沢庵らを処罰し，天皇が譲位したこの紫衣事件により，幕府の法度が勅許に優先することを明示した。(102字)　　問5　(1)　イ　(2)　古学，陽明学

〈解説〉問1　イ　朝廷の統制や西国大名の監視を行ったのは京都所司代である。　ウ　最も格式が高いのは寺社奉行である。寺社奉行は将軍直属で譜代大名から任命され，町奉行・勘定奉行は老中支配下で旗本から任命された。　エ　正しくは関東・飛驒・美濃などに郡代が，その他には代官が派遣され，勘定奉行が統括した。　問2　A　寛永期の文化の代表作で「風神雷神図屛風」。　B　化政文化の代表作で「富嶽三十六景」。　C　安土桃山文化の代表作で「唐獅子図屛風」。　D　元禄文化の代表作「色絵藤花文茶壺」。　問3　資料Bや資料Cから江戸幕府の政治政策が4代将軍以降大きく転換したことに気付かせたい。そのために学習課題として資料Cからも明確な「4代将軍以降，大名の改易数が大幅に減少した理由」を考えることが重要である。資料A～Cで3代目までの幕藩体制確立期は武家諸法度を通して大名を厳しく統制したこと，これに違反した者の改易が行われていたことがわかる。しかし，改易によって牢人が増大し，「かぶき者」が増えたことで社会不安を取り除くことが幕府の新たな課題となった。また，3代目までは武断政治を行ってきた江戸幕府で4代将軍以降，文治政治へ「政治政策が転換された理由」を考えることも江戸幕府の政治政策を理解するうえで重要になる。幕府は高まる社会不安に対して，武力で威圧する武断政治ではなく，儒教的徳治主義で治める政治を行い，法制の整備や学問を通した人心の教化などにより，秩序の安定をはかろうとした。これらは学習指導要領の「幕藩体制の確立」「織豊政権との類似と相違」「幕府や諸藩の政策の変化」を踏まえた知識や概念の理解につながる。　問4　紫衣の寺の住持に関する許可規定が禁中並公家諸法度に定められていたが，遵守されなかったこともあって，幕府は1627年，後水尾天皇が幕府にはからずに紫衣着用を勅許したこと問題にし，このことに抗議した沢庵を流罪とした。後水尾天皇は明正天皇に譲位した。この事件により幕府の法度が天皇の勅許に優先することを明示した。　問5　(1)　史料Aは徳川吉宗の出した「足高の制」，史料Bは水野忠邦が出した「株仲間解散令」，史料Cは松平定信による「寛政異学の禁」に関する内容。　(2)　幕府は開幕以来，朱子学を奨励してきたが，江戸中期の幕藩体制の動揺の中で，朱子学派は振るわず，古学派などが盛んであった。そこで松平定信は柴野栗山の建議を取り上げ，「異学の禁」に踏み切り，朱子学の復興をはかった。「異学」とは幕府の認めた朱子学以外を指すが，特にここでは古学と陽明学のこと。

【4】問1　(1)　カ　(2)　A→C→D→B　問2　・学制により男女に等しく学ばせる国民皆学教育の建設が目指されたが，1895年まで女子の就学率は男子の約2分の1で推移した。　・1900年に義務教育期間の授業料が廃止されると，数年後には男女平均就学率が90％を超えた。・19世紀末以降，国家主義重視の教育政策へ移っていった。

問3　第一次山本権兵衛内閣が現役規定を削除し予備役・後備役まで資格を広げたが，広田弘毅内閣が現役規定を復活させた。(54字)

問4　(1)　統制派　(2)　ウ　問5　ウ

〈解説〉問1　(1)　Ⅰ　自由党の結成は1881年で国会期成同盟を中核に結成された。　Ⅱ　集会条例は1880年4月に公布され，集会・結社の自由を規制することで，同年の国会開設運動の高揚に対処した。

Ⅲ　北海道の開拓使所属の官有物を払い下げるに当たり，開拓長官黒田清隆が薩摩出身の豪商五代友厚らに不当に安い価格で払い下げようとして問題化。政府は官有物払い下げの許可を取り消すとともに，国会の早期開設を唱えた参議大隈重信を世論の動きと関係ありとして免官した。黒田清隆は開拓長官を辞任した。　(2)　Aの大阪会議は1875年，Bの保安条例公布は1887年，Cの明治14年の政変は1881年，Dの松方財政は1880年代前半。　問2　資料Aと資料Bでは就学率を読み取ることが重要になる。1872年に学制が公布され，国民皆学が目指されたが，現実とかけ離れて当時の国民生活に合わなかったので就学率は伸びなかった。就学率が伸びない理由には授業料も関係したため，1900年に義務教育における授業料が廃止されると，男女共に就学率が伸びた。資料Aと資料Cでは教育内容の変化について読み取ることが必要である。当初小学校教育は，国民自身が身を立て，智を開き，産をつくるための学問という功利主義的な目的であったが，教育勅語が発布され，忠君愛国が学校教育の基本であることが強調され，国定教科書制度など教育に対する国家の統制は高まっていった。　問3　軍部大臣現役武官制は1900年に山県有朋内閣のもとで制定された。陸・海軍大臣を現役の大将・中将から任用する制度で，軍部に対する政党の影響力を阻止する目的であった。この規定により組閣非協力や軍部大臣単独辞任などの手段で内閣を左右することから，1913年に山本権兵衛内閣が現役規定を削除し，内閣に対する軍の影響力行使を制限しようとした。しかし，1936年に広田弘毅内閣が陸軍の要求に従って現役規定を復活させた。　問4　(1)　陸軍には青年将校を中心に，直接行動による既成支配層の打倒と天皇親政の実現を目指す皇道派と，中堅幕僚将校を中心に，革新官僚や財閥と結んだ軍部の強力な統制のもとで総力戦体制樹立を目指す統制派が対立していた。史料中に「元老重臣軍閥財閥官僚政党等ハ此ノ元兇ナリ」とあることから財界・政界と接近していた統制派を指す。　(2)　ロンドン海軍軍縮条約では補助艦の保有量が決められ，英・米・日間はほぼ10:10:7と決められた。　問5　Aは1982年に発足した中曽根康弘内閣，Bは1964年に成立した佐藤栄作内閣，Cは1991年発足の宮沢喜一内閣のこと。

【5】問1　和同開珎以下，律令制化では本朝十二銭が発行されたが，改鋳を重ねるごとに大きさが縮小し，重量も減少，素材も劣悪化していった。これは当時の精錬法では利用できる銅資源が限られていたこと，原材料である銅の生産量が年々低下したことによるとされている。政府の発行する銭貨への信頼失墜もあって，10世紀に鋳造された乾元大宝を最後に，その後中世を通じて日本で公式に銭貨はつくられなくなるが，平安時代末の平氏政権以降，日宋貿易が盛んになり，大量の宋銭が輸入された。鎌倉時代に入ると，農業や手工業の発展と，それに伴う京都・奈良・鎌倉などの都市市場と地方生産地間での商品流通の著しい発展を背景に，荘園の年貢や公事の代銭納が急増するなど，銭貨の流通が地方社会にまで浸透した。商品流通の発展に伴い貨幣の流

通も一層拡大し，鎌倉時代には借上，室町時代には酒屋・土倉と呼ばれる金融業者が活発に活動した。銭貨としては宋銭や明銭が用いられたが，渡来数が限られていたため，粗悪な私鋳銭も出回り，円滑な取引が阻害された。そこで，幕府や戦国大名らは撰銭令を発し，悪貨を指定して流通を禁止したり，悪貨と良貨の混入比率を定めたりして，商取引の円滑化を図った。　問2　北京郊外の盧溝橋付近での日中両国軍の衝突事件を契機に日中戦争が開始された。近衛内閣は当初不拡大方針を取っていたが軍部の圧力に屈して方針を変更し，兵力を増派して戦線を拡大した。第2次上海事変が始まると戦域は南に広がり，国民政府の首都南京を占領したが，国民政府は重慶に退きあくまで抗戦を続けたため日中戦争は泥沼化した。戦争が長期化するなか，近衛内閣は近衛声明を発して国民政府との和平交渉を打ち切り，中国に親日政権を樹立する方針をとって東亜新秩序建設を目指した。また，国際的孤立を避けるため日独伊三国防共協定を結び，反ソの立場で結束し，枢軸陣営を成立させた。国内では総力戦体制の構築を図り，国民精神総動員運動を通じて国民の戦争協力を促した。さらに，企画院を発足させ，国家総動員法を制定して政府が物資や労働力を動員する権限を握った。国策協力機関として産業報国会の結成も進めた。

〈解説〉問1　銭貨の流通については，大きく2つに分けて考える。まず古代の銭貨鋳造である。8世紀の和同開珎から10世紀の乾元大宝まで12枚の銭貨が政府によって鋳造され，それを本朝十二銭とよんだ。しかし，乾元大宝以降は国内で銭貨は発行されなくなり，流通も途絶えた。次に日宋貿易による宋銭の大量輸入である。これにより銭貨の使用が人々の間で浸透し，商品経済が発達した。日本では，16世紀まで国家が貨幣を発行せず，人々は渡来銭を使用した。しかし，銭貨需要の高まりとともに私鋳銭などが増加し，銭貨の質にばらつきが生じると，人々が銭貨を選び劣悪な銭貨を排除する撰銭が行われるようになり，銭貨の流通は混乱した。貨幣の流通についてはこの大きな流れをおさえておくことが重要である。　問2　第1次近衛文麿内閣は軍部を抑える切り札として組閣した。対外政策においては日中戦争が勃発，当初は不拡大の方針を示すも，軍部強硬派の圧力で戦争を拡大，1938年に出した近衛声明によって和平の可能性を自ら断ち切り，東亜新秩序の建設を目指した。また，国際的孤立を深めている日本・ドイツ・イタリアの3国で反ソ連の立場で結束した。国内においては，国民に節約・貯蓄など戦争協力を促し，総力戦体制の構築をはかり，戦時体制を強化したことを記述することが重要となる。

【世界史】

【1】問1　スマトラ島では5世紀には仏教よりもヒンドゥー教の方が盛んであったが，7世紀には仏教が広がっており，特にシュリーヴィジャヤ王国では盛んであった。　問1　(1)　エ　(2)　カーリミー商人　問3　(1)　永楽帝　(2)　エ　問4　(1)　朱印船貿易

(2)　・なぜ渡航先は特定の都市に集中するようになったのか。

・渡航数が増えた都市はどのような都市か。　問5　オ

〈解説〉問1　史料Aの法顕は5世紀にインドを訪れた東晋の僧侶である。帰りに海路を利用した。『仏国記』に「バラモンが盛んで，仏法は言うに足らない」とあるので，仏教よりもヒンドゥー教が盛んであったことがわかる。また，義浄は7世紀にインドを訪れた唐の僧侶である。往復ともに海路を利用し，シュリーヴィジャヤの首都パレンバンに滞在した。史料にある2つの著作には，僧侶が千人以上いることや，小乗がほとんどでパレンバンに大乗が少し有ることが書かれており，仏教が盛んであったことがわかる。　問2　(1)　インドは絹ではなく綿織物の産地であり，17世紀以降イギリス東インド会社が盛んに輸入した。それがきっかけとなって，18世紀半ばに，イギリスにおいて綿織物工業分野における産業革命が発生した。　(2)　カーリミー商人は，アイユーブ朝・マムルーク朝の保護を受けて活動したムスリム商人で，東方から香辛料や絹織物・陶磁器などをもたらした。特に香辛料は東方貿易においてヴェネツィアなどのイタリア商人に渡り，莫大な利益がもたらされた。　問3　(1)　史料Cに「鄭和…を遣わし」たとあるので，南海大遠征のことであり，皇帝は永楽帝である。

(2)　ア　アショーカ王はマウリヤ朝である。スリランカ布教を行った。イ　11世紀にはスリランカから，ビルマのパガン朝に上座部仏教が伝わった。　ウ　ポルトガルの次にスリランカを支配したのは，オランダである。その後，ウィーン会議でイギリスがスリランカを獲得した。
問4　(1)　時期が「16世紀末から17世紀初め」であることと，史料Dの中に「朱印ヲ頂戴シテ」とあるところから，朱印船貿易である。
(2)　まず，上段の「1604～16年」と下段の「1617～35年」のデータを比較させて，顕著な違いがある点に注目させる。すると，下段の「0」が目立つことに気づく。朱印船が全く渡航しなくなった都市が増えたということがわかる。一方で渡航数が増えた都市もあり，一部の都市に渡航先が集中するようになったことがわかる。それを受けて，その理由や具体的様相を探究する課題を設定する。　問5　I　フィリピンにおける貿易拠点なのでマニラとなる。バタヴィアはジャワ島である。この史料は，中国産の絹織物が太平洋を渡ってメキシコのアカプルコにもたらされたことについての記述である。逆にアカプルコからは銀がもたらされ，マニラで絹織物などと交換され，中国に流入した。

【2】問1　ア　　問2　エ　　問3　宮廷にギリシア語・アラビア語・ラテン語に対応した書記官がいたことから，公文書が3つの言語で記され，ギリシア正教徒・イスラーム教徒・カトリックなど，多様な民族や文化が尊重されていたこと。また，イスラーム風のドーム構造や回廊のある中庭を持つキリスト教の教会からは，他宗教を排除しない宗教的寛容性や融和状況がうかがえること。　問4　学習課題…・どのような学術書が翻訳(吸収)されたか。　・これらの著作が翻訳されたことで，後の西欧世界にどのような影響を与えたか。　・翻訳された場所や翻訳した人物にはどのような特徴がみられるか。　知識や概念…・古代ギリシアの医学，哲学，数学，自然科学の著作がアラビア語に翻訳されており，ギリシア語文献のみならず，このようなアラビア語に翻訳されていた古代ギリシアの学術書もラテン語に翻訳されることで再び西欧に広められた。　・イスラーム世界で発展した高度

な医学，数学などがアラビア語からラテン語に翻訳されることで，後進的であった西欧を覚醒させることになる。　・翻訳者はイタリア人が多いが，イギリス人，スペイン人もおり，ヨーロッパ各地から学者がシチリア島とイベリア半島(トレド)を通じて学術・文化の受容が行われた。　問5　ガリバルディ　問6　バドリオ

〈解説〉問1　ネアポリスとタレントゥムもギリシア人の植民市であるが，場所はともにイタリア半島の南部である。カルタゴは，フェニキア人が北アフリカにつくった植民市である。　問2　い　西ゴート王国はイベリア半島に建国されたゲルマン国家である。ムラービト朝は，11世紀にベルベル人が北アフリカに建てたイスラーム政権である。

う　アッバース朝は750年に設立された。　問3　写真Aからは，ギリシア人・アラブ人・ラテン人の書記官がいることと，ギリシア文字・ローマ字・アラビア文字が使われていたことがわかる。丸屋根や回廊のある中庭は，イスラームの建築物の特徴である。それを備えたキリスト教の教会があることが，写真Bからはわかる。これらを読み取らせ，当時のシチリアの多文化主義的な特徴を理解させたい。

問4　学習指導要領には，問いの表現について，「諸地域の交流・再編を読み解く観点」が求められている。よって，諸地域の交流の具体的様相(どんな学術書が翻訳されたか，翻訳された場所や翻訳した人物の特徴など)やそうした交流によって諸地域が受けた影響を学習課題として設定したい。知識や概念については，この大翻訳運動によって古代ギリシアの著作が西ヨーロッパに逆輸入され，イスラーム世界の自然科学がヨーロッパに入ることによって，ヨーロッパにおける学問を芽生えさせる契機となったことを述べる。つまり，この後西ヨーロッパで始まるルネサンスとそれにともなう近代的思想・学問の発展は，イスラーム世界との交流なしには見られなかったことを理解させたい。

問5　ガリバルディは，青年イタリアに所属する民族主義者である。シチリア・ナポリを征服し，サルディニア王国のヴィットリオ・エマニュエーレ2世に献上した。これにより，1861年にイタリア王国が成立した。イタリアの統一は，サルディニアによる外交など上からの動

きにガリバルディによる下からの民衆運動が加わることによって実現されたことになる。　問6　バドリオは，国王の支持の下にムッソリーニを打倒し，政権を掌握して無条件降伏を受諾するとともにドイツに宣戦布告したが，ドイツとの戦いの中でローマを放棄した。そのため，連合国軍がローマを占領すると，レジスタンスの指導者たちによって辞職を余儀なくされた。

【3】問1　イ　　問2　ウ　　問3　日本・清とも西洋技術の導入による近代化を開始したのはほぼ同時期であり，蒸気船や鉄道など技術面ではほとんど差がなかった。しかし，伝統的な文化や国家体制を変革させる制度面では大きな差があった。日本が抜本的な制度変革を図ったのに対し，清朝における近代化とは，「中体西用」の語のとおり，伝統的な慣習や体制を変革することなく，表面的な西洋技術の導入に止まっていた。　　問4　イ　　問5　光緒帝は康有為らを登用し，日本の明治維新をモデルに立憲君主制にもとづく国政改革を行おうとしたが，西太后ら保守派のクーデタによって光緒帝は幽閉され，改革は挫折した。　　問6　伝統的な儒教道徳が個人の自立や自由意志を妨げ，不平等や奴隷根性を根づかせるものとして批判した。　　問7　胡適

〈解説〉問1　シュリーマンは，子どもの頃に読んだホメロスの詩に出てきたトロヤ戦争の実在を示すことに情熱をささげ，実現した。

ア　エヴァンズ。　ウ　シャンポリオン。　エ　ローリンソンまたはグローテフェント。　問2　ア　アヘン戦争後の南京条約(1842年)の内容である。　イ　円明園を破壊したのは英仏軍。　エ　アロー戦争時の天津条約(1858年)では，外国公使の北京駐在が認められた。

問3　表を見て，技術面の近代化はほぼ同時期に行われている(蒸気船購入・工場・電信・汽車に注目させる)が，伝統的文化や国家体制の変革(新暦・憲法発布などに注目させる)は，日本に比べて中国は半世紀以上遅れたことを読み取らせたい。「中体西用」とは，中国の伝統的な皇帝専制体制を維持しつつ，西洋の軍事技術を取り入れるという考え方である。　問4　ア　米西戦争を起こしたのは，マッキンリーで

ある。 ウ 19世紀におけるイギリスの二大政党は，自由党と保守党である。労働党は1906年に成立した。 エ ビスマルクの鉄血政策は，軍事力の増強によってドイツの統一を実現しようとする政策であるが，ドイツ帝国はすでに1871年に成立している。 問5 康有為による近代化改革は，明治維新を範とし，「変法自強」「保皇立憲」を掲げて行われた。科挙の廃止や憲法制定などが目指されたが，成果を見ずに西太后のクーデタで幕を閉じたので，「百日維新」ともいわれた。 問6 史料Cでは，「忠孝を重んずる宗法社会には四つの悪い結果が生ずる」として，儒教思想が批判されている。その理由としては，「独立自尊の人格を破壊」「個人の意志の自由を束縛」「個人の法律上に平等な筈の権利を侵害」があげられている。これをまとめると，解答のようになる。 問7 胡適の提唱を受けて，魯迅が『狂人日記』や『阿Q正伝』を口語体で発表した。これを文学革命という。

【4】問1 ヴォルテール 問2 ヴェルサイユ行進 問3 所有 問4 イ 問5 学習課題…・なぜ各国の女性参政権の実現が1917～1920年に集中しているのか。 ・女性参政権の実現の背景にはどのような状況があったか。 知識や概念…・大戦前から，女性参政権獲得運動が起こり，社会主義者も女性参政権を主張していた。これらに加え，総力戦となった第一次世界大戦への女性の動員が，女性の地位を向上させ，参政権獲得につながった。 問6 ムスタファ＝ケマルが近代化改革を行っており，その一環で女性参政権が実現した。 問7 イ

〈解説〉問1 ヴォルテールは，18世紀にイギリスを旅行し，そこで痛感したフランスの政治や社会の後進性についてしたためた手紙が，『哲学書簡』である。別名『イギリス通信』ともいう。 問2 『人権宣言』が発表されたものの，パリの人々は食糧難に苦しんでいた。そこで，下町のサン＝タントワーヌ街の女性が中心となってヴェルサイユ宮殿に行進し，国王一家をパリの中心のテュイルリー宮殿に連行した事件を「ヴェルサイユ行進」という。 問3 544条は「所有権の絶対」，

つまり所有権とは，ものを自由に使用・収益・処分する権利であることが記されている。545条は「損失補償」と呼ばれるもので，公の利益のために財産を譲渡する場合は，必ず公権力によって事前に相当の補償を受けることを記している。　問4　ローザ＝ルクセンブルクはポーランド出身の女性革命家で，スパルタクス団の蜂起の中心的メンバーのひとりである。捕えられて，拷問によって殺された。スパルタクス団の蜂起はドイツ革命の際に起こったので，20世紀のことである。問5　資料Aを見ると，女性参政権の実現が1917～1920年に集中していることがわかる。そこで，この点について学習課題を設定する。第2インターナショナルは，社会主義の国際組織である。資料Bからは，社会主義者が女性参政権を主張していたことがわかる。資料Cからは，1910年(戦前)に女性参政権獲得運動が行われていたことがわかる。資料Dからは，戦争中，女性が兵器工場で働いていたことがわかる。資料B～Dは，1917～1920年に女性参政権の実現が集中している理由を構成する。特に，第一次世界大戦における総力戦と女性参政権の実現についての関係をしっかり理解させたい。　問6　ムスタファ＝ケマルは，トルコ国民革命を指導し，スルタン制を廃止し，トルコ共和国を樹立，さらにカリフ制を廃止した。トルコ語のアラビア文字表記をやめてアルファベットを使用するなどの近代化改革を行った。女性参政権は，その一環として実現された。　問7　ア　保守党のイーデン首相。ナセル大統領のスエズ運河国有化宣言を機にイスラエル，イギリス，フランスがエジプトに侵攻したのが第二次中東戦争。国際世論の非難を受けて撤退したため，イーデン首相は引責辞職した。
ウ　保守党のヒース首相。1971年のアメリカのドル・ショックを受けて，73年にEC加盟に踏み切った。　エ　1997年で，労働党のブレア首相である。

【5】問1　フランス革命が起こると，そのフランス植民地であったハイチで独立戦争が勃発し，ハイチは黒人の共和国として独立した。その後，ヨーロッパでナポレオンが失脚すると，ウィーン体制が形成され，

革命前の状態を維持することが正統とされた。しかし，アメリカ独立やフランス革命の影響を受け，ラテンアメリカではボリバルら現地生まれのクリオーリョを中心に各地で独立運動が起こった。これに対し，ウィーン体制を牽引するオーストリア首相メッテルニヒは独立を阻止しようとするが，アメリカ合衆国大統領モンローは大陸間の相互不干渉を唱え，ラテンアメリカ諸国の独立を支持，イギリス外相カニングも自国の経済的利益からこれに同調した。こうして1820年代を中心に，ラテンアメリカ諸国は相次いで独立を達成した。独立戦争ではクリオーリョが中心となったため，独立後も彼らが大地主として力を保持する，貧富の差が大きな社会が形成された。　問2　17世紀半ば，クロムウェルによって征服されて以後，ケルト系カトリック教徒のアイルランド人の土地はプロテスタントのイギリス人不在地主に占有され，小作人となったアイルランド農民は貧しい生活を余儀なくされた。19世紀初めにイギリスに完全併合された後も，審査法によりアイルランド人は公職に就任できなかった。のち，オコンネルらの運動により旧教徒解放法が設定され，公職就任が可能となり，宗教的な差別は緩和されたが，経済的搾取は変わらなかった。1846年からの大ききんでは主食のジャガイモが大打撃を受けたことも影響し，多くのアイルランド人がアメリカへ移民として渡ることとなった。19世紀後半になると，アイルランド土地法が制定され，小作人保護に進展が見られたが，自治法案は否決された。20世紀に入ると，シン＝フェイン党が結成され，本格的な独立運動が起こった。1914年にアイルランド自治法が成立したが，第一次大戦によって実施が延期され，大戦中にはシン＝フェイン党の武装蜂起も起こった。1922年，イギリスは自治領としてのアイルランド自由国の成立を認めたが，プロテスタントの多いアルスター地方は北アイルランドとして除外され，イギリス領として残ることとなった。

〈解説〉問1　論述すべきことは，「ラテンアメリカ諸国の独立の経過」と「独立後に形成された身分社会」である。前者を述べる際に，「当時の国際情勢」について触れなければならない。どのような情勢に言及すべきかは，問題文にある「環大西洋革命」という語がヒントとなる。旧大陸で起こった革命が新大陸の革命に影響を与え，さらにその革命が旧大陸の革命に影響を与え，大西洋周辺で連続的に革命が起こったことを指す言葉である。具体的には，アメリカ独立戦争がフランス革命に影響を与え，フランス革命がラテンアメリカの独立運動に影響を与えるといった具合である。これに，メッテルニヒによる干渉の企図とモンロー宣言を組み込めばよい。独立運動の指導者にはクリオーリョが多かったことから，自作農創設のための土地革命は実施されず，地主による寡頭専制政治が続いた。クリオーリョは植民地生まれの白人で，アシエンダなどの大農園の経営者である。　問2　基本的には，イギリスによる征服，完全併合を経て，自治領となるまでの経緯を時系列的に書けばよい。その際，「土地」「宗教」「自治」のあり方がどのように変化したかを必ず入れること。「土地」については，イギリス人の不在地主によるアイルランド人の搾取が続いたが，アイルランド土地法によって小作権が保障され，小作人の経済的安定が改善されたことを書く。「宗教」については，審査法が廃止され，旧教徒解放法が制定されたことで宗教の自由が実現したことを書く。「自治」については，19世紀のうちはアイルランド自治法が議会で否決され続けたが，1914年に成立。しかし大戦勃発で延期となり，「自治」が実現したのは大戦後であったことを書く。

地理歴史(地理)

【1】問1　X　④　　Y　②　　問2　地球　　問3　②　　問4　イスラームの国々にはどのような地域的な共通点や相違点があるのだろうか。

〈解説〉問1　(2)　現代世界の諸地域において，空間的相互依存作用や地域などに着目して，課題を追究したり解決したりする活動を通して，次の事項を身に付けることができるように指導するとある。具体的には，幾つかの地域に区分した現代世界の諸地域を基に，地域の結び付き，構造や変容などを地誌的に考察する方法などについて理解することとある。　問2　さらに，地球的課題などを多面的・多角的に考察し，表現することも挙げられている。　問3　羅列的な知識は誤り。問4　同様の問題は違う地域でも出題される可能性があるので，学習指導要領をよく読み，問いを構造化しておくのも良いだろう。

【2】問1　(1)　地点…い　　気候区分…Cfa　　(2)　恒常風の風上地域において降水量が多い。　　(3)　C　③　　D　④　　(4)　③
(5)　洪水の減少や，過剰な灌漑が行われることにより，耕地の塩害が深刻化した。　　(6)　石灰岩が降水によって溶食されることで，タワーカルストが形成されている。　　(7)　⑥　　問2　(1)　1　ウラル　2　セルバ　　3　掘り抜き　　(2)　④　　(3)　フィードロット
(4)　②　　問3　日本に食用として輸出するエビの養殖場を作るために，マングローブを伐採しているから。
〈解説〉(1)　あ・う・えの地点はいずれもCs気候であるが，いの地点のみCfa気候である。　(2)　Aのマダガスカル島では，南東貿易風の影響により，島の東部は年中多雨となる。Bのニュージーランド南島では，偏西風の影響により，島の山脈の風下にあたる西部で降水に恵まれている。(3)　①　断面図の左側で標高が高いが，これは新期造山帯のアトラス山脈であり，Eが該当する。　②　断面図の中央部で標高が高く，これは新期造山帯のイラン高原であり，Fが該当する。
③　プレーリーが分布し，平原地帯が広がっているCが該当する。
④　断面図の右側で標高が高く，これはブラジル高原が分布しているDが該当する。　(4)　a　太平洋プレートではなく，ナスカプレートである。　(5)　ナイル川流域には，アスワンハイダムが建設されたことにより，下流域の洪水は減少した。それと同時に上流からの肥沃な土壌の運搬という役目は，ダムによってせき止められてしまった。定期的に洪水があることで地表の土と塩を洗い流して新しい土が積もっていたが，それがなくなり塩害が進行している。　(6)　中国南部の桂林

は，高温多雨な気候で，石灰岩が溶食されて形成されたタワーカルストがある。 (7) Gは国土面積に対する排他的経済水域の割合が高く，太平洋とメキシコ湾に接しているクのメキシコ。残りのHとIを比較すると，魚介類の一人当たり供給量は同じであるが，排他的経済水域の割合が異なっていることから，キのアメリカ合衆国はアラスカやハワイなど離島も有し，排他的経済水域の割合が高いH。 問2 (1) Jはス，Kはシ，Lはサ，Mはセが該当する。 1 東経60°に沿って南北に走る，古期造山帯である。 2 アマゾン川流域に広がる熱帯雨林のことを指す。 3 セのグレートアーテジアン盆地では，掘り抜き井戸による被圧地下水を利用し，牧羊が行われている。 (2) (あ)の下線部が示すのはポドゾルで灰白色。 (3) 飼料を与え，短期間で肥育する施設をフィードロットという。 (4) タは氷河，チは地下水，ツは湖水・河川水。地球上の海水は約97.4%，陸水は約2.6%を占めている。 問3 東南アジアのマングローブ林は減少の一途を辿っているが，これはえびの養殖池への転換であり，その多くは日本へ輸出されている。

【3】問1 尖閣諸島　問2 東京…④　那覇市…②　問3 ③，⑤
問4 沖縄県は人口が増加しているが静岡県は減少している。また沖縄県は第3次産業の就業率がとても高く，静岡県は第2次産業の就業率が比較的高い。　問5 A ⑩　B ⑤　C ①　D ④
問6 静岡県からの距離が遠い地域と結ぶことで，航空機以外の交通手段と比べて大幅に移動時間を短縮している。

〈解説〉問1 尖閣諸島は沖縄県に所属する日本の領土である。1970年代以降，領有権を巡って中国が主張を続けている。 問2 ① 太平洋側で年降水量が多く，7月や9月に多い静岡市。冬の降水量が少ないのは富士山等の山脈の影響である。 ② 5月～6月の梅雨と9月の台風シーズンに降水量が多い那覇市。 ③ 内陸部で降水量が少ない長野市。 ④ 春から秋にかけて降水量が多い東京。資料では6月の降水量が少ないが，これは2022年のデータで，この年は空梅雨であった。

問3　①　市役所は移設されていない。　②　地形図を見比べても1973年当時とほぼ道路の形状の変化はない。　④　北部の港湾に発電所の地図記号はみられない。　問4　沖縄県は自然増加率が高く，人口増加が続いている。鉱工業は乏しく，観光業等第3次産業の割合が高いのが特徴である。一方，静岡県は人口減少が進み，工業が盛んで第2次産業の割合が高い。　問5　A　航空機を利用していること，11月なのに海水温が高いことから沖縄県。　B「出入りが激しく，スペイン北西部が名前の由来」とあることから，リアス海岸の若狭湾を指しており，福井県。　C　航空機を利用していること，「アイヌ民族」などから北海道。　D　所要時間や「ぶどう，ももの果樹園」などから長野県。　問6　航空機は，鉄道や自動車などの交通機関と比較して，短時間で移動することができ，遠距離地域間での移動に適している。

【4】問1　(1)　⑥　　(2)　携帯電話は，特に発展途上国で急激に普及していることから，2000年代以降の世界全体の契約数が急増している。固定電話は，先進国，途上国ともに契約の大きな増加はなく，2000年代の世界全体の契約数に大きな変化は見られない。

問2　③　　問3　(1)　③　　(2)　大型スーパーは，自動車で利用する消費者が多いため，大規模な駐車場施設が必要となる。そのため，都市郊外の交通量の多い幹線道路沿いに立地する傾向が強い。

問4　(1)　記号…テ　　品目…原油　　(2)　①　　(3)　ハ　③　ヒ　⑤　　フ　④　　(4)　⑤

〈解説〉問1　(1)　イの数値は特徴的でインドなのはすぐにわかる。アとウも国の人口を考慮すれば容易に推測は可能である。　(2)　固定電話は設備費や維持費などがかかるため，契約数は伸び悩んでいる。一方，携帯電話は電話線の敷設の必要もなく，費用も抑えられ，近年発展途上国においても普及が進んでいる。　問2　カ　1人当たりGNIが高いシンガポール。　ク　人口数も多く，1人あたりGNIが低い中国。

問3　(1)　サ　1990年代以降，販売額の減少が続いている百貨店。

シ　一貫して販売額が伸びているものの，近年は伸び悩んでいる大型スーパー。　ス　1980年代以降，急速に販売額が伸びているコンビニエンスストア。　(2)　大型スーパーは駐車場を多く確保することができる郊外に立地し，遠方からも買い物客を集めることができ，利便性の良いロードサイドに出店する傾向にある。　問4　(1)　タ　輸出入額ともに多く，輸出品目に繊維や衣類がある中国。　チ　輸出額よりも輸入額の方が多く，大幅な貿易赤字となっているアメリカ合衆国。ツ　輸出額が多く，輸出入品目に医薬品があるドイツ。　テ　輸入品目にXの原油や液化天然ガスがある日本。　(2)　ナ　輸出総額が多く，輸出品目に自動車，自動車部品が多く占めている名古屋港。　ニ　半導体製造装置や金など軽量高付加価値額の製品が多く占めている成田国際空港。　(3)　ハ　GATT(関税および貿易に関する一般協定)は，自由貿易を促進する国際貿易機構で，国際貿易の活発化に大きく寄与し，1995年にWTO(世界貿易機関)へと発展的に改組された。
ヒ　FTA(自由貿易協定)は，二国間同士で関税や輸入割当などを撤廃もしくは削減する協定。　フ　EPA(経済連携協定)はFTAによる関税やサービス貿易の自由化に加え，人的交流の拡大など幅広い分野において連携を目指す協定。　(4)　1990年時点では，マの日本とムのアメリカ合衆国との間での貿易の繋がりが強かったが，2016年になると，ミの中国からムのアメリカ合衆国への輸出が多くなっている。

【5】問1　(1)　Aは亜熱帯高圧帯の影響により年間通して降水量が少ない。Bは夏季に海洋からの季節風の影響を受け，多雨となる。
(2)　番号…④　　X…ケニア　　(3)　カシミール地方
問2　(1)　ア，イ，エ　　(2)　ア，エ，オ　　問3　(1)　公用語のヒンディー語を話せる人が4割程度であり，その他の多くの地方公用語が存在しているため，多くの言語が記載されている。　(2)　課題…なぜ，近年インドで鶏肉の生産量が増加しているのだろうか。　知識や概念…インドでは近年人口増加が著しいこと，経済発展に伴い生活水準が向上したことにより食肉の消費が増加した。また，ヒンドゥ一教徒やムスリムが多いインドにおいて，宗教的禁忌が少ない鶏肉の生産が特に増加している。　(3)　インドにおけるICT産業の発達により，アメリカ合衆国との経済的なつながりが増した。さらに，インドの高度な技術を持ち，英語が堪能な人材がアメリカに渡ることも多く，アメリカにおけるインド系移民の増加にもつながっている。
(4)　②　　問4　ガンジス川のデルタの低平な地域に人口が集中しているため。

〈解説〉問1　(1)　A　亜熱帯高圧帯の影響により，年中乾燥し，砂漠気候が広がっている。　B　アッサム地方は南西モンスーンの影響により，夏は多雨となる。世界的な多雨地域でもある。　(2)　Bのアッサム地方では，茶の生産が盛んで，日本でもダージリンティーが有名である。①はサトウキビ，②はコーヒー豆，③はジュート，④は茶。表7中のXのケニアは旧イギリス領であり，茶の生産が盛んな国である。
(3)　Cのカシミール地方では，王族がヒンドゥー教徒であるのに対し，住民がイスラム教徒であり，その帰属を巡ってアのパキスタンとイのインドが対立し，現在も国境は未画定である。　問2　(1)　日本は1.25億人で，イのインドは13.6億人，アのパキスタンは2.0億人，エのバングラデシュは1.6億人である。　(2)　イスラム教徒が多い国はアのパキスタン，エのバングラデシュ，オのモルディブ。ヒンドゥー教徒が多い国は，イのインド，ウのネパール。仏教徒が多い国はカのスリランカ。　問3　(1)　インド北部・中部はインド・ヨーロッパ系の言語が話され，南部はドラヴィダ系の言語が主に話されている。インドの連邦公用語のヒンディー語を話す人は4割を超えるにすぎず，少数民族の言語などを含めると数百から数千の言語があるとされている。そのうち22の指定言語が憲法で定められており，紙幣にもその一部が記載されている。　(2)　ヒンドゥー教徒やイスラム教徒が多くを占めるイのインドは，牛肉や豚肉が忌避食物であること，人口増加とGDPの増加に伴い鶏肉の需要が増加していることなどを結び付けて考える学習活動を展開すると，生徒の理解も深まるだろう。　(3)　インドでは，準公用語として英語が話せる人が多いこと，理数系に強い人材が豊富なこと，シリコンバレーの裏側に位置し24時間体制をとることができる等により，バンガロールなどでICT産業の発展が著しい。アメリカへの移民も増加しており，結びつきを更に強めている。

(4) ① 少子高齢化が進行し，人口減少が進む日本。 ③ 一人っ子政策の影響などにより，一貫して人口増加率が低い中国。 ④ 人口爆発が起き，急速な人口増加が見込まれるアフリカのナイジェリア。 ② インドの人口は2050年には16億6800万人となって中国の13億1700万人を大きく引き離すと見られている。 問4 バングラデシュでは低平なガンジスデルタが広がり，モンスーンやハリケーンによる多雨が頻発し，洪水を引き起こしている。

【6】問1 (1) ① (2) a フェーン b 気温が上がり，湿度が下がる。

(3)

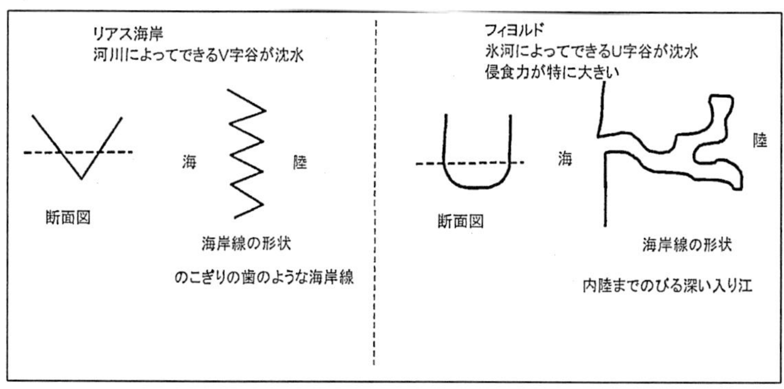

(4) ボルドー…ガロンヌ川 ハンブルク…エルベ川 問2 スペイン南部では，乾燥した地中海性気候のため，乏しい樹木に代わって石灰岩を使った住居がみられる。一方，ドイツ中部では適度の降雨のある西岸海洋性気候のため樹木があり，木材と石や土を組み合わせた木骨づくりの住居がみられる。 問3 ⑦ 問4 (1) シェンゲン協定 (2) F ① H ③ (3) アイスランド，スイス，ノルウェー，リヒテンシュタインから1か国 問5 ⑤ 問6 ④

問7　イギリス…⑤　　スペイン…②　　問8　③　　問9　①

〈解説〉問1　(1)　アはBが該当し，亜寒帯湿潤気候。亜寒帯は最寒月平均気温が−3℃未満，最暖月平均気温が10℃以上となるので，Xは0℃。イはDが該当し，地中海性気候。Dはヨーロッパ南部に位置し，年間を通じて気温も高い。ウはAが該当し，西岸海洋性気候。Aは高緯度に位置するものの，暖流の北大西洋海流の影響により，温帯となる。エはCが該当し，温暖湿潤気候。内陸部に位置し，気温の年較差も大きい。　(2)　a　フェーンは地中海方面からアルプス山脈を越えて北麓へ吹き降ろす風。　b　フェーンはアルプス山脈を越えると，高温で乾燥した風となる。　(3)「あ」のリアス海岸は，河川のつくるV字谷に海水が進入してできた地形で，入り組んだ鋸歯状の海岸線となる。一方,「い」のフィヨルドは氷河によって削られてできたU字谷に海水が進入してできた地形で，港湾も広いのが特徴である。いずれも模式図を書くと分かりやすい。　(4)　エスチュアリーは，河川の河口部が沈水してできたラッパ状の入り江である。ボルドーはガロンヌ川，ハンブルクはエルベ川の河口にそれぞれ発達した都市である。

問2　スペイン南部のアンダルシアは石灰岩の産地で，白く塗られた下はレンガ壁になっている。レンガは土でできており，湿度を調節してくれるので，多少気温が高くても気化熱が発生しやすく，涼しさを感じられる。ドイツ中部は西岸海洋性気候で降雨に恵まれ，住居の材料として主に木材が用いられる。　問3　カ　ポーランドは東方正教ではなく，カトリックが多数派を占める。　キ　フィンランドやエストニア，ラトビアはプロテスタントが多数派を占めるが，リトアニアはカトリックが多数派を占める。　問4　(1)　シェンゲン協定の締結により，人や物の移動の自由化を促進され，域内の国境管理が廃止された。　(2)　①　アイルランドは，EU，ユーロ圏であるが，シェンゲン協定は締結していない。　②　エストニアは，EU，ユーロ圏，シェンゲン協定のいずれも入っている。　③　デンマークは，EU，シェンゲン協定に入っているが，ユーロは導入していない。　④　ブルガリアは，EUに加盟しているものの，ユーロは導入しておらず，シェンゲン協定にも締結していない。 (3) EU未加盟国でシェンゲン協定に入っている国は，アイスランド，スイス，リヒテンシュタインである。 問5 タ ドイツなど寒冷な北ヨーロッパで栽培が盛んなライ麦。 チ イギリスなどで飼育が盛んな羊。 ツ フランスやハンガリーなどで栽培が盛んな小麦。 問6 ③ 園芸農業が盛んで野菜類の生産が盛んなオランダ。 ④ 地中海に面し，温暖な気候をいかして果実類の生産が盛んなイタリア。 ① 寒冷で農業生産には不向きで，自給率が低いイギリス。 問7 ① シロンスク炭田を有し，石炭の生産量が多いポーランド。 ③ 工業国で粗鋼や自動車の生産が多く，産業用ロボット稼働台数も多いドイツ。 ⑤ 北海油田を有し，原油の生産量が多いイギリス。 ② 粗鋼，自動車の生産が多く，産業用ロボット稼働台数も多いスペイン。 問8 一人当たりGNIが低いナとニは東ヨーロッパのスロバキア・ハンガリー，セルビア・ルーマニアのグループとなる。そのうち，近年工業化が進み，輸出依存度が高いナはスロバキア・ハンガリー。ニは残りのセルビア・ルーマニア。次に一人当たりGNIが高いヌとネは西ヨーロッパのイギリス・フランス，オランダ・ベルギーのグループとなる。ヌは国土面積も小さく，人口規模も小さいため一人当たりGNIが高く，輸出依存度も高いベルギー・オランダ。残りのネがイギリス・フランス。 問9 ① 乗用車，製材が上位にあることからスウェーデン。 ③ 医薬品や時計が上位にあることからスイス。 ④ 衣類やバッグ類が上位にあることからイタリア。

【7】問1 偏西風の影響により降水量が豊富であり，山地が多いため高低差を利用したダム建設に適しているから。 問2 地熱 問3 再生可能エネルギーは自然の力を利用するため，供給が不安定になりがちという課題がある。しかし，同じ再生可能エネルギーでも国ごとに得意とするエネルギー源は異なっているため，異なる方法で発電された電力を国を越えて売買することで欠点を補完し合い，供給の安定化をはかることができる。

〈解説〉問1　世界ではノルウェーのほか，カナダやブラジルなどの国でも水力発電が盛んに行われている。　問2　アイスランドはプレートの広がる境界に位置し，火山が多数あり，地熱発電が行われている。水力発電も盛んで，安価な電力を利用したアルミニウム工業も盛んに行われている。　問3　各国のエネルギー源は自然環境や政策により，大きく異なっている。余剰電力を互いに売買することができるのは，ヨーロッパが陸続きなどで国境を接しており，電力網が整備されている点も寄与している。

公　民　科

【1】問1　ア　　問2　ウ　　問3　イ　　問4　イ　　問5　モナド(単子)　　問6　(1)　南無阿弥陀仏(なむあみだぶつ)　　(2)　ただひたすらに坐禅に打ち込む只管打座を行い，坐禅がそのまま悟りの実践となる修証一等の考えを重視する。(50字)　　問7　エ　　問8　アイデンティティの確立　　問9　ア　　問10　現存在(ダーザイン)
問11　ウ

〈解説〉問1　高等学校学習指導要領の倫理の目標において，人間尊重の精神と生命に対する畏敬の念に基づいて，グローバル化する国際社会に主体的に生きる平和で民主的な国家及び社会の有為な形成者に必要な公民としての資質・能力を育成することが目指されている。
問2　アリストテレスは観想(テオリア)的生活を最高の幸福とした。ア　報酬を功績などに応じて比例的に配分するのは配分的正義。調整的正義は不正による利益を正す正義。　イ　プラトンに関する記述。エ　アリストテレスは友愛を重視した。　問3　①　ストア派のゼノンは「自然に従って生きる」ことを唱えた。対してエピクロス派は俗世から「隠れて生きよ」とした。　②　パトスとは情念のことで，情念に惑わされないアパティア(不動心)を求めた。対して，エピクロス派はアタラクシア(魂の平安)を求めた。　問4　アウグスティヌスは古代キリスト教最大の教父で，『神の国』などを著した。　ア　人が義とされるのは信仰によるのみとする信仰義認説を唱えた。　ウ　アクィナスは，古代ギリシャ哲学を採り入れて神学を体系化したスコラ哲学の代表的人物。また，哲学は神学と対等ではなく，その婢(侍女)とした。　エ　職業召命説はカルヴァン，三元徳はアウグスティヌスが唱えた。　問5　ライプニッツはデカルトらと並ぶ大陸合理論の思想家。世界は独立したモナド(単子)によって成り立っているとするモナドロジーや，世界の秩序は予め神によってモナド間に調和が生じるように定められているからとする予定調和説を唱えた。　問6　(1)　空也は民衆に口称念仏(称名念仏)を広め，市聖と呼ばれた。念仏には阿弥陀仏を心に思い描く観想念仏と「南無阿弥陀仏」と唱える口称念仏がある。なお，浄土教とは，阿弥陀仏にすがれば死後に極楽浄土への往生がかなうとする教えのことをいう。　(2)　道元はわが国における曹洞宗の開祖。禅宗には栄西の臨済宗などもあるが，臨済宗では公案と呼ばれる問題を説くために坐禅が行われるのに対し，曹洞宗では坐禅は何も考えずにひたすら行うことで，執着から解放された身心脱落の境地に至るべきとされている。　問7　孟子が性善説の立場から生まれながらの4つの感情(四端)を育むことで誰もが有徳な人間になるとしたのに対し，荀子は性悪説の立場から「人の性は悪なり，其の善なる者は偽(人為)なり」とし，礼による人間性の矯正を唱えた。これを礼治主義という。　問8　エリクソンは人生の各段階には達成すべき発達課題があるとするライフサイクル説を唱え，アイデンティティが拡散する危機にあって，それを確立することを青年期の発達課題とした。また，青年期をアイデンティティの確立のために社会的責任を猶予されたモラトリアムの期間とした。　問9　ピコ＝デラ＝ミランドラは『人間の尊厳について』にて，人間の尊厳を自由意志に求めた。イ　百科全書派の啓蒙思想家。　ウ　『君主論』で現実主義的な視点から政治を論じた。　エ　『自由意志論』を著し，自由意志を否定するルターと論争した。　問10　ドイツ語でdaとは「そこ」，seinは英語のbe動詞にあたる言葉。すなわち，哲学用語として現存在と訳されるが，ダーザイン(Dasein)とは「そこにいること」を意味し，ただの「ひと」ではなく，自己の有限性を自覚して生きようとする人間的実存を意味する。　問11　①　新渡戸稲造は『武士道』を英文で著し，武士道を世界に紹介した。夏目漱石は，『吾輩は猫である』などの作品で知られる小説家。　②　山鹿素行は平時における武士のあり方として，士道を唱えた。藤田東湖は後期水戸学の創始者で，尊皇攘夷思想を唱えた。

【2】問1　ウ　　問2　イ　　問3　道具的理性　　問4　エ　　問5　ア　問6　ウ　　問7　エ　　問8　(1)　断食(サウム)　　(2)　イ

問9　日本文化に対する理解や日本語能力が足りないことで，コミュニケーションに課題が生じる。今後はあらゆる文化が対等に共存し，新しい発想や価値の創造のため，地域社会で日本人住民と外国人住民が対等な立場で交流し，相互理解の醸成を図ることが必要である。(120字)

〈解説〉問1　社会に参画する自立した主体とは，地域社会などの様々な集団の一員として生き，他者との協働により当事者として国家・社会などの公共的な空間をつくる存在であることについて多面的・多角的に考察し，表現することとある。　問2　ベルンシュタインは第一次世界大戦前後に活動したドイツ社会民主党の政治家である。　ア　オーウェンに関する記述。フーリエはファランジュを構想した社会主義者。　ウ　民本主義は吉野作造の言葉。　エ　国粋主義ではなく，無政府主義を唱えるようになった。　問3　ホルクハイマーとアドルノは『啓蒙の弁証法』を著し，近代理性が自然や社会を搾取する道具に堕落していることを批判し，そうした道具的理性ではなく，対話やコミュニケーションを通じて相手との間に理解や合意を生み出す対話的理性を説いた。　問4　エ　ミルの師であるベンサムに関する記述である。ミルは良心の呵責である内的制裁を重視した。　ア　他者危害の原則を唱えた。　イ　量的功利主義を唱えたベンサムの説を修正した。　ウ　『女性の解放』を著した。　問5　a　恢復(回復)的民権は革命で勝ち取った民権のこと。 b 恩賜的民権は統治者が恩恵として与えた民権のこと。中江兆民は両者を区別しつつも，現実主義的な観点から，恩賜的民権を大切に育んで恢復的民権と同等のものにすべきとした。 問6 ① 職業人ではなく万能人，『最後の審判』ではなく『最後の晩餐』を描いた。『最後の審判』はミケランジェロの作品。 ② あらゆる文化の根底に「遊び」があるとしたのはホイジンガ。ホイジンガは人間をホモ＝ルーデンス(遊戯人)と定義した。アニマル＝シンボリクムとは象徴を操る動物の意味で，カッシーラーの言葉である。 ③ 柳宗悦は民芸運動の創始者。 問7 ① 西村茂樹ではなく，西周に関する記述。西村茂樹は国民道徳を唱えた思想家である。 ② 条理学を唱えたのは，三浦梅園。富永仲基は合理主義的立場から，儒学や仏教などを研究した。 問8 (1) サウムはイスラム暦のラマダーン(第9の月)に行われる。日中の断食であって，日が暮れれば食事をとる。なお，六信五行とは，ムスリムが信仰すべきアラー，天使，啓典，預言者，来世，予定と，実践すべき信仰告白，礼拝(サラート)，喜捨(ザカート)，断食(サウム)，巡礼(ハッジ)の総称である。 (2) センは，貧困問題の真の解決には，単に金銭を給付するのではなく，選択可能な生き方の幅であるケイパビリティ(潜在能力)を拡大する援助が必要とした。基礎教育の充実などを唱える生徒Qの意見が，センの思想に最も近い。 問9 労働力不足が深刻化する一方，少子化の劇的な改善は現実的に見込まれない状況にある。そうした中，新たな在留資格として「特定技能」が導入されるなど，外国人労働者の受け入れを進める動きが見られる。だが，外国人労働者の受け入れ拡大には，文化摩擦が生じるリスクが伴う。

【3】問1 キ 問2 (1) 朝鮮戦争 (2) 実質事項は，常任理事国の同意投票を含む9理事国の賛成投票が必要であるが，冷戦期の米ソ対立の激化により，拒否権が行使されまとまらなかったから。(70字) 問3 (1) ウ (2) 統治行為論 問4 ウ 問5 (1) ウ (2) ア，オ，カ (3) オ 問6 (1) ア，ウ (2) ねじれ国会

(3)　集団的自衛権

〈解説〉問1　政治・経済の内容の取扱いとして，平成21年3月告示版と平成30年3月告示版に共通して裁判員制度を扱うことが挙げられている。　問2　(1)　朝鮮戦争とは，朝鮮半島の支配をめぐり，韓国と北朝鮮の間で勃発した戦争。1953年に休戦協定が結ばれた。わが国に駐留していたアメリカ軍が朝鮮半島に出動することとなったことから，治安維持のために警察予備隊が創設された。　(2)　安全保障理事会は，5つの常任理事国と10の非常任理事国によって構成されている。手続事項では，9か国の賛成があれば決議が成立するが，実質事項では，常任理事国に拒否権があり，常任理事国の1か国が反対すれば決議は成立しない。　問3　(1)　旧日米安保条約には内乱条項があった。この内乱条項は，1960年に締結された現在の日米安保条約には存在しない。ア・イ　現在の安保条約にある条項。共同防衛義務の規定がないなど，旧条約は片務的な内容だった。　エ「思いやり予算」と呼ばれる，在日米軍の駐留費用の一部負担は，1978年に始まった。　(2)　高度に政治性を有する問題に対する司法判断は，三権分立や国民主権を脅かすことになるというのが，統治行為論の根拠とされている。砂川事件のほか，衆議院解散の憲法適合性が争われた苫米地事件でも，統治行為論に基づき最高裁は憲法判断を示さなかった。　問4　田中角栄が1972年に訪中し，日中共同声明に調印し，両国は国交を正常化した。ア　鳩山一郎内閣による1956年の出来事。　イ　佐藤栄作内閣による1965年の出来事。　エ　小泉純一郎内閣による2002年と2004年の出来事。　問5　(1)　1993年に日本新党党首の細川護熙を首班とする非自民8党派による連立内閣が成立したが，1994年の細川内閣の退陣後，この連立政権に参加していた日本社会党と新党さきがけが非自民8党派の枠組みから離脱して自民党と連立し，村山富市を首班とする連立内閣が発足した。　(2)　カンボジアは自衛隊が初めてPKO派遣された地で，南スーダンのPKOでは自衛隊に初めて駆けつけ警護の任務が与えられた。インドネシアから独立することとなった東ティモールのPKOにも参加している。　イ　イラクへは2003年のイラク戦争勃発義に，イラク復興支援特措法に基づき自衛隊が派遣された。 (3) a 国家安全保障会議は内閣に設置された機関で，内閣総理大臣が議長，一部の国務大臣が議員を務める。 b 武器輸出三原則に代わり，防衛装備移転三原則が策定された。 c それまで実質的に禁止されていた武器輸出が解禁された。 問6 (1) 第二次安倍内閣は2012年に成立し2014年に終了したが，選挙権年齢を18歳に引下げる公職選挙法の成立は第3次安倍内閣だった2015年，消費税率の10％引上げと軽減税率の導入は，第4次安倍内閣だった2019年の出来事である。その他の選択肢は第2次安倍内閣以前の出来事。総選挙が行われた後に首相が再任した場合，第○次内閣と表記される。安倍内閣は第四次まで続いたが，この問題では安倍元首相の再任以降を第二次安倍内閣と表記している。 (2) 参議院で否決された法案の成立は，衆議院で出席議員の3分の2以上による再可決が要件。衆議院で多数派の政党が与党となるが，ねじれ国会では与党が衆議院で再可決の要件を満たす勢力を保持していないと政府提出法案が成立せず，政治が膠着しやすくなる。 (3) 集団的自衛権とは，自国の同盟国が攻撃を受けた際，同盟国とともに反撃する権利のこと。かつて政府は集団的自衛権の行使を違憲としてきたが，2014年に政府見解を改め，翌年に安全保障関連法の制定により，集団的自衛権の限定的行使を解禁した。

【4】問1 ア 問2 (1) ア (2) 日本国民 問3 (1) ア，エ (2) ウ 問4 (1) アダムズ方式 (2) イ，エ (3) 選挙で民意を得たとは言い難いのは，A党の投票率と獲得議席数に大きな乖離があるためである。小選挙区制は1つの選挙区から1人選出するため，大政党に有利になりやすい特徴があり，比例代表制によって補っている。 (100字) 問5 (1) ウ (2) ウ

〈解説〉問1 公共的な空間における基本的原理として，幸福，正義，公正などに着目して，課題を追究したり解決したりする活動を通しての指導について言及がある。 問2 (1) ボーダンは『国家論』で国家主権を初めて理論化した思想家だが，王権神授説に基づく絶対君主制

の支持者でもあった。②の『君主論』はマキャヴェリが政治を現実主義的な観点から考察した著。bはロック，cはルソーの思想である。
(2)　憲法第1条は象徴天皇制と国民主権に関する規定。大日本帝国憲法の第一条では，「大日本帝国ハ万世一系ノ天皇之ヲ統治ス」と，天皇は主権者とされていたが，日本国憲法では天皇主権は否定され，国民主権は平和主義，基本的人権の尊重とともに，基本原理の一つとされている。　問3　(1)　ア　憲法第29条の2，3項の内容。　エ　朝日訴訟や堀木訴訟に関する記述である。　イ「国家による自由」ではなく，「国家からの自由」。「国家による自由」は社会権である。
ウ　在日外国人には国・地方のいずれにおいても公職者の選挙権は認められていない。　(2)　チャタレー事件とは，小説『チャタレイ夫人の恋人』の翻訳者らが，わいせつ物頒布罪違反で摘発された事件。最高裁は表現の自由の侵害を認めなかった。アとエはプライバシー権が争われた事件。イは死刑囚の再審が開始された事件である。
問4　(1)　アダムズ方式により，国政調査の結果に基づき，各都道府県の人口を調整された数値で割り，その答えの小数点以下を切り上げた数が各都道府県の小選挙区数となる。2022年の公職選挙法改正で，初めてこの方式を用いた各都道府県の小選挙区数の是正が行われた。
(2)　参院選の選挙区選挙では，原則として各都道府県が一つの選挙区となり，3年ごとに各選挙区から1～6名の議員を改選する仕組みとなっている。だが，「一票の格差」を解消するために，合区(合同選挙区)が導入された。　(3)　小選挙区制では各選挙区の定員は1名であるため，有効投票の過半数が死票(選挙結果に反映されない票)になることも珍しくない。これに対し，比例代表制は各政党に対し，得票数に応じて議席が配分される。衆院選には両方の制度で議員を選ぶ小選挙区比例代表並立制が採用されている。　問5　(1)　アメリカの議会には，大統領を不信任とする権限はない。　ア　議会が議決した法案への署名拒否権はある。　イ　一般教書，予算教書，経済教書を三大教書という。　エ　大統領は各州の有権者の投票で選ばれた選挙人によって選出される。　(2)　予算の作成や国会への提出は内閣のみが持つ権限。

ただし，国会には予算の議決権がある。　ア　条約の締結権は内閣にある。　イ　天皇が任命を行う。　エ　法律案の提出権は内閣と国会議員にある。

【5】問1　イ　　問2　(1)　労働委員会　　(2)　雇用者に占める非正規雇用の割合の増加を背景に，基本給や賞与などの待遇等における正規雇用者と非正規雇用者の不合理な差別の解消を目指している。(69字)
問3　社会保障法　　問4　ベバリッジ報告(ビバリッジ報告)
問5　ウ　　問6　(1)　イ　　(2)　イ　　(3)　エ　　問7　保健所
問8　(1)　ア　　(2)　イ

〈解説〉問1　現代日本における政治・経済の諸課題の探究として，他者と協働することを，社会保障の充実・安定化などの課題の解決に絡めて取り上げることが言及されている。　問2　(1)　労働委員会として，都道府県労働委員会と中央労働委員会が設置されている。労働委員会は，行政委員会と呼ばれる合議制の行政機関の一つであり，公益委員，労働者を代表する労働委員，使用者を代表する使用者委員によって構成される。　(2)「短時間労働者及び有期雇用労働者の雇用管理の改善等に関する法律」は通称でパートタイム労働法と呼ばれている法律である。また，近年の働き方改革関連法の制定により，正規雇用と非正規雇用の間の不当な賃金格差を解消するために，同一労働同一賃金の原則が導入されるに至っている。　問3　社会保障法は，ローズヴェルト政権によるニューディール政策の一環として制定された法律。法律の名称に「社会保障」という言葉が初めて用いられた法律である。年金保険や失業保険，公的扶助，社会福祉サービスが創設された。問4　ベバリッジ報告とは，第二次世界大戦中に作成された，経済学者のベヴァリッジを委員長とする委員会による報告書『社会保険と関連サービス』の通称。「ゆりかごから墓場まで」の生活保障を目指す，戦後のイギリスの福祉国家の歩みの土台となった。　問5　雇用保険などとは異なり，労災保険の保険料負担は労働者には発生しない。ア　国民健康保険は自営業者らの医療保険。医療保険には会社員を対象とした健康保険などもある。　イ　事業主ではなく失業した労働者。　エ　60歳ではなく40歳。　問6　(1)　賦課方式は世代間扶助を社会全体の制度とする方式といえる。少子高齢化に伴う財源不足などの難点がある。対して積立方式は老後の備えを社会全体の制度とする方式といえる。インフレが進行すると，年金の支給額が減る難点がある。　(2)　a　年金の支給額が同額でも，インフレが進行すれば実質的な年金額は下がる。　b　賦課方式はインフレの進行には強いが，少子高齢化には弱いため，現在はマクロ経済スライドにより物価上昇に伴う年金支給額の上昇が抑制されている。　(3)　a　年金積立金は株式投資などによって運用されているが，運用益による収入は現在，小さな割合にとどまっている。　b　保険料収入が該当する。　c　公的年金の財源には国庫もある。国民年金は，半分が国庫負担となっている。　問7　保健所は，都道府県，政令指定都市，中核市，保健所政令市，東京都特別区に設置されている機関であり，公衆衛生のために衛生思想の普及・向上，栄養の改善，衛生の指導，疾病の予防などのための活動を実施している。　問8　(1)　a　所得税の税収は近年，消費税の税収を下回るようになっている。　b　法人税の税率は段階的に引き下げられてきた。　c　消費税は1997年，2014年，2019年に税率が改定されており，これらの時期に税収が大きくなっている。また，税収が安定的である。　(2)　固定資産税は住宅などの所有者に課される市町村税。直接税とは税を納付する人と負担する人が同じ税であり，固定資産税もその一つである。　ア　逆進性ではなく累進税。　ウ　垂直的公平性ではなく水平的公平性。　エ　自動車税は自動車の所有者に課される道府県税。

【6】問1　ウ　　問2　エ　　問3　エ　　問4　ウ，エ　　問5　イ　　問6　ア　　問7　(1)　物価　　(2)　マイナス金利(政策)(マイナス金利付き量的・質的緩和政策)　　問8　(1)　ア　　(2)　アメリカがインフレ抑制のために政策金利を引き上げ，日米の金利差が拡大したことにより円売りドル買いが起き，対米ドル相場で急激に円安が進んだ。そ

の結果，輸入品の価格が上がり，貿易収支の赤字が増大した。(98字)

〈解説〉問1　公共の内容として，公正かつ自由な経済活動を行うことを通して資源の効率的な配分が図られること，市場経済システムを機能させたり国民福祉の向上に寄与したりする役割を政府が担っていること及びより活発な経済活動と個人の尊重を共に成り立たせることが必要であることについて理解することが言及されている。

問2　①　輸入をすれば対価として貨幣が流出するので，日本の貿易収支のマイナスとして計上される。対して，輸出は貿易収支のプラスとして計上される。　②　第一次所得収支には，投資や労働力の提供に対する報酬が計上される。　問3　A　わが国のODAは対アジア諸国の割合が高く，贈与比率が低い特徴がある。　B　アメリカのODAは贈与比率が高い。　C　ドイツのODAは地理的な偏りが比較的小さく，技術協力の割合が高い。　問4　GDPには新たに生産され，市場で取引された財・サービスが計上される。　ア　新たに生産された財でないものは含まれない。　イ　無料のものは含まれない。　オ　一般家庭が自家消費のために栽培した野菜なども，市場で取引された財ではないので含まれない。　問5　a　ジニ係数は所得格差が全くない状態では0で，所得格差が拡大するほど1に近づく。　b　所得税の累進課税や生活保護などの社会保障給付によって所得再分配が行われれば，所得格差は縮小するので，所得再分配の前よりもジニ係数は低下する。

問6　自己資本比率とは，総資本(自己資本+他人資本)に占める自己資本の割合のこと。金融機関の経営の健全化には自己資本比率の引上げが求められる。1990年代には銀行業務の国際統一基準であるバーゼル合意に則り，自己資本比率の引上げが目指されていた。

問7　(1)　通貨価値が低下すれば物価は上昇し，通貨価値が上昇すれば物価は低下する。ゆえに，物価上昇を抑制するためには金融引き締め政策で通貨の流通を減らし，物価上昇を目指すには金融緩和政策で通貨の流通を増やそうとする。　(2)　マイナス金利政策とは，市中銀行は日本銀行に持つ当座預金の一部に適用される金利をマイナスとする政策。金利がマイナスだと資金は減っていくので，市中銀行の一般企業などへの融資が活性化するというわけである。量的・質的金融政策では消費者物価の2%上昇が目標とされたが，この目標が達成できなかったため，導入された。　問8　(1)　a　訪日外国人数による国内での消費はサービス収支のプラス，出国日本人による海外での消費はサービス収支のマイナスに計上される。　b　円安になると，訪日外国人にとって自国通貨換算による日本滞在費用が安くなる。　(2)　日本よりもアメリカのほうが金利が高ければ，ドルで資産を運用するために円を売りドルを買う動きが高まる。金利差の拡大は，それを促進する。また，円安は日本の輸出産業には有利だが，輸入品の円換算での価格を上昇させる。

2023年度　実施問題

中学社会

【1】「世界の諸地域　アフリカ」の学習について，次の問いに答えなさい。

(1)　資料Ⅰのaの地域で広く見られる気候の特色を以下のア～エから選び，記号で書きなさい。

資料Ⅰ　アフリカ州の地図

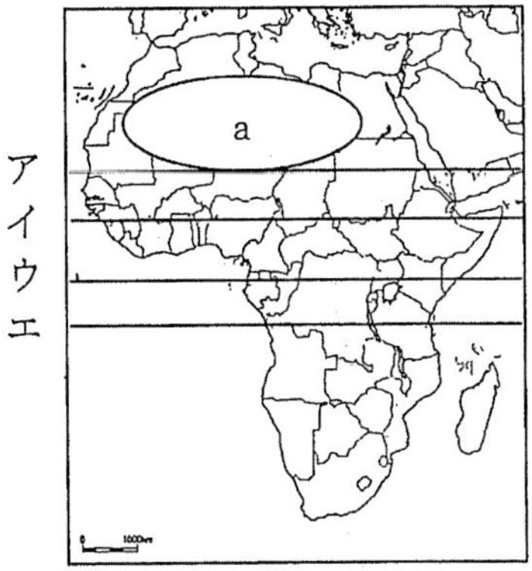

(帝国書院ホームページより作成)

ア　温暖で，小麦の栽培がさかん。

イ　雨が少なく，砂漠が広がっている。

ウ　雨季と乾季がみられ，サバナと呼ばれる草原が広がる。

エ　1年を通して雨が多く，気温が高い。

(2)　資料Ⅰのア～エのうち，赤道はどれか，記号で書きなさい。

(3)　アフリカ州では，電子機器に多く使われ，希少価値の高い鉱産資源が産出される地域がある。このような鉱産資源を何というか，書きなさい。

(4)　資料Ⅱのような輸出品の特徴を持つ国の経済を何というか，書きなさい。

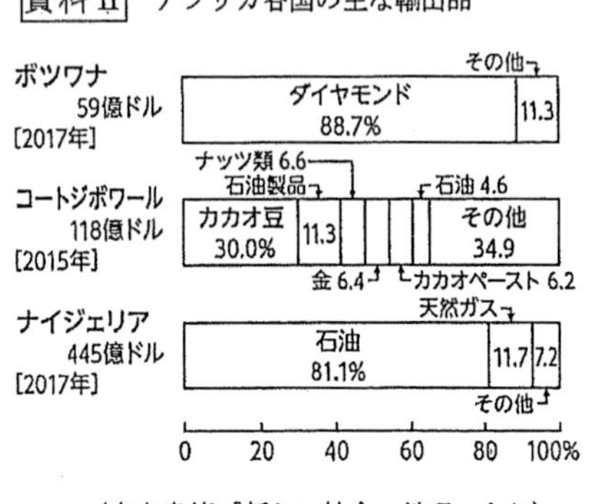

(5)　(4)の経済の問題点を，次の二つの語句を用いて簡潔に説明しなさい。

＜生産量　収入＞

(6)　南アフリカ共和国は，アフリカ州の中で経済成長している国である。資料Ⅲを説明した次の文章のうち，(　b　)に当てはまる語句を書きなさい。また，(　c　)に当てはまる金額をあとのア～エから選び，記号で書きなさい。

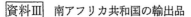

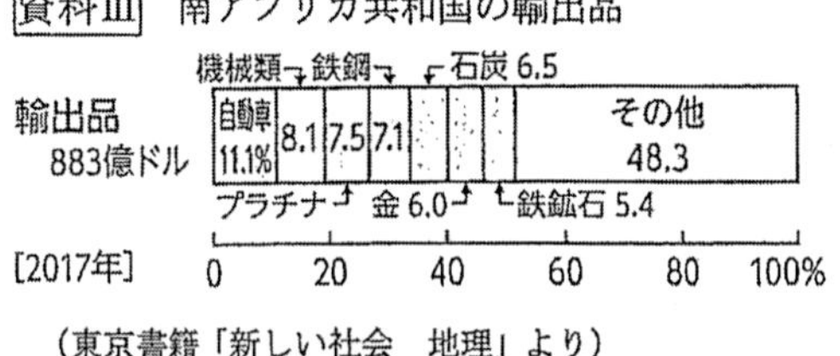

> 南アフリカ共和国の輸出品のうち，(　b　)，機械類，鉄鋼などの工業製品の輸出額は，約(　c　)となり，資料Ⅱの国々と比べて高い。

ア　140億ドル　　イ　170億ドル　　ウ　230億ドル
エ　300億ドル

(7)　アフリカ州では，民族間の争いが見られる国がある。その理由を次の二つの語句を用いて，簡潔に説明しなさい。
＜植民地　国境＞

(8)　次の文章は，「中学校学習指導要領解説　社会編(平成29年7月)地理的分野」の目標の一部である。(d), (e)に当てはまる語句を以下のア～オから選び，記号で書きなさい。

地理に関わる事象の意味や意義，特色や相互の関連を，(d)，場所，人間と自然環境との相互依存関係，(e)，地域などに着目して，多面的・多角的に考察したり，地理的な課題の解決に向けて公正に選択・判断したりする力，思考・判断したことを説明したり，それらを基に議論したりする力を養う。

ア　時期や年代　　イ　空間的相互依存作用
ウ　位置や分布　　エ　政治，法，経済などに関わる多様な視点
オ　相互の関連や現在とのつながり

(☆☆☆◎◎◎)

【2】「日本の地域的特色と地域区分」の学習について，次の問いに答えなさい。

(1)　資料Ⅳは，「中学校学習指導要領解説　社会編(平成29年7月)地理的分野」における，本単元で取り上げる項目を示している。aに当てはまる語句を書きなさい。

資料Ⅳ 取り上げる項目

①　自然環境 ②　人口 ③　資源・エネルギーと産業 ④　(a)

(2)　資料Ⅴについて，以下の問いに答えなさい。

資料Ⅴ　日本の気候区分

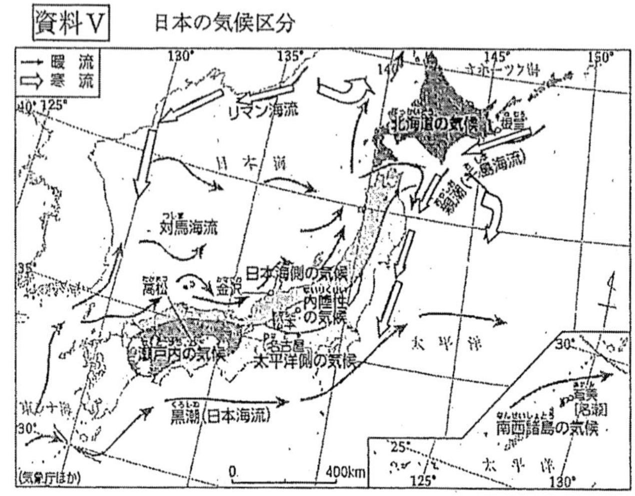

（日本地図：教育出版「中学社会　地理」より）

①　東日本の太平洋沖が豊かな漁場になっている理由を，資料Ⅴを基にして簡潔に説明しなさい。

②　次の雨温図は，資料Ⅴの金沢，松本，名古屋のいずれかを示している。金沢に適する雨温図をア～ウから選び，記号で書きなさい。また，そのように考えた理由を簡潔に説明しなさい。

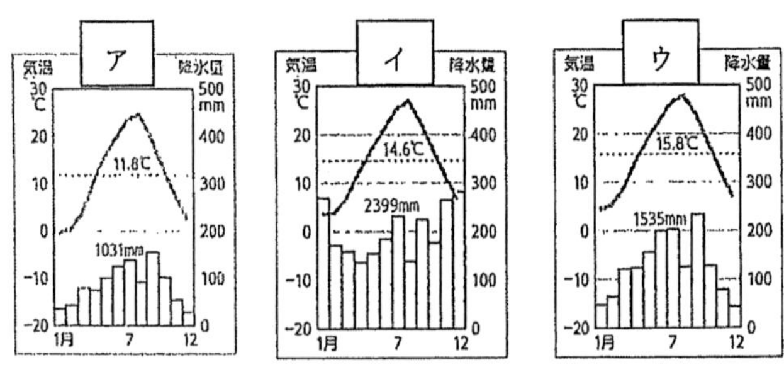

（雨温図：東京書籍「新しい社会　地理」より）

(3)　「日本の人口分布には，偏りがあることを理解する。」という目標の授業を展開する場合に適切な資料を，次のア～エから選び，記号で書きなさい。

ア　都道府県別の人口増減率の主題図

イ　日本の人口ピラミッドの変化

ウ　日本の総人口の推移を示したグラフ

エ　都道府県別の人口密度を示した主題図

(4)　資料Ⅵについて，以下の問いに答えなさい。

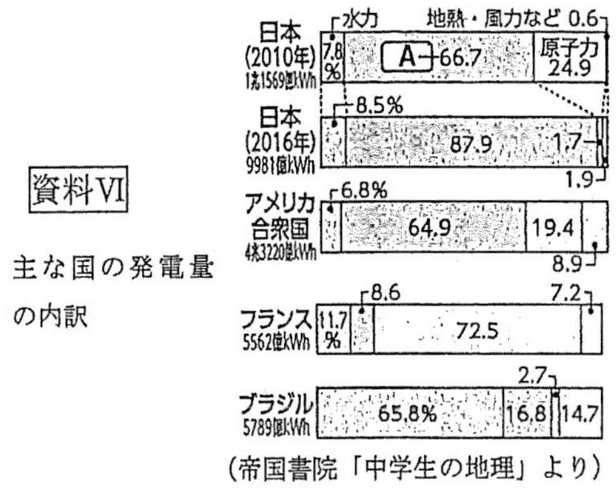

（帝国書院「中学生の地理」より）

①　Aに当てはまる発電方法を書きなさい。

②　2010年から2016年の間に，日本の原子力発電の割合が減少した理由を簡潔に説明しなさい。

(5)　資料Ⅶは，北海道，新潟県，茨城県，愛媛県の農業算出額をまとめた表である。次のア～ウに当てはまる道県名を書きなさい。

資料Ⅶ　道府県別農業産出額（令和２年農林水産統計より作成）

	億円	割合（%）			
		米	野菜	果実	畜産
ア	12,667	9.5	16.9	0.5	57.9
イ	1,226	12.2	16.1	43.4	21.0
ウ	2,526	59.5	12.7	3.6	19.2
エ	4,411	17.1	37.2	2.2	28.8

(6)　資料Ⅷについて，以下の問いに答えなさい。

資料Ⅷ　日本の主な工業地帯・地域

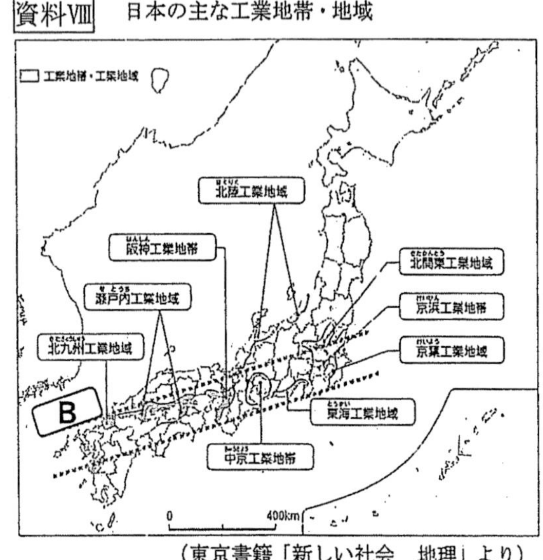

（東京書籍「新しい社会　地理」より）

①　点線で挟まれたBは，工業が発達している帯状の地域である。その名前を何というか，書きなさい。

②　2016年の工業出荷額が最大の工業地帯の地域を資料Ⅷから選び，書きなさい。

(7)　日本企業の海外工場や外国企業からの工業製品の輸入の増加によって，国内生産が衰退する現象を何というか，書きなさい。

(☆☆☆◎◎◎)

【3】「古代までの日本」の学習について，以下の問いに答えなさい。

資料Ⅰ　年表

年	主な出来事
589	隋、中国を統一
593	聖徳太子が推古天皇の（ a ）となる
598	隋と高句麗対立
600	倭、隋に使節を送る
603	冠位十二階を制定
604	（ b ）を制定
607	倭、再び隋に使節を送る 法隆寺を建立

(1)　資料Ⅰの（　a　），（　b　）に当てはまる語句を書きなさい。

(2)　聖徳太子が冠位十二階を制定した目的を，簡潔に説明しなさい。

(3)　資料Ⅰの下線部の目的を，簡潔に説明しなさい。

(4)　次の文章は，聖徳太子の死後の国内の政治についてまとめたものである。以下の問いに答えなさい。

> 朝廷では蘇我氏が勢力を強め，政治を独占していた。645年，中大兄皇子と中臣鎌足らが，蘇我氏を倒して大化の改新と呼ばれる政治改革を始めた。その後，中大兄皇子は即位して（　c　）天皇となり，税や兵を集めるために，初めて全国の（　d　）をつくり，天皇中心の国づくりを進めた。（　c　）天皇の死後，弟の大海人皇子と息子の大友皇子が皇位をめぐって争い，（　e　）の乱が起きた。

①　（　c　）～（　e　）に当てはまる語句を書きなさい。

②　大化の改新で行われたことのうち，誤っているものを次のア～エから選び，記号で書きなさい。

ア　土地や人民はすべて国が直接支配した。

イ　大和地方の豪族を中心に政治的連合がつくられた。

ウ　都を飛鳥から難波へ移した。

エ　朝廷や地方の組織を改め，権力を天皇家に集中させようとした。

(5)　奈良時代の生活や文化についての生徒の会話を読み，あとの問いに答えなさい。

資料Ⅱ　人々の主な負担

種類	内　容
租	稲（収穫の約３％）
調	地方の特産物
庸	布（労役の代わり）
雑徭	年60日以内の労役
兵役	衛士、防人

（教育出版「中学社会歴史 未来をひらく」より）

資料Ⅲ　螺鈿紫檀五絃琵琶

（教育出版「中学社会歴史 未来をひらく」より）

A：701年に大宝律令がつくられ，新しい国家のしくみが定まったみたいだね。
B：この時代の税の種類は，資料Ⅱのようになっているけれど，人々の生活はどのような様子だったのだろう。
A：班田収授法によって6歳以上の男女に$_f$土地が与えられ，その土地の面積に応じて税がかけられていたよ。
C：私は，この時代の文化を調べたけれど，資料Ⅲのように，ラクダやヤシが描かれていて，西方の国々の影響を受けたものもたくさんあるらしいよ。
B：これは，シルクロードを通って，唐にもたらされ，それをg遣唐使が持ち帰ったものだね。

①　下線部fの土地のことを何というか書きなさい。

② 資料Ⅱの税のうち，都まで人々の手で運ばなければならなかったものはどれか，次のア～オからすべて選び，記号で書きなさい。

ア 租　イ 調　ウ 庸　エ 雑徭　オ 兵役

③ 894年に下線部gを停止した人物は誰か書きなさい。

(6) 資料Ⅳは藤原氏の血縁関係を示したものである。藤原道長がどのようにして実権を握ったか次の二つの語句を用いて簡潔に説明しなさい。　<娘　子供>

資料Ⅳ　皇室と藤原氏の系図

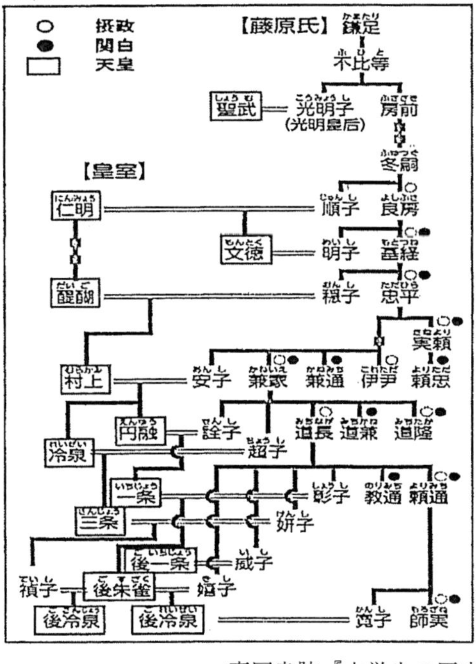

(帝国書院『中学生の歴史』より作成)

(☆☆☆◎◎◎)

【4】「議会政治の始まりと国際社会との関わり」の学習について，次の問いに答えなさい。

(1)　次の文章は，「中学校学習指導要領解説　社会編(平成29年7月)」における本学習の内容に関する記述である。(　a　)，(　b　)に当てはまる語句を以下のア～カから選び，記号で書きなさい。

自由民権運動，大日本帝国憲法の制定，日清・日露戦争，条約改正などを基に，(　a　)の国家が成立して(　b　)が始まるとともに，我が国の国際的な地位が向上したことを理解すること。

ア　議会政治　　イ　民主制　　ウ　民主政治　　エ　資本主義
オ　立憲制　　カ　軍国主義

(2)　資料Ⅴは，議会政治の始まりを示した年表である。以下の問いに答えなさい。

資料Ⅴ　年表

年	主な出来事
1874	民撰議院設立の建白書が出される　…A
1881	国会開設の勅諭が出される　…B
	自由党が結成される
1882	立憲改進党が結成される
1884	秩父事件などが起こる
1885	内閣制度ができる　…C
1889	大日本帝国憲法が発布される
1890	第１回衆議院議員選挙が開かれる　…D

①　Aの出来事に最も関係のある人物を次のア～エから選び，記号で書きなさい。

ア　大隈重信　　イ　西郷隆盛
ウ　岩倉具視　　エ　板垣退助

②　AとBの間の時期に起こった出来事を次のア～エから選び，記号で書きなさい。

ア　教育勅語が発布された。
イ　岩倉使節団が欧米に派遣された。
ウ　西南戦争が起こった。

エ　日清修好条規を結んだ。

③　Cにより，初代の内閣総理大臣に就任した人物は誰か，書きなさい。

④　Dの時に選挙権を与えられたのはどのような人か，書きなさい。

(3)　以下の文章は，資料Ⅵについてまとめたものである。(　c　)～(　e　)に当てはまる語句を書きなさい。ただし，(　d　)には国名を書きなさい。

資料Ⅵ　(　c　)号事件

(東京書籍「新しい社会歴史」より)

資料Ⅵは，(　c　)号事件である。この事件で日本人の乗客を救助しなかった(　d　)人船長を日本側で裁くことができなかった。そのため，不平等条約の改正を求める世論が高まっていき，日清戦争が始まる直前に，外務大臣の(　e　)が領事裁判権の撤廃に成功した。

(4)　日清戦争の講和条約について次の問いに答えなさい。

①　講和条約が結ばれたのはどこか，現在の都道府県名で書きなさい。

②　日本が獲得した領土に当てはまらないものを，次のア～エから選び，記号で書きなさい。

ア　山東半島　　イ　台湾　　ウ　遼東半島　　エ　澎湖諸島

③　講和条約で得た賠償金は，どのように使われたか，資料Ⅶを参考に書きなさい。

資料Ⅶ　日清戦争による賠償金の使い道

総額約3億6000万円

海軍拡張費	陸軍拡張費	その他の軍事費	皇室費用	台湾経営費	その他
38.6%	15.7	30.2	5.5	3.3	6.7

（帝国書院「中学生の歴史」より）

(5)　日露戦争後に日比谷焼き打ち事件が起こった理由について，資料Ⅶ～Ⅸを参考に，次の二つの語句を用いて簡潔に説明しなさい。

＜犠牲や負担　　賠償金＞

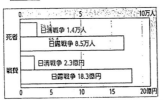

資料Ⅷ　日清・日露戦争の比較

死者	日清戦争	1.4万人
死者	日露戦争	8.5万人
戦費	日清戦争	2.3億円
戦費	日露戦争	18.3億円

資料Ⅸ　国民の負担の変化

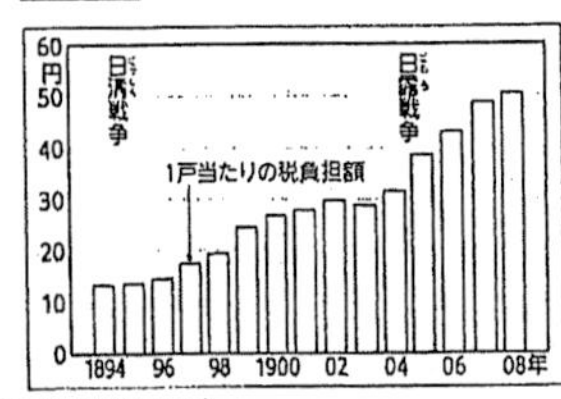

（東京書籍「新しい社会歴史」より）

（☆☆☆◎◎◎）

【5】「私たちが生きる現代社会と文化の特色」の学習について，次の問いに答えなさい。

(1)　次の文章は，「中学校学習指導要領解説　社会編(平成29年7月)」における本学習の「内容の取扱い」に関する記述の一部である。(　a　)，(　b　)に当てはまる語句を以下のア～カから選び，記号で書きなさい。

> 「情報化」については，(　a　)の急速な進化などによる産業や社会の構造的な変化などと関連付けたり，災害時における防災情報の発信・活用などの具体的事例を取り上げたりすること。(略)「現代社会における文化の意義や影響」については，科学，芸術，宗教などを取り上げ，(　b　)との関わりなどについて学習できるように工夫すること。

ア　技術革新　　　　　イ　社会生活　　ウ　異文化
エ　情報通信技術(ICT)　オ　歴史　　　　カ　人工知能

(2)　情報化の課題の一つに，デジタル・デバイドが挙げられる。デジタル・デバイドとはどのような課題か，簡潔に書きなさい。

(3)　2007年，日本は超高齢社会となった。超高齢社会とは，総人口に占める65歳以上の人の割合(高齢化率)が何％を超えた社会のことか。次のア～エから選び，記号で書きなさい。

ア　7％　　イ　14％　　ウ　21％　　エ　28％

(4)　社会の変化とともに，育児を家族だけで担うことが難しくなっていると言われるのはなぜか，資料ⅠとⅡを基に，簡潔に書きなさい。

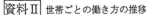

資料Ⅰ　家族類型別世帯数の推移

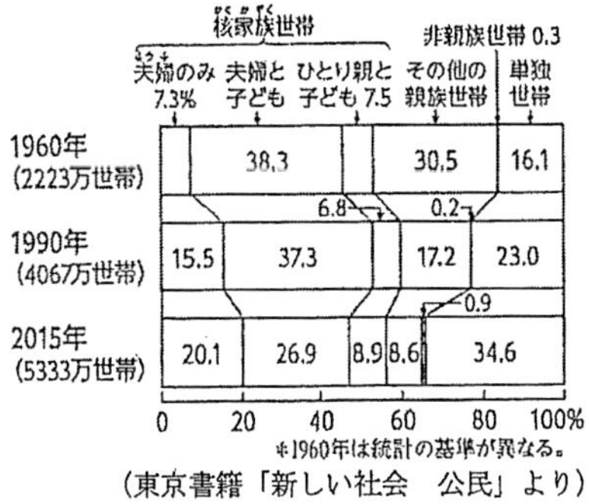

（東京書籍「新しい社会　公民」より）

資料Ⅱ　世帯ごとの働き方の推移

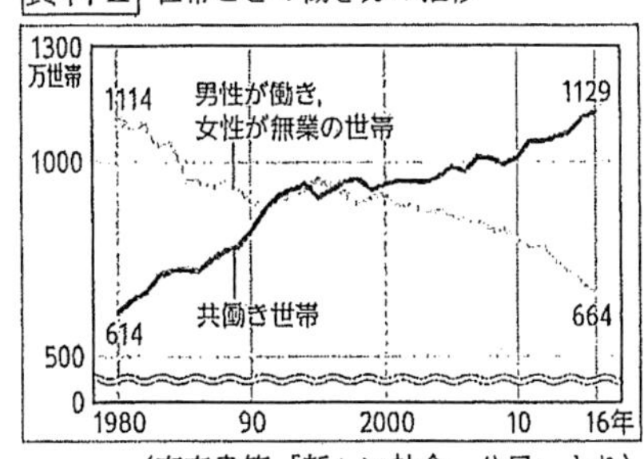

（東京書籍「新しい社会　公民」より）

(5)　2020東京オリンピック・パラリンピックに向けて，不特定多数の人々が利用する公共交通機関や公共施設，観光施設等において，文字・言語によらず対象物，概念または状態に関する情報を提供する図形が変更された。この図形を何というか，書きなさい。

(6)　グローバル化を取り上げた授業で，資料Ⅲと資料Ⅳを提示した。二つの資料から読み取れる内容として誤っているものをあとのア～エから選び，記号で書きなさい。

資料Ⅲ　日本で暮らす外国人の数の推移

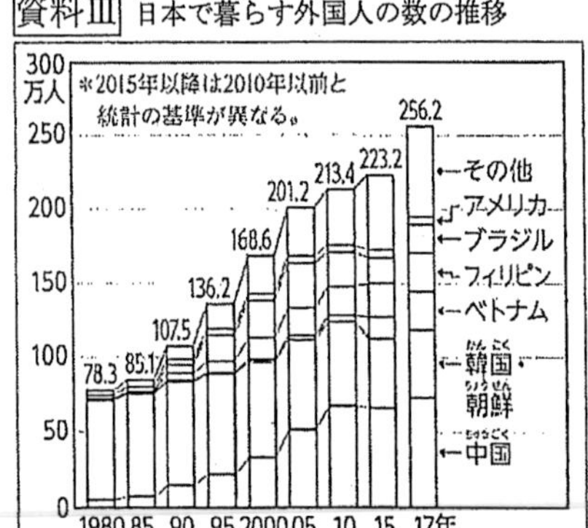

（東京書籍「新しい社会　公民」より）

資料Ⅳ　海外で暮らす日本人の数の推移

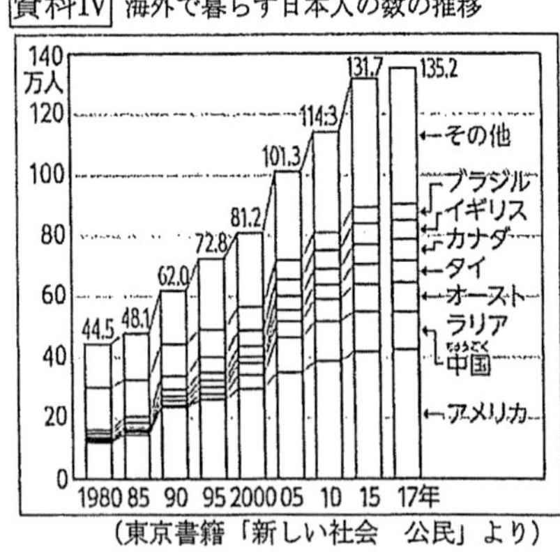

（東京書籍「新しい社会　公民」より）

ア　日本で暮らす外国人の国籍・地域として最も多いのはアジア州である。

イ　1980年から2017年までの増加率は，海外で暮らす日本人の数より日本で暮らす外国人の数の方が大きい。

ウ　全体に占めるブラジルで暮らす日本人の数の割合は，増加傾向にある。

エ　2017年は，海外で暮らす日本人の数より日本で暮らす外国人の数の方が多い。

(7)　日本人の価値観の一つを表すある言葉が，ノーベル平和賞を受賞したワンガリ・マータイさんによって世界に紹介され，環境保護の視点から高く評価された。ある言葉とは何か，書きなさい。

(☆☆☆◎◎◎)

【6】「国民の生活と政府の役割」の学習について，次の問いに答えなさい。

(1)　次の文章は，「中学校学習指導要領解説　社会編(平成29年7月)」における本学習の内容に関する記述の一部である。(　a　)に当てはまる語句を以下のア～エから選び，記号で書きなさい。

> (　a　)の働きに委ねることが難しい諸問題に関して，国や地方公共団体が果たす役割について多面的・多角的に考察，構想し，表現すること。

ア　市場　　イ　企業　　ウ　個人　　エ　住民

(2)　次のア～オのうち，間接税を全て選び，記号で書きなさい。

ア　自動車税　　イ　揮発油税　　ウ　たばこ税

エ　酒税　　　　オ　固定資産税

(3)　2019年10月，政府は消費税率を10%に引き上げた。その際，飲食料品や新聞等にかかる消費税率を8%とする制度を導入した。この制度を何というか，書きなさい。

(4)　所得税には，累進課税制度が適用されている。この制度のねらいを簡潔に書きなさい。

(5)　資料Ⅴは，ある企業に勤務するAさん(20歳代)の給与から控除される金額の内訳である。以下の問いに答えなさい。

資料Ⅴ　Aさん（20歳代）の給与明細書の一部

控除項目	金額（円）
健康保険	9,265
厚生年金保険	18,935
雇用保険	1,283
介護保険	0
所得税	5,700
住民税	9,900

（東京都主税局ＨＰより作成）

①　Aさんの給与から控除される社会保険料の合計はいくらか，書きなさい。

②　Aさんの給与から介護保険料が控除されていないのはなぜか，簡潔に書きなさい。

(6)　資料Ⅵのア～ウのグラフは，「母子世帯」「障害・傷病者世帯」「高齢者世帯」のいずれかを表している。「高齢者世帯」を表しているグラフはどれか，記号で書きなさい。

資料Ⅵ　生活保護受給世帯の推移

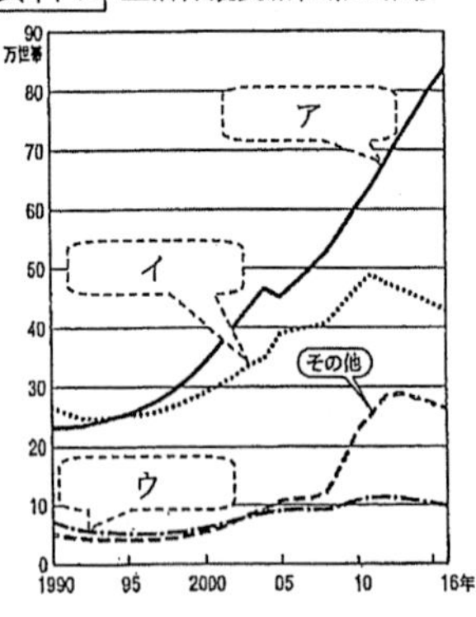

（日本文教出版「中学社会　公民的分野」より作成）

(7) 所得を正確に把握して給付と負担の公平性を図ることや，行政手続きを簡素化して人々の利便性を高めることなどを目的として，2016年よりある制度が導入された。この制度は何か，書きなさい。

(8) 次の文章は，少子高齢化が日本の財政に及ぼす影響について話し合ったあるグループの会話の一部である。(b)に当てはまる資料を以下のア～エから選び，記号で書きなさい。

B：少子高齢化は，社会保障制度に大きな影響を与えているね。 C：高齢化が進み，国の年金の支払額が増えている中で，少子化のため保険料を負担する現役世代の人口は減っているよ。 D：(b)を見ると，社会保険は税金からも負担されているね。 E：現役世代の負担を大きくしすぎないようにしているのだね。

ア 日本の人口と人口構成の変化を示したグラフ
イ 社会保障給付費の推移を示したグラフ
ウ 社会保障給付費の財源の内訳を示したグラフ
エ 65歳以上の高齢者世帯の所得の内訳を示したグラフ

(9) ある国際機関では，「より良い政策，より良い暮らし」を各国が実現できるよう支援する活動の一環として，「健康・医療」「人々のつながり」「雇用」などの11項目を基に算出される「より良い暮らし指標」を作成し，資料Ⅶを示した。ある国際機関とは何か，書きなさい。

資料Ⅶ 「より良い暮らし指標」の考え方

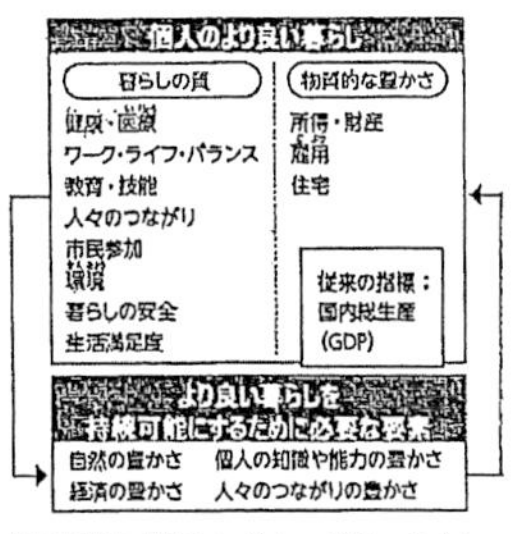

(東京書籍「新しい社会　公民」より)

(☆☆☆◎◎◎)

地理歴史(歴史)

【歴史共通問題】

【1】次の文は，『高等学校学習指導要領(平成30年告示)解説　地理歴史編』の「第2章　第3節　歴史総合　3　指導計画の作成と指導上の配慮事項」の一部である。空欄【　1　】～【　5　】に適する語句を答えなさい。なお，同じ数字の箇所には同じ語句が入る。

(1)　中学校社会科との関連と指導内容の構成について(内容の取扱いの(1)のア)

> ア　この科目では，中学校までの学習との連続性に留意して諸事象を取り上げることにより，【　1　】が興味・関心をもって近現代の歴史を学習できるよう指導を工夫すること。その際，近現代の歴史の変化を大観して理解し，考察，表現できるようにすることに指導の重点を置き，個別の事象のみの理解にとどまることのないよう留意すること。

ここでは，「歴史総合」の目標を達成するために中学校までの学習との連続性に留意して，これまでの学習で身に付けた知識及び技能，思考力，判断力，表現力等を十分に活用し，【　1　】が興味・関心をもって学習が展開するよう，指導を工夫することの重要性を指摘している。

【　1　】は「歴史総合」の学習に至るまで，小学校社会科において，我が国の歴史の主な事象を人物の働きや代表的な文化遺産を中心に，中学校社会科歴史的分野において，我が国の歴史の大きな流れを世界の歴史を背景に学習を重ねている。「歴史総合」では，これらの学習の成果を踏まえ，具体的な歴史に関わる事象に豊かに触れることができるようにするとともに，事象の結び付きや広がり，関係性などを重視して扱い，【　1　】が現代の社会や自身との関わりなどから，興味・関心をもって学習に臨むことができるように指導を工夫することが大切である。

また，近現代の歴史の変化を捉えるこの科目では，空間軸と【 2 】軸の二つから，歴史に関わる事象を大きく捉えることが重要である。そのためには，平素の学習において，個別の事象のみの理解にとどまるような学習ではなく，ひとまとまりの内容の焦点となり，歴史の展開を大観する上で柱となるような事柄に着目して学習内容を構成する必要がある。

「歴史総合」においては，目標に示された「【 3 】などを活用して多面的・多角的に考察したり，歴史に見られる【 4 】を把握して解決を視野に入れて構想したりする力，考察，構想したことを効果的に説明したり，それらを基に議論したりする力を養う」観点から，一層明確に学習内容の構成に留意する必要がある。

それぞれの学習内容は，【 4 】を追究したり解決したりする活動など【 1 】による主体的な学習活動によってより深く理解され，活用できる確かな知識に高められるものである。そうしてこそ，学習した内容が実社会・実生活の場面で生かすことのできる本当の意味の基礎・基本として身に付くのである。

また，中学校社会科の学習で身に付けた「知識及び技能」，「思考力，判断力，表現力等」を十分に活用し，そこで獲得した歴史の学び方を活用し，大項目B，C及びDにおける(1)では「歴史の大きな変化に伴う生活や社会の変容について考察し，【 5 】を表現する」学習が，大項目B，C及びDにおける各中項目(4)では「現代的な諸【 4 】の形成に関わる」歴史を理解する学習や「現代的な諸【 4 】を理解する」学習などが設定されている。これらいずれの大項目においても(1)から(4)までの中項目の関係から，内容のまとまりとしての大項目の構成を理解し，学習内容の構成を工夫することが重要である。

(☆☆☆◎◎◎)

【2】次の問いに答えなさい。なお，解答は全て選択肢ア～エ(問1，問2，問4，問5はア～カ)から選び，記号で答えなさい。

問1　次の宗教に関する資料A～Cについて，それぞれの資料に関連する宗教が成立した年代の古い順に並べたものとして正しいものを1つ選びなさい。

A	あなたはわたしのほかに，なにものをも神としてはならない。 あなたは自分のために刻んだ像を造ってはならない。 …(略)… 安息日を覚えて，これを聖とせよ。…
B	讃えあれ，アッラー，万世の主， 慈悲ふかく慈愛あまねき御神， …(略)… 汝をこそ我らはあがめまつる。…
C	…あなたがたも聞いているとおり，「隣人を愛し，敵を憎め」と命じられている。しかし，わたしは言っておく。敵を愛し，自分を迫害する者のために祈りなさい。あなたが天の父の子となるためである。父は悪人にも善人にも太陽を昇らせ，正しい者にも正しくない者にも雨を降らせてくださるからである。…

(A，Bは浜島書店『世界史詳覧』，Cはとうほう『アプローチ倫理資料PLUS』による)

ア　A→B→C　　イ　A→C→B　　ウ　B→A→C
エ　B→C→A　　オ　C→A→B　　カ　C→B→A

問2　次の写真Ⅰ，Ⅱに示された文字とA～Cの文明について，Ⅰ，Ⅱに示された文字とそれぞれが用いられていた文明の組み合わせとして正しいものを1つ選びなさい。

Ⅰ

Ⅱ

（山川出版社『新世界史B』による）

文明　A　インダス文明　　B　エジプト文明
　　　C　メソポタミア文明

ア　Ⅰ－A　Ⅱ－B　　イ　Ⅰ－A　Ⅱ－C
ウ　Ⅰ－B　Ⅱ－A　　エ　Ⅰ－B　Ⅱ－C
オ　Ⅰ－C　Ⅱ－A　　カ　Ⅰ－C　Ⅱ－B

問3　次の農作物の歴史について説明した文のうち，誤っているものを1つ選びなさい。

ア　砂糖の原料となるサトウキビは，日本では江戸時代に琉球や奄美大島などを中心に栽培された。

イ　アンデス高地が原産であるジャガイモは，ジャワ島を経由して日本に伝えられた。

ウ　18世紀のヨーロッパでは，喫茶店でコーヒーが提供され，情報交換の場となった。

エ　三大穀物の1つであるトウモロコシは，中国を経由して，奈良時代に大陸文化とともに日本に伝えられた。

問4　次の資料A～Cは，日本国内で出土した土器の写真と特徴を示したものである。これらの土器について，つくられた年代の古い順に並べたものとして正しいものを1つ選びなさい。

A	B	C

<特徴> 薄手、赤褐色 無文か簡素な文様	<特徴> 厚手、黒褐色 文様あり	<特徴> 薄手、灰色 朝鮮伝来の技術で焼成

（第一学習社『最新日本史図表』による）

ア　A→B→C　　イ　A→C→B　　ウ　B→A→C

エ　B→C→A　　オ　C→A→B　　カ　C→B→A

問5　次の説明文A，Bと人物X～Zのうち，古代中国の諸子百家についての説明と，それを唱えた人物の組み合わせとして正しいものを1つ選びなさい。

A　人間の本性を善とする性善説を唱え，徳によって治める王道政治を理想とした。 B　無為自然を主張し，自然の原理(道)によって生きることを理想とした。	X　老子 Y　孫子 Z　孟子

ア　A－X　　B－Y　　イ　A－X　　B－Z

ウ　A－Y　　B－X　　エ　A－Y　　B－Z

オ　A－Z　　B－X　　カ　A－Z　　B－Y

問6　次の『万葉集』について説明した文のうち，誤っているものを1つ選びなさい。

ア　日本で最初に成立した勅撰和歌集である。

イ　短歌・長歌などが漢字の音を用いて記されている。

ウ　山上憶良の貧窮問答歌が収められている。

エ　東歌や防人歌などが数多く収められている。

問7　次の史料は，9～10世紀の地方支配に関するものである。史料から読み取ることができる内容として正しいものを1つ選びなさい。

> 尾張国郡司百姓等解(げ)し申す　官裁を請ふの事。裁断せられんことを請ふ，当国守(かみ)藤原朝臣(あそん)元命，三箇年の内に責め取る非法の官物(かんもつ)，并(なら)びに濫行横法(らんぎょうおうぼう)卅一(三十一)箇条の愁状(しゅうじょう)。…
>
> 永延二年十一月八日　　郡司百姓等
>
> 『尾張国郡司百姓等解文』

(実教出版『新詳日本史史料集』による)

ア　受領の圧政を訴えるため，嘆願書が朝廷に提出された。

イ　諸国に検非違使が派遣され，国司や郡司の交替を監督した。

ウ　荘園の増加をおさえるため，荘園整理令を出した。

エ　東国と西国で，同時期に31回の大規模反乱が起こった。

問8　承久の乱後設置された，朝廷を監視するとともに西国御家人の統制を任務とした鎌倉幕府の出張機関として正しいものを1つ選びなさい。

ア　京都所司代　　イ　鎮西探題　　ウ　六波羅探題

エ　大宰府

問9　次の写真で示した建造物の特徴に関する説明として正しいものを1つ選びなさい。

(山川出版社『詳説日本史図録』による)

ア　大陸的な雄大さと力強さを持つ，大仏様と呼ばれる建築様式である。

イ　国風文化期に洗練された，和様と呼ばれる建築様式である。

ウ　貴族の住宅として知られる，寝殿造と呼ばれる建築様式である。

エ　徳川家康を祀る霊廟であり，権現造と呼ばれる建築様式である。

問10　次の事象のうち，16世紀の出来事として正しいものを1つ選びなさい。

ア　アンボイナ事件でオランダがイギリスを駆逐した。

イ　イギリスで，ピューリタン革命が起こった。

ウ　マゼランの船隊が世界を周航した。

エ　日本で，徳川家康が征夷大将軍に任命された。

問11　次の写真で示した建造物が建てられた国名と，その建造物に関する説明の組み合わせとして正しいものを1つ選びなさい。

（山川出版社『新世界史Ｂ』による）

＜国名＞

A　ムガル帝国　　B　アユタヤ朝

＜説明＞

X　イスラームの礼拝所　　Y　王妃を祀った墓廟

ア　A－X　　イ　A－Y　　ウ　B－X　　エ　B－Y

問12　次の史料は，江戸幕府が出した法度である。この法度の名称として正しいものを1つ選びなさい。

> 一，天子諸芸能(しょげいのう)の事，第一御学問也。
> …(略)…
> 一，武家の官位は，公家当官(とうかん)の外為るべき事。
> …(略)…
> 一，紫衣(しえ)の寺，住持職(じゅうじしき)，先規稀有(けう)の事也。近年猥(みだ)りに勅許の事，且は臘次(ろうじ)(注)を乱し，且は官寺を汚し，甚(はなは)だ然るべからず。…

> (注)僧侶が受戒後，修行の功徳を積んだ年数で決まる席次
>
> 『御当家令条』

(山川出版社『詳説日本史史料集』による)

ア　武家諸法度　　イ　禁中並公家諸法度　　ウ　寺院法度

エ　諸社禰宜神主法度

問13　次の幕末期に活躍した人物とその説明の組み合わせとして誤っているものを1つ選びなさい。

ア　勝海舟　－　西郷隆盛と交渉し，江戸城を無血開城させた。

イ　井伊直弼　－　日米修好通商条約の調印を，無勅許で断行した。

ウ　大隈重信　－　薩摩藩と長州藩の軍事同盟の密約を仲介した。

エ　高杉晋作　－　身分に関わらない志願による奇兵隊を組織した。

問14　次の資料は，フランス革命前の様子を描いた風刺画である。資料中のA～Cの人物に該当する身分の組み合わせとして正しいものを1つ選びなさい。

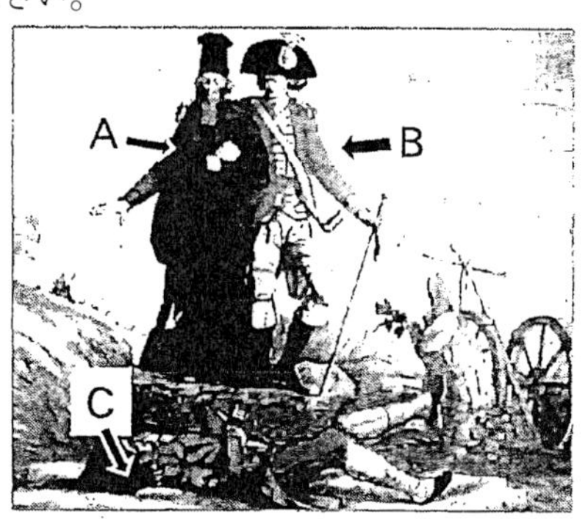

(山川出版社『高校世界史B』による)

ア　A－聖職者　B－貴族　C－平民

イ　A－貴族　B－聖職者　C－フランス王室

ウ　A－聖職者　B－貴族　C－フランス王室

エ　A－貴族　B－フランス王室　C－平民

問15　次の資料はフランスで出されたものである。この資料が出された時期として正しいものを，以下の年表から1つ選びなさい。

資料

第1条　人間は自由で権利において平等なものとして生まれ，かつ生きつづける。社会的区別は共同の利益にもとづいてのみ設けることができる。 第3条　すべての主権の根源は，本質的に国民のうちに存する。いかなる団体も，またいかなる個人も，明示的にその根源から発してはいない権限を行使することはできない。

(東京書籍『世界史B』による)

年表

ルイ14世がヴェルサイユ宮殿の建設をはじめる。 （　ア　） バスティーユ牢獄が襲撃される。 （　イ　） ナポレオンが皇帝になる。 （　ウ　） ブルボン家のルイ18世が即位する。 （　エ　）

(☆☆☆◎◎◎)

【3】近現代の歴史的事象について，次の問いに答えなさい。なお，解答は全て選択肢ア～エ(問4，問5，問8はア～カ)から選び，記号で答えなさい。

問1　明治政府は憲法制定と同時に国会開設の準備を進めた。次の図は，1890年に実施された第1回衆議院議員選挙の様子である。この選挙に関する説明として正しいものを1つ選びなさい。

(山川出版社『詳説日本史図録』による)

ア　有権者は直接国税3円以上納税した，満25歳以上の男子に限定された。

イ　秘密選挙の原則に基づき，厳粛な雰囲気のもと実施された。

ウ　総人口に占める有権者の割合は1.1％程度であった。

エ　家長が家族の有権者を代表して投票する形式であった。

問2　次の事象のうち，19世紀に起こった出来事として誤っているものを1つ選びなさい。

ア　ドイツでヴァイマル憲法が制定された。

イ　ロシアで農奴解放令が出された。

ウ　イギリスと清との間でアヘン戦争が起こった。

エ　アメリカで南北戦争が戦われた。

問3　次の資料は，19世紀の半ばに生じたインド大反乱を示したものである。この大反乱に関する説明として誤っているものを1つ選びなさい。

(山川出版社『新世界史Ｂ』による)

ア　イギリス東インド会社の傭兵が暴動を起こしたことがきっかけとなった。

イ　人々の間にイギリスの植民地支配への反感が高まっていたことが背景にあった。

ウ　この大反乱に対して，ガンジーは非暴力・不服従を唱えた。

エ　大反乱鎮圧後，ムガル皇帝が廃位され，ムガル帝国は滅亡した。

問4　明治時代の東アジア外交に関連して述べた文について，年代の古い順に並べたものとして正しいものを1つ選びなさい。

A　伊藤博文と李鴻章の間で天津条約が結ばれ，日清両軍の朝鮮からの撤兵などが定められた。
B　日本は江華島事件を機に朝鮮との間で日朝修好条規を結び，朝鮮を開国させた。
C　日清両属関係にあった琉球王国に対して琉球処分を強行し，沖縄県を設置した。

ア　A→B→C　　イ　A→C→B　　ウ　B→A→C

エ　B→C→A　　オ　C→A→B　　カ　C→B→A

問5　20世紀前半の東南アジアにおける植民地支配について，次の図中のA～Cの地域と，宗主国の組み合わせとして正しいものを1つ選びなさい。

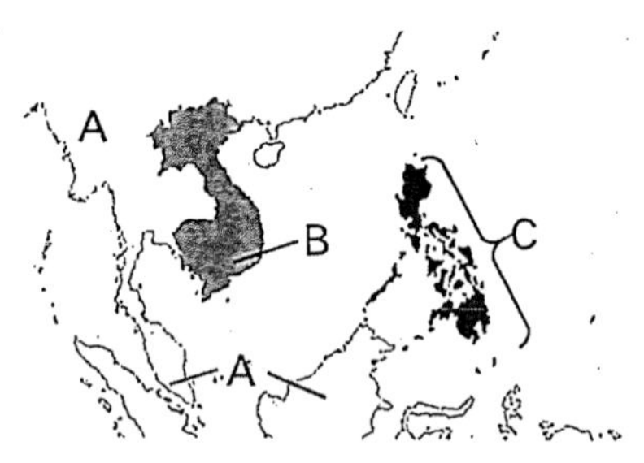

（東京書籍『世界史B』による）

ア　A－アメリカ　　B－イギリス　　C－フランス

イ　A－アメリカ　　B－フランス　　C－イギリス

ウ　A－イギリス　　B－アメリカ　　C－フランス
エ　A－イギリス　　B－フランス　　C－アメリカ
オ　A－フランス　　B－アメリカ　　C－イギリス
カ　A－フランス　　B－イギリス　　C－アメリカ

問6　次の史料は，普通選挙法の公布と同年に成立した法令である。この法令の名称として正しいものを1つ選びなさい。

第一条　国体ヲ変革シ又ハ私有財産制度ヲ否認スルコトヲ目的トシテ結社ヲ組織シ又ハ情ヲ知リテ之ニ加入シタル者ハ十年以下ノ懲役又ハ禁錮ニ処ス…
第二条　前条第一項ノ目的ヲ以テ其ノ目的タル事項ノ実行ニ関シ協議ヲ為シタル者ハ七年以下ノ懲役又ハ禁錮ニ処ス
…(略)…
第四条　第一条一項ノ目的ヲ以テ騒擾，暴行其ノ他生命，身体又ハ財産ニ害ヲ加フヘキ犯罪ヲ煽動シタル者ハ十年以下ノ懲役又ハ禁錮ニ処ス

『官報』

(山川出版社『詳説　日本史図録』による)

ア　治安警察法　　イ　破壊活動防止法　　ウ　治安維持法
エ　国家安全維持法

問7　第一次世界大戦から第二次世界大戦間における日本外交の説明として正しいものを1つ選びなさい。

ア　蔣介石が率いる国民革命軍に対抗して，山東出兵を実施した。
イ　新興独立国家群の結集を目指してアジア・アフリカ会議に参加した。
ウ　領事裁判権の撤廃を内容とする日英通商航海条約の調印に成功した。
エ　日露国境の画定を急ぎ，樺太全島をロシア領，千島全島を日本領とした。

問8　次の第二次世界大戦についての説明文A～Cについて，年代の古い順に並べたものとして正しいものを1つ選びなさい。

A　連合軍がノルマンディー上陸作戦を決行した。 B　ヒトラーとスターリンの間で，独ソ不可侵条約が締結された。 C　連合軍がシチリア島に上陸し，ムッソリーニが失脚した。

ア　A→B→C　　イ　A→C→B　　ウ　B→A→C
エ　B→C→A　　オ　C→A→B　　カ　C→B→A

問9　次の資料A・Bは，太平洋戦争中に使用されたものである。これらの資料に関する文として最も適切なものを1つ選びなさい。

A　愛国イロハかるた

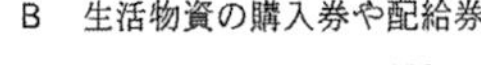
B　生活物資の購入券や配給券

（浜島書店『新詳日本史』による）

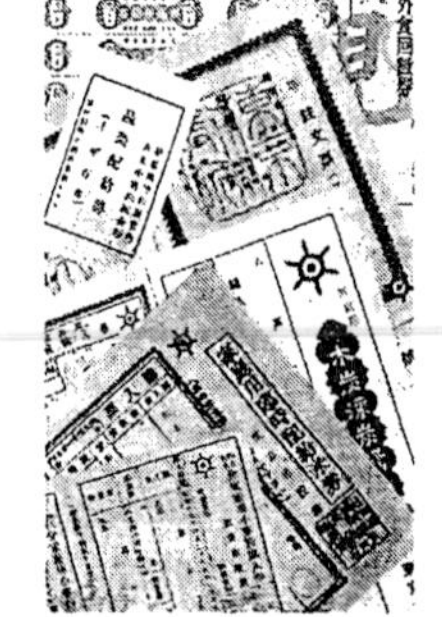
（山川出版社『詳説日本史B改訂版』による）

ア　Aは，学校で日本歴史を客観的に理解させるためにつくられたものである。

イ　Aは，戦局が不利になる中で戦意高揚を目指してつくられたものである。

ウ　Bは，社会主義思想を波及させるためにつくられたものである。

エ　Bは，経済発展を大きく牽引するためにつくられたものである。

問10　ポツダム宣言に基づき，日本を占領支配するためにGHQが設けられた。GHQに関する説明として誤っているものを1つ選びなさい。

ア　GHQが日本政府に指令や勧告を出す間接統治が行われた。

イ　国民所得を10年間で倍増させる国民所得倍増計画が掲げられた。

ウ　占領政策の基本方針は軍国主義の排除と民主化におかれた。

エ　マッカーサーにより五大改革指令が出された。

問11　次の表は，核保有を表明している国と，それらの国が初めて核実験を行った年を示している。表中の空欄〔　X　〕に当てはまる国名として正しいものを1つ選びなさい。

核保有国	初めて核実験を行った年
アメリカ合衆国	1945
ソ連（現ロシア）	1949
イギリス	1952
フランス	1960
中国	1964
〔　X　〕	1974
パキスタン	1998
朝鮮民主主義人民共和国	2006

ア　ドイツ　　イ　イタリア　　ウ　インド　　エ　ブラジル

(☆☆☆◎◎◎)

【4】次の地図中のA～Gは，オリンピックが開催された国を示している(ただし国境線は現在のものによる)。これについて，以下の問いに答えなさい。

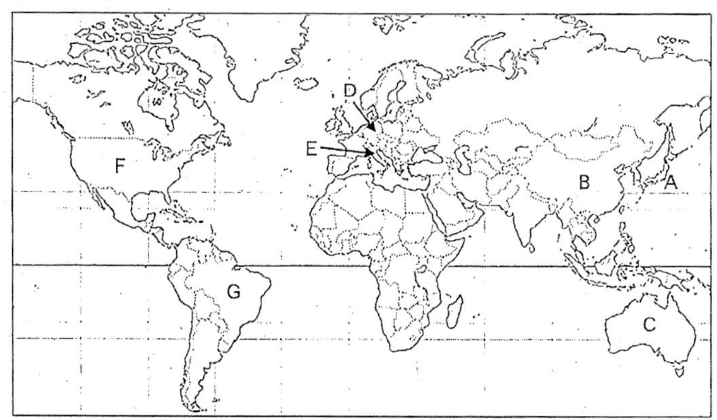

問1　A国でのオリンピック開催は1940年にも予定されていたが，日中戦争やA国の軍部の反対等により開催権を返上した。A国が，同年

にD国，E国と結び国際的孤立を深めていった条約名を答えなさい。

問2 B国の首都では2022年，オリンピック開催を控えた出陣式が行われたが，その場所では1989年に民主化を求める学生や市民のデモが起こった。これに対し，B国政府は武力で制圧し，多くの犠牲者を出した。この事件の名称を答えなさい。

問3 C国では1956年，南半球で初のオリンピックが開催された。この国の提唱で1989年に開催されたのが，アジア太平洋経済協力会議である。この会議の略称をアルファベットで答えなさい。

問4 F国では1984年，開催市が税負担をせずに民営でオリンピックが開催された。その翌年，ドル高を是正するため，G5の協調介入により円高ドル安へと為替相場を誘導することが合意された。この合意の名称を答えなさい。

問5 2016年には，ラテンアメリカで初のオリンピックがG国で開催された。G国を含むこの地域がなぜ「ラテン」アメリカと呼ばれるのか，歴史的背景を踏まえて簡潔に説明しなさい。

(☆☆◎◎◎)

【日本史】

【1】原始・古代の政治，経済，文化について，次の問いに答えなさい。

問1 次の地図中のⅠ～Ⅳの遺跡について説明した文A～Dのうち，正しいものの組み合わせを，次のア～エから1つ選び，記号で答えなさい。

地図

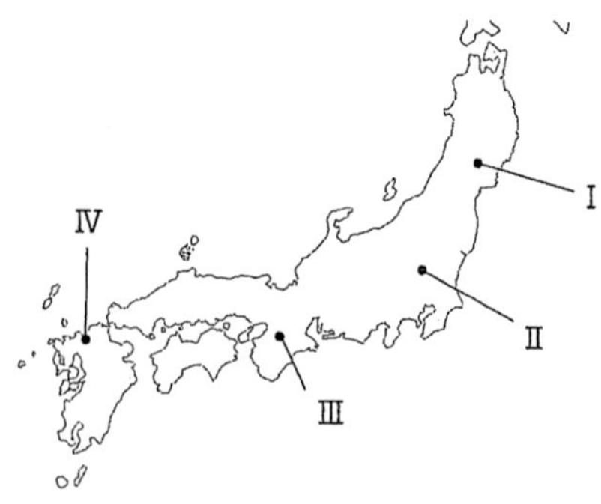

A　Ⅰは縄文晩期の代表的な土器が多数出土している亀ヶ岡遺跡である。 B　Ⅱは相沢忠洋が関東ローム層から旧石器を発見した岩宿遺跡である。 C　Ⅲは3～4世紀の大集落遺跡で，九州北部から関東まで各地の多種多様な土器が出土した纒向遺跡である。 D　Ⅳは銅剣358本，銅矛16本，銅鐸6個がまとまって出土した荒神谷遺跡である。

ア　A・C　　イ　A・D　　ウ　B・C　　エ　B・D

問2　次の史料Ⅰ～Ⅲを読み，以下の(1)，(2)の問いに答えなさい。

Ⅰ　(継体天皇)二十一年夏六月壬辰の朔(ついたち)甲午，近江毛野臣，衆六万を率て，任那に往きて，[　①　]に破られし南加羅・喙己呑(こくことん)[注1]を為(か)復(え)し興建(た)てて，任那に合せむとす。是に，筑紫国造磐井，陰に叛逆くことを謨(はか)りて，猶預(うらもい)[注2]して年を経。…(略)… [　①　]，是を知りて，密に貨賂(まいない)を磐井が所に行(おく)りて，勧むらく，毛野臣の軍を防遏(た)へよと。是に，磐井，火・豊，二つの国に掩(おそ)ひ拠りて，使修職(つかえまつ)らず。…(略)… 二十二年冬十一月甲寅の朔甲子，大将軍物部[　②　]麁鹿火，親ら賊の帥磐井と，筑紫の御井郡(みいのこおり)に交(あい)戦ふ。…(略)…遂に磐井を斬りて，果して彊場(さかい)を定む。… [注1]現慶尚北道慶山付近か。　　[注2]ためらう。 『日本書紀』

Ⅱ　a志癸嶋天皇の御世に，戊午の年の十月十二日に，百斉国の主明王，始めて仏の像経教并せて僧等を度し奉る。勅して蘇我稲目宿禰[　③　]に授けて興し隆えしむ。

『上宮聖徳法王帝説』

Ⅲ　其の一に曰く，「昔在の天皇等の立てたまへる子代の民，処々の[　④　]，及び，別には臣・連・伴造・国造・村首の所有る部曲の民，処々の田荘罷めよ。仍りて食封を大夫より以上に賜ふこと，各差あらむ。…」

其の二に曰く，「初めて京師を修め，畿内・国司・郡司・関塞・斥候・防人・駅馬・伝馬を置き，及び鈴契を造り，山河を定めよ。…」

『日本書紀』

(山川出版社『詳説日本史史料集』による)

(1)　史料Ⅰ～Ⅲの中の[　①　]～[　④　]に当てはまる語句の組み合わせとして正しいものを，次のア～カから1つ選び，記号で答えなさい。

ア　①　新羅　②　大連　③　大臣　④　屯倉
イ　①　新羅　②　大臣　③　大連　④　稲置
ウ　①　新羅　②　大臣　③　大連　④　屯倉
エ　①　高句麗　②　大臣　③　大連　④　稲置
オ　①　高句麗　②　大連　③　大臣　④　屯倉
カ　①　高句麗　②　大連　③　大臣　④　稲置

(2)　史料Ⅱの下線部aの「志癸嶋天皇」とは，大和国の磯城郡磯城島に金刺宮をおいたので，こう称される。この「志癸嶋天皇」と称される天皇は何天皇のことか答えなさい。

問3　推古朝の国内政策とその特徴について，次の＜指定語句＞すべてを用いて100字以内で説明しなさい。

＜指定語句＞　蘇我馬子　　官僚

問4　次の資料Aは8～9世紀の東アジアの地図で遣唐使の航路を示したもの，資料Bは東アジアの情勢を示した年表，資料Cは遣唐使として派遣された使節，航路，船数を年代別に示したものである。科目「日本史探究」の授業において，生徒に遣唐使の派遣にどのような変化が見られるようになったか考察させたい。資料A～Cから遣唐使の派遣に関してどのような変化を読み取ることができるか，2つ簡潔に答えなさい。

資料A【8～9世紀の東アジア】

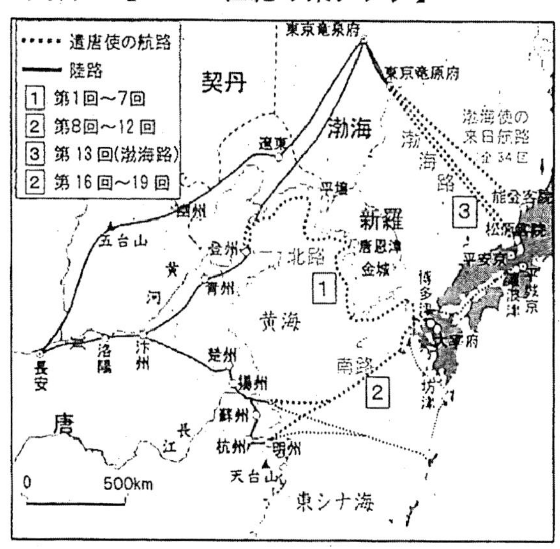

資料B【東アジア情勢】

年	事　項
618	唐の建国
660	唐・新羅により百済滅亡
663	白村江の戦い
668	唐・新羅により高句麗滅亡
	新羅使、国交再開を求め来日
676	新羅、唐を朝鮮半島より追放
727	渤海使、国交を求め来日
732	唐と渤海の対立
735	日本、新羅使を追い返す
753	唐の朝賀で、日本・新羅の席次争い
755	安史の乱による唐の混乱
836	新羅、自らを「大国」と称す

資料C【遣唐使一覧】

回	出発年	使節	航路	船数
1	630	犬上御田鍬	*北路	
2	653	吉士長丹	*北路	
3	654	高向玄理	北路	2
4	659	坂合部石布	北路	2
5	665	守大石	北路	
6	667	伊吉博徳	北路	
7	669	河内鯨	*北路	
8	702	粟田真人	南路	
9	717	多治比県守	*南路	4
10	733	多治比広成	*南路	4
12	752	藤原清河	南路	4
13	759	高元度	渤海経由	1
16	777	小野石根	南路	4
17	779	布勢清直	南路	2
18	804	藤原葛野麻呂	南路	4
19	838	藤原常嗣	南路	4
20	894	菅原道真		

資料中の航路の*は推定

（資料A～Cは浜島書店『新詳日本史』による。）

問5　藤原摂関家の発展について説明した次の文A～Cについて，年代の古い順に並べたものとして正しいものを，以下のア～カから1つ選び，記号で答えなさい。

A　光孝天皇の即位に際して，藤原基経が初めて関白に任じられた。
B　藤原時平らの策謀によって，右大臣菅原道真が大宰権帥に左遷された。
C　幼少の清和天皇が即位したのち，藤原良房が臣下として初めて摂政をつとめた。

ア　A→B→C　　イ　A→C→B　　ウ　B→A→C
エ　B→C→A　　オ　C→A→B　　カ　C→B→A

(☆☆☆◎◎◎)

【2】中世の政治・社会・文化について，次の問いに答えなさい。

問1　平氏政権(平清盛)が発展した要因を，公家的性格，武家的性格の両面を踏まえて100字以内で説明しなさい。

問2　北条義時の生きた時代に起こった出来事について説明した文として誤っているものを，次のア～エから1つ選び，記号で答えなさい。

ア　北条義時が，侍所の別当であった和田義盛を滅ぼし，政所と侍所の別当を兼任した。
イ　3代将軍源実朝が，源頼家の遺児である公暁に鶴岡八幡宮の境内で暗殺された。
ウ　北条義時は，源実朝の死後，皇族将軍として後嵯峨上皇の皇子の宗尊親王を迎えた。
エ　1221年，後鳥羽上皇が，朝廷権力を挽回するため，北条義時追討の兵をあげた。

問3　科目「日本史探究」において，次の資料A～Dを用いて「鎌倉幕府の衰退」について指導する場合，生徒に考えさせたい学習課題

(問い・主発問)と，課題の解決を通して得られる知識や概念は何か。簡潔に答えなさい。なお，解答にあたっては，下記の『高等学校学習指導要領(平成30年告示)解説　地理歴史編』の記載事項を踏まえること。

資料A「永仁の徳政令」

一，質券売買地の事

右，所領を以て或いは質券に入れ流し，或いは売買せしむるの条，御家人等侘傺(注1)の基なり。向後に於いては，停止に従ふべし。以前沽却の分に至りては，本主領掌せしむべし。但し，或いは御下文・下知状を成し給ひ，或いは知行廿箇年を過ぐるは，公私の領を論ぜず，今更相違有るべからず。…(略)…

次に非御家人・凡下の輩(注2)の質券買得地の事，年紀を過ぐると雖も，売主知行せしむべし。…(略)…

永仁五年七月二十二日『東寺百合文書』)

(注1)　困窮する。

(注2)　一般庶民，具体的には借上。

資料B　1240年大友家の相続の例

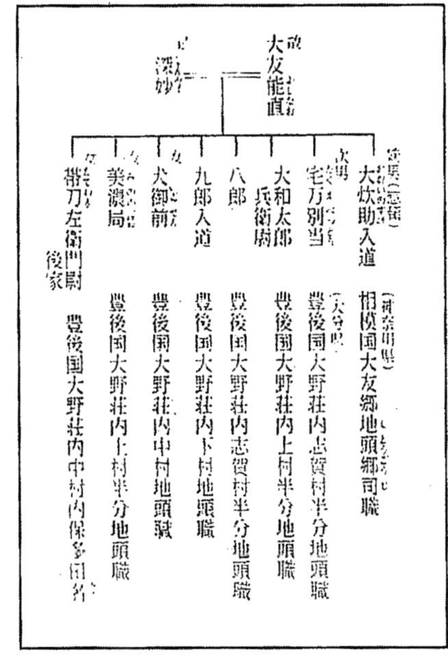

資料C　借上

資料D『蒙古襲来絵巻』

(資料Aは山川出版社『詳説日本史史料集』資料B～Dは浜島書店『新詳日本史』による)

第2章　第4節　日本史探究　2　内容とその取扱い

(3)　中世の国家・社会の展望と画期(歴史の解釈，説明，論述)

この中項目では，(1)で学んだ古代から中世への転換の理解や時代を通観する問い，(2)で表現した中世を展望する仮説を踏まえ，資料を扱う技能を活用し，中世の国家や社会の展開について，事象の意味や意義，関係性，歴史に関わる諸事象の解釈や歴史の画期などを多面的・多角的に考察し，根拠を示して表現する学習を通じて，中世がどのような時代であったかを理解するとともに，思考力，判断力，表現力等の育成を図ることをねらいとしている。

学習に当たっては，資料を活用して歴史を考察したりその結果を表現したりする力を段階的に高めていくことが必要であり，様々な資料の特性に着目して複数の資料の活用を図り，資料に対する批判的な見方を養うとともに，因果関係を考察したり解釈の多様性に気付くようにしたりすることが大切である。

…(略)…

(3)　中世の国家・社会の展開と画期(歴史の解釈，説明，論

述)

…(略)…

ア　次のような知識を身に付けること。

(ア)　武家政権の成立と展開，産業の発達，宗教や文化の展開などを基に，武家政権の伸張，社会や文化の特色を理解すること。

(イ)　…(略)…

イ　次のような思考力，判断力，表現力等を身に付けること。

(ア)　公武関係の変化，宋・元(モンゴル帝国)などユーラシアとの交流と経済や文化への影響などに着目して，主題を設定し，中世の国家・社会の展開について，事象の意味や意義，関係性などを多面的・多角的に考察し，歴史に関わる諸事象の解釈や歴史の画期などを根拠を示して表現すること。

(イ)　…(略)…

(文部科学省『高等学校学習指導要領(平成30年告示)解説　地理歴史編』(平成30年7月)による)

問4　鎌倉・室町時代の文化に関する資料A～Dについて説明した文①～④について，正しいものの組み合わせを，以下のア～カから1つ選び，記号で答えなさい。

資料A

資料B

資料C　　　　　　　　　　資料D

（資料Aは山川出版社『新日本史B』、資料B～Dは浜島書店『新詳日本史』による

① 資料Aの建築物は，禅宗様の代表的遺構である円覚寺舎利殿である。

② 資料Bの建築物は，室町幕府の8代将軍足利義政が建立した鹿苑寺観音殿である。

③ 資料Cの水墨画の作者である雪舟は，大内氏の遣明船で明に渡り，中国の画風を習得した。

④ 資料Dの彫刻は，慶派仏師の康勝作の六波羅蜜寺空也上人像である。

ア ①・②　イ ①・③　ウ ①・④　エ ②・③
オ ②・④　カ ③・④

問5 中世の日中関係について述べた文として誤っているものを，次のア～エから1つ選び，記号で答えなさい。

ア 南宋が元に滅ぼされると，夢窓疎石・無学祖元などの禅宗の高僧が相次いで来日した。

イ 1274年の文永の役では元・高麗連合軍が博多湾に上陸し，日本は苦戦を強いられた。

ウ 1325年，鎌倉幕府は建長寺の再興費を得るために元に貿易船を派遣した。

エ 日明貿易において，日本は生糸・絹織物や永楽通宝・洪武通宝などの明銭を輸入した。

問6 戦国大名について説明した次の文A～Cの正誤の組み合わせとし

て正しいものを，次のア～クから1つ選び，記号で答えなさい。

A　京都からくだってきた北条早雲は，古河公方を滅ぼして伊豆を奪い，次いで相模に進出して小田原を本拠とした。
B　安芸の国人からおこった毛利元就は，主君大内義隆を討った陶晴賢を滅ぼし，周防・長門に支配をひろげた。
C　越後の長尾景虎は，関東管領上杉氏を継いで上杉謙信と名乗り，甲斐から信濃に領国を拡張した武田信玄としばしば北信濃の川中島などで戦った。

ア	A＝正	B＝正	C＝正	イ	A＝正	B＝正	C＝誤
ウ	A＝正	B＝誤	C＝正	エ	A＝正	B＝誤	C＝誤
オ	A＝誤	B＝正	C＝正	カ	A＝誤	B＝正	C＝誤
キ	A＝誤	B＝誤	C＝正	ク	A＝誤	B＝誤	C＝誤

(☆☆☆◎◎◎)

【3】近世の政治・経済について，次の問いに答えなさい。

問1　次の史料は，ある都市に関するものである。史料A，Bを読み，以下の(1)，(2)の問いに答えなさい。

史料A

日本全国当[　①　]の町より安全なる所なく，他の諸国に於いて動乱あるも，この町には嘗て無く，敗者も勝者も，此町に来住すれば皆平和に生活し，諸人相和し，他人に害を加うる者なし。…

[1562 (永禄5)年]『耶蘇会士日本通信』
(第一学習社『詳録　新日本史史料集成』による)

史料B

此(これ)以後(注1)ハ当庄に浪人ヲ差置(さしおか)カズ。尤(もっとも)三好家エ弥(いよいよ)一味仕(つかまつり)マジク候間(注2)，[　①　]津ヲ元ノ如ク立置(たておか)レ候ハヽ，当庄ノ者共，大小共ニ末代迄有難(まつだいまでありがたく)ク存ジ奉ルベキ由(よし)，手ヲ束(つかね)詫言(わびごと)シケレバ，信長是(これ)ヲ承引(注3)シテ，寔(まこと)ニサモ有ルベキ事也ト，…

『続応仁後期』(山川出版社『詳説　日本史史料集』による)

(注1) 信長が三好三人衆を破り，[　①　]に対し屈服を迫った1569年をさす。

(注2) 味方をしてはならないのであるから

(注3) 承諾

(1)　史料中の空欄[　①　]に入る都市の名称を答えなさい。

(2)　史料B中の下線部に関連して，織田信長の統一事業について説明した次の文a～cを，年代の古い順に並べたものとして正しいものを，以下のア～カから1つ選び，記号で答えなさい。

a　足利義昭を立てて入京し，義昭を将軍職につけた。
b　比叡山延暦寺を焼打ちした。
c　長篠合戦で，大量の鉄砲を使用し，武田勝頼の軍に大勝した。

ア　a→b→c　　イ　a→c→b　　ウ　b→a→c
エ　b→c→a　　オ　c→a→b　　カ　c→b→a

問2　次の史料A～Cは，江戸幕府の鎖国政策に関する法令を示したものである。史料A～Cの法令が発布された年代を古い順に並べたものとして正しいものを，次のア～カから1つ選び，記号で答えなさい。

史料A

一　伴天連同宗旨の者隠れ居所(おるところ)え，彼の国よりつゝけの物送り与ふる事。右茲(ここ)に因り，自今(じこん)以後，かれうた渡海の儀，之を停止せられ訖(おわんぬ)。…

『御当家令条』

史料B

一　異国え奉書船の外，舟遣すの儀，堅く停止の事。…

『武家厳制録』

史料C

一　異国江日本の船遣わすの儀，堅く停止の事。

一　日本人異国江遣し申す間敷候。…

『教令類纂』

(山川出版社『詳説　日本史史料集』による)

ア　A→B→C　　イ　A→C→B　　ウ　B→A→C

エ　B→C→A　　オ　C→A→B　　カ　C→B→A

問3　江戸時代の農業生産力の向上に関する資料A～Dについて述べたア～エの文のうち，誤っているものを1つ選び，記号で答えなさい。

資料A　田畑面積の推移

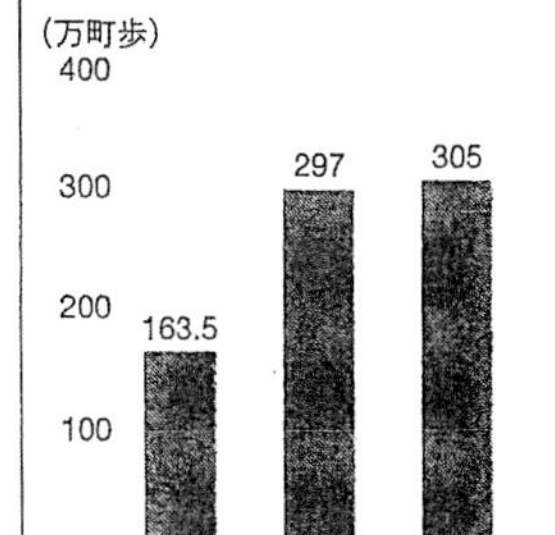

資料B　石高の推移

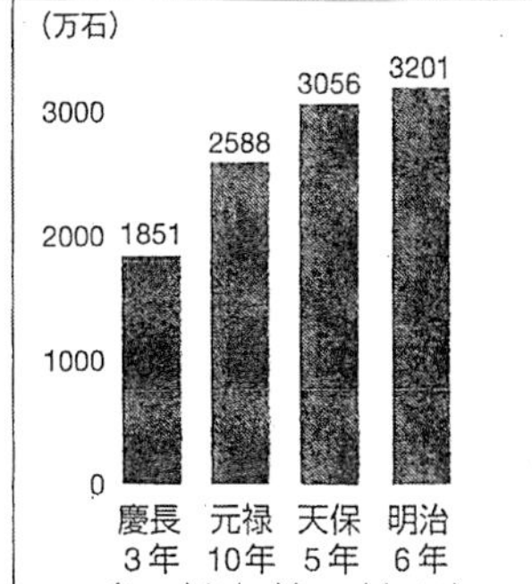

(山川出版社『詳説日本史図録』による)

資料C　幕領の年貢収納高の推移

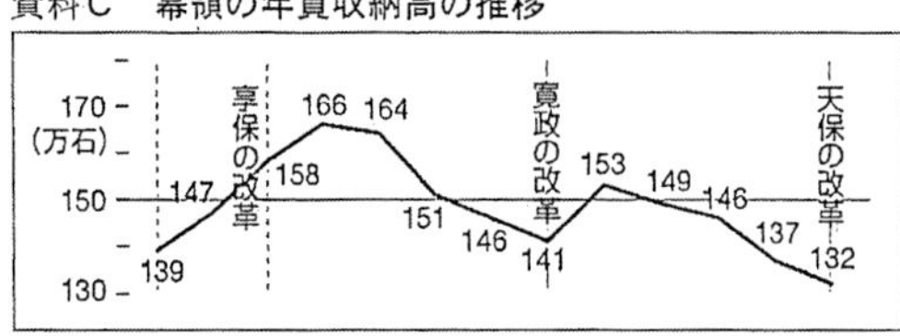

(山川出版社『山川詳説日本史図録』による)

ア　江戸時代初期は，主要用水土木工事件数が他の時期よりも多く，これが耕地の拡大につながった。

イ　田畑面積は，江戸時代を通して1.8倍程度増加し，それに比例して石高も増加した。

ウ　全国の石高が増加しているにも関わらず，幕領の年貢収納高が減少する時期があるのは，飢饉の影響が大きかった。

エ　享保の改革以降，田畑面積に大きな変化は見られないが，幕領の年貢収納高は一貫して減少し続けた。

問4　天明の飢饉の際には，江戸や大坂などで庶民による打ちこわしが発生した。これに対処するため，寛政の改革で都市住民に対して行われた政策を，70字以内で説明しなさい。

問5　11代将軍徳川家斉が統治を行っていた時代の出来事について説明した文のうち，誤っているものを次のア～エから1つ選び，記号で答えなさい。

ア　江戸を取り巻く関東の農村では，無宿人や博徒らによる治安の乱れが生じたため，関東取締出役を設けて犯罪者の取り締まりに当たらせた。

イ　大坂町奉行所の元与力で陽明学者の大塩平八郎は，貧民救済のために門弟や民衆を動員して武装蜂起したが，わずか半日で鎮圧された。

ウ　幕府に不都合な書物を取り締まるとともに，錦絵を禁止し，風俗に悪影響を与えるとして人情本作家の為永春水，合巻作者の柳亭種彦を処罰した。

エ　ロシア使節レザノフが長崎に来航したが，幕府は通商を拒否したため，ロシア船が樺太や択捉島を攻撃した。

問6　江戸時代の文化・思想について説明した文のうち，誤っているものを次のア～エから1つ選び，記号で答えなさい。

ア　荻生徂徠は，古典や聖賢の文辞に触れることで治国・礼楽の制を整える古文辞学派を開いた。経世思想に優れ，将軍吉宗の諮問に応え『政談』を著した。

イ　本多利明は，国家専売制や貿易振興を唱え，『経済要録』などを著した。また，『宇内混同秘策』では世界征服・中央集権を論じた。

ウ　懐徳堂出身の富永仲基は，『出定後語』で歴史的立場から儒教や仏教を否定し，人のあたりまえに立つ「誠の道」を提唱した。

エ　京都の町人石田梅岩は，心学をおこし，儒教道徳に仏教や神道の教えを加味して，町人を中心とする庶民の生活倫理をやさしく説いた。

(☆☆☆◎◎◎)

【4】近代～現代の政治・経済・文化について，次の問いに答えなさい。

問1　1881年に大蔵卿に就任した松方正義は，緊縮財政を実行して歳出を切り詰めるとともに，増税によって歳入の増加をはかった。次の資料A～Dは，この「松方財政」の影響に関するものである。科目「日本史探究」の授業において，これらの資料から生徒に何を読み取らせたり，理解させたりしたいか。箇条書きで3つ簡潔に答えなさい。

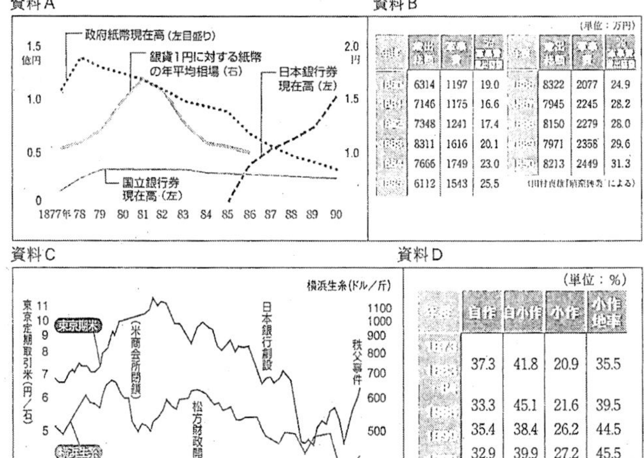

資料B

（単位：万円）

[illegible]	[illegible]	[illegible]	[illegible]	[illegible]	[illegible]	[illegible]	[illegible]
[illegible]	6314	1197	19.0	[illegible]	8322	2077	24.9
[illegible]	7146	1175	16.6	[illegible]	7945	2245	28.2
[illegible]	7348	1241	17.4	[illegible]	8150	2279	28.0
[illegible]	8311	1616	20.1	[illegible]	7971	2358	29.6
[illegible]	7666	1749	23.0	[illegible]	8213	2449	31.3
[illegible]	6112	1543	25.5				

（山村直樹『財政発達』による）

資料D

（単位：%）

[illegible]	自作	自小作	小作	小作地率
[illegible]	37.3	41.8	20.9	35.5
[illegible]	33.3	45.1	21.6	39.5
[illegible]	35.4	38.4	26.2	44.5
[illegible]	32.9	39.9	27.2	45.5

（資料Aは山川出版社『詳説日本史B』，B～Dは山川出版社『山川詳説日本史図録』による）

問2　次の史料は，明治政府の政治姿勢を表したものである。その政治姿勢はどのようなものか。史料を参考に40字以内で説明しなさい。

> 今般憲法発布式ヲ挙行セラレ，大日本帝国憲法及之ニ不随スル諸法令ハ昨日ヲ以テ公布セラレタリ。…(略)…然ルニ政治上ノ意見ハ人々其所説ヲ異ニシ，其説ノ合同スル者相投シテ一ノ団結ヲナシ，政党ナル者ノ社会ニ存立スルハ情勢ノ免レサル所ナリト雖，政府ハ常ニ一定ノ政策ヲ取リ，超然政党ノ外ニ立チ，至誠至中ノ道ニ居ラサル可ラス。…
>
> 『牧野伸顕文書』(山川出版社『詳説日本史史料集』による)

問3　次の史料は，日露戦争前に元老や各大臣に送付された「七博士の満州問題意見書」である。これについて以下の(1)，(2)の問いに答えなさい。

> 噫，我国は既に一度遼東の還付に好機を逸し，再び之を膠州湾事件に逸し，又た三度之れを北清事件(注1)に逸す。豈に更に此覆轍(注2)を踏んで失策を重ぬべけんや。…(略)…蓋し露国は問題を朝鮮によりて起さんと欲するが如し。何となれば争議の中心を朝鮮に置くときは，満州を当然露国の勢力内に帰したるものと解釈し得るの便宜あればなり。故に極東現時の問題は，必ず満州の保全に付て之を決せざるべからす。もし朝鮮を争議の中心，其争議に一歩を譲らば是れ一挙にして朝鮮と満州とを併せ失うこととなるべし。…(略)…之を要するに，吾人は故なくして漫りに開戦を主張するものにあらず。
>
> 『東京朝日新聞』(山川出版社『詳説　日本史史料集』による)
>
> (注1)　北清事変のこと　　(注2)　前人の失敗

(1)　史料について述べた次の文A，Bについて，その正誤の組み合わせとして正しいものを，以下のア～エから1つ選び，記号で答えなさい。

A　ロシアはすでに満州を占領し，完全に手中に収めている。
B　ロシアと戦わなければ，満州はおろか，朝鮮も失うと説いている。

ア　A＝正　B＝正　イ　A＝正　B＝誤
ウ　A＝誤　B＝正　エ　A＝誤　B＝誤

(2)　史料中の下線部の事件が発生した地域として最も適切なものを，以下の地図中のア～オから1つ選び，記号で答えなさい。

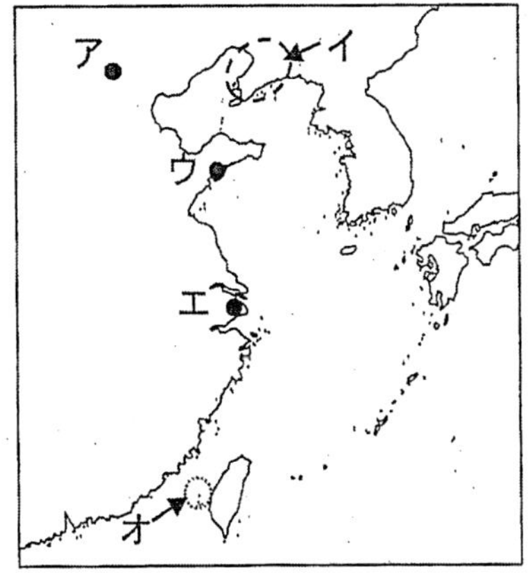

問4　明治時代の産業に関して述べた文のうち正しいものを，次のア～エから1つ選び，記号で答えなさい。

ア　紡績業では，機械制生産が急増し，1890年には，綿糸の生産量が輸入量を上まわり，1897年には輸出量が輸入量を上まわった。

イ　製糸業では，輸出の増加にともない，日清戦争後には座繰製糸の生産量が器械製糸を上まわり，生糸を原料とする絹織物業も発展した。

ウ　鉄道業では，国が設立した日本鉄道会社が成功したことから，商人や地主らによる会社設立ブームがおこった。

エ　鉄鋼業では，背後に筑豊炭田をひかえる北九州に，1897年，鞍山製鉄所が設立され，1901年にドイツの技術を導入して操業を開始した。

問5　次の文A～Cは，それぞれ大正期のいずれかの内閣に関連する出来事について説明したものである。A～Cの出来事を古い順に並べたものとして正しいものを，以下のア～カから1つ選び，記号で答えなさい。

A　この内閣の時にワシントン会議で四カ国条約，九カ国条約，ワシントン海軍軍縮条約が締結され，協調外交の基盤がつくられた。
B　この内閣の時に，軍部大臣現役武官制，文官任用令の改正が行われ，官僚・軍部に対する政党の影響力が拡大した。
C　この内閣は，貴族院・官僚を背景とした非政党内閣であった。第二次護憲運動がおこり，総選挙で護憲三派に敗北し総辞職した。

ア　A→B→C　　イ　A→C→B　　ウ　B→A→C
エ　B→C→A　　オ　C→A→B　　カ　C→B→A

問6　次の略年表をみて，以下の(1)，(2)の問いに答えなさい。

年月	主な出来事
1937年7月	（　①　）事件を契機に日中の全面戦争開始　・・・・・A
1940年9月	日本軍の（　②　）進駐開始　・・・・・B
1941年7月	第3次近衛内閣成立
1941年10月	東条英機内閣成立
1941年12月	太平洋戦争勃発

(1)　年表中の空欄(　①　)，(　②　)に適する語句の組み合わせとして正しいものを，次のア～エから1つ選び，記号で答えなさい。

ア　①　盧溝橋　　②　南部仏印
イ　①　盧溝橋　　②　北部仏印
ウ　①　柳条湖　　②　南部仏印
エ　①　柳条湖　　②　北部仏印

(2)　年表中のA，Bの間に起こった出来事として誤っているものを，次のア～エから1つ選び，記号で答えなさい。

ア　国家総動員法の制定　　イ　ノモンハン事件

ウ　企画院の設置　　エ　日ソ中立条約の締結

(☆☆☆◎◎◎)

【5】以下の問いに答えなさい。ただし，解答の際は<指定語句>すべてを必ず用い，用いた<指定語句>にはそれぞれ下線を付すこと。

問1　9世紀から10世紀には律令制度の動揺から税収入の維持が難しくなり，財源確保を目的として様々な方法がとられた。9世紀から10世紀における財源確保や課税の方法の変遷について説明しなさい。

<指定語句>　田堵　公営田　偽籍　戸籍　受領

問2　1951年から1970年代までの戦後の日本の外交の在り方について，国内の状況を踏まえて説明しなさい。

<指定語句>　サンフランシスコ平和条約　安保条約改定　日韓基本条約　沖縄返還協定　日中平和友好条約

(☆☆☆◎◎◎)

【世界史】

【1】次の史料A～Dを読み，古代地中海及び周辺地域の歴史に関する以下の問いに答えなさい。なお，史料A，Bは，ポリュビオスの『歴史』の一部，史料Cはプルタルコスの『対比列伝(英雄伝)』，史料Dは『新約聖書』「使徒行伝」である。

史料A　ローマの国制

以前に私が全容を述べたように，国政を支配していたのは三つの要素だった。さて，そのように，全てのことが，要素ごとにそれぞれこれら三つによって，公正かつ適切に編成され，運営されていた。そういう訳で，(ローマの)生え抜きの人の誰も全体として政体が(　あ　)政なのか，(　い　)政なのか，(　う　)

政なのかを確信を持って述べることができなかった。それらは，当然のことだった。(a)コンスルの権限に対して注目したときには，完全に(　う　)政で，…(略)…あるように見えた。元老院の権限に対して注目するときには，逆に(　あ　)政であるように見えた。そして，またもし大衆の権限を誰かが考慮したならば，明らかに(　い　)政であるように思われたのである。これらの要素が，それぞれの形で，国政を支配していた。

(岩波書店『世界史史料1』による)

史料B　カルタゴの国制

カルタゴの国制は，元々，その際立った点から見て，よく整えられていたように私には思える。なぜなら(　う　)が存在し，元老院は(　あ　)政的権威を保持していた。そして，民衆は自らの問題に関して(発言する)権限を有していた。概して，国家全体の枠組みは，ローマやラケダイモンのそれに非常に似ていた。

(岩波書店『世界史史料1』による)

史料C　クレオパトラの魅力

彼女(クレオパトラ)の美しさもそれ自体では決して比類ないほどのものではなく，見る者に強烈な印象を与えるというわけでもなかった。しかしひとたび彼女と交われば逃れられない魅力の虜となり，彼女の容姿に加え，会話をする際の説得力や同席の者に自然と伝わる性格とが相俟って刺激を与えた。また，口を開ければその声には甘美さが漂い，その舌は調べ豊かな楽器のようで，彼女が話そうとする言語に容易に合わせることができた。非ギリシア人と通訳を介して会話を交わすことが殆どなく，エチオピア人，トログロデュタイ人(紅海西岸北部に住む民族)，ヘブライ人，アラビア人，シリア人，メディア人(現在のアゼルバイジャン辺りの人)，パルティア人といったほとんどの民族にも，彼女自ら返答をした。他にも多くの言語を習得したと言われているが，(b)彼女以前の王たちのなかには，エジプトの言葉さえじっくりと身につけようとせず，マケドニアの言葉さえ忘れてしまう者がいる始末であった。

(岩波書店『世界史史料1』による)

史料D　聖霊降臨(イエスの昇天後，エルサレムに使徒たちが集まっていると，天からの激しい音が響いて彼らは聖霊に満たされ，それぞれが外国の言葉で話し始めたという一節)

見よ，話しているこの人たちは皆ガリラヤ人ではないか。それなのに，私たちがそれぞれ，私たちが生まれた国の言葉で聞くとは，いったいどういうことなのか。私たちはパルティア人とメディア人とエラム人，またメソポタミア，ユダヤとカッパドキア，ポントスとアシア，フリュギアとパンフィリア，エジプトとリビア地方――キュレネに沿う――に住む者，また，ここに寄留しているローマ人，ユダヤ人と改宗者，クレタ人とアラビア人なのに，あの人々が私たちの言葉で神の大いなる業を述べるのを聞くとは。

(岩波書店『世界史史料1』による)

問1　史料A及びBの文章中の空欄(　あ　)～(　う　)に入る適切な語句の組み合わせとして最も適切なものを，次のア～カから1つ選び，記号で答えなさい。

番号	あ	い	う
ア	民主	貴族	君主
イ	民主	君主	貴族
ウ	貴族	民主	君主
エ	貴族	君主	民主
オ	君主	民主	貴族
カ	君主	貴族	民主

問2　史料Aの下線部(a)に関して，この官職は任期が決められており，人数にも規定があった。その理由を官職の任期と人数も明記して説明しなさい。

問3　史料A中の「大衆」によって構成される平民会で決議したことが，「元老院」の承認を得ずとも国法となるとした前287年に制定された法の名称を答えなさい。

問4　次の年表は，史料Aの都市ローマに関連する歴史的事象を集め作成したものである。この年表のタイトルとして最も適切なものを，以下のア～エから1つ選び，記号で答えなさい。

前272年	ローマがタレントゥムを陥落させる
前216年	カンネーの戦い
前214年	第1次マケドニア戦争
前202年	ザマの戦い
前200年	第2次マケドニア戦争
前171年	第3次マケドニア戦争
前146年	ローマがカルタゴを滅亡させる
	ローマがコリントスを破壊する
前31年	アクティウムの海戦

ア　ローマにおける平民派と閥族派の争い

イ　ローマの地中海世界への進出

ウ　ローマとゲルマン人世界の衝突

エ　ローマの市民権授与の拡大

問5　史料Cの下線部(b)に関して，「彼女以前の王たち」が治めた王朝は，前304年に始まりギリシア系であった。この王朝名を答えなさい。

問6　史料Dは3世紀頃までに記されたと推定されており，記述に用いられたのは，1世紀のローマ帝国内において公用で広く用いられていた言語であった。この言語を答えなさい。

問7　次の地図は，この地域の後1～2世紀の陸路や海路について示したものである。科目「世界史探究」の授業において，この地図と史料C，史料Dを用いて学習する際，当時の地中海周辺の歴史について，生徒に読み取らせたり，理解させたりしたいことは何か説明しなさい。

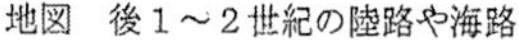
地図　後１～２世紀の陸路や海路

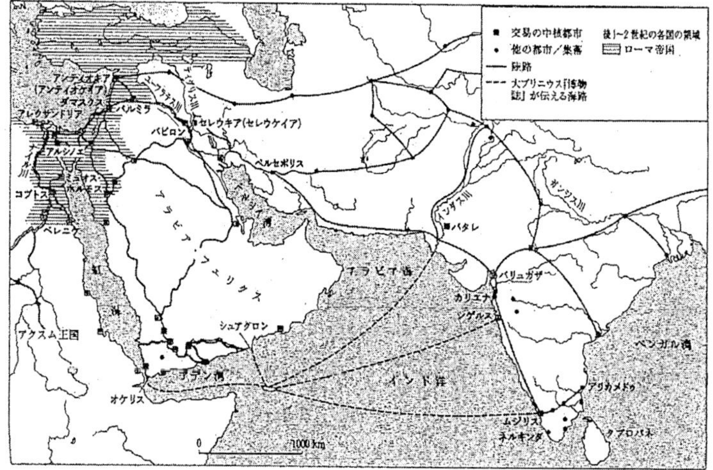

(岩波書店『岩波講座世界歴史 03』による)

(☆☆☆◎◎◎)

【2】漢から唐にかけての中国と周辺地域の歴史について，以下の問いに答えなさい。

問1　次の史料の下線部「漢の王莽」と「唐の禄山」(安禄山)について述べた文として誤っているものを，以下のア～エから1つ選び，記号で答えなさい。

> 祇園精舎の鐘の声，諸行無常の響あり。沙羅双樹の花の色，盛者必衰の理をあらはす。おごれる人も久しからず，唯春の夜の夢のごとし。たけき者も遂にはほろびぬ，偏に風の前の塵に同じ。遠く異朝をとぶらへば，秦の趙高，<u>漢の王莽</u>，梁の朱异(しゅい)，<u>唐の禄山</u>，是等は皆旧主先皇の政にもしたがはず，

楽しみをきはめ，諫めも思ひいれず，天下の乱れむ事をさとらずして，民間の愁ふる所も知らざしかば，久しからずして，亡じにし者どもなり。

(『平家物語』祇園精舎　小学館『日本古典文学全集』による)

ア　王莽は外戚として政治の実権を握り，新を建国した。

イ　王莽が建てた新は黄巾の乱をきっかけに滅んだ。

ウ　安禄山は玄宗の寵愛を受けた楊貴妃一族を政界から除くという名目で反乱を起こした。

エ　安禄山と史思明の乱はウイグルの援軍を得てようやく鎮圧された。

問2　次の史料A，Bについて，以下の(1)～(3)の問いに答えなさい。

史料A

安息國は和櫝城に居し，洛陽を去ること二萬五千里。…(略)…和帝の永元九年，都護の[　(a)　]，甘英をして大秦に使いせしめ，條支に抵(いた)り，大海に臨みて度(わた)らんと欲するも，安息の西界の船人，英に謂(い)ひて言はく，「海水は広大にして，往来する者，善風に逢はば三月にして乃(すなわ)ち渡るを得るも，若(も)し遅風に遇はば，亦た二歳なる者も有り。故に海に入る人，三歳の糧を齎(もたら)す。海中善く人をして土を思ひ戀慕せしめ，數(しばしば)死亡する者有り。」英之(これ)を聞きて乃ち止む。

(『後漢書』巻88　西域伝による)

史料B

大秦國は…(略)…安息，天竺と海中に交市し，利は十倍する有り。

…(略)…

其の王，常に使いを漢に通ぜしめんと欲するも，安息，漢の繒綵(そうさい)を以て之と交市せんと欲す。故に遮閡(しゃがい)せられ自ら達するを得ず。桓帝の延熹九年に至り，大秦王安敦，使いを遣はし日南の徼外(きょうがい)より象牙，犀(さい)角，瑇瑁(たいまい)(注)を献じ，始めて乃ち一通せり。其の表貢する所は，並びに珍異無し。疑ふらくは伝者過(あやま)てり。

(注)瑇瑁とはウミガメの甲羅のこと

(『後漢書』巻88　西域伝による』)

(1)　史料A中の空欄(a)に適する人物名を答えなさい。

(2)　科目「世界史探究」の授業において，この史料A及び史料Bから後漢，安息，大秦の3国の通商関係について，生徒に何を読み取らせたいか，「安息國」及び「大秦國」が示す国名をそれぞれ明示して答えなさい。

(3)　史料Bにある，延熹九年(166年)の大秦王安敦が使節を派遣したという記述は大秦国の正式な使節ではない可能性が指摘されている。その根拠を史料Bに基づいて答えなさい。

問3　次の史料C～Eについて以下の(1)，(2)の問いに答えなさい。

史料C

文は文集(もんじゅう)(注)。[　(b)　]。博士の申文(もうしふみ)。

(注) 文集とは白居易の『白氏文集』

(『枕草子』第193段　小学館『日本古典文学全集』による)

史料D

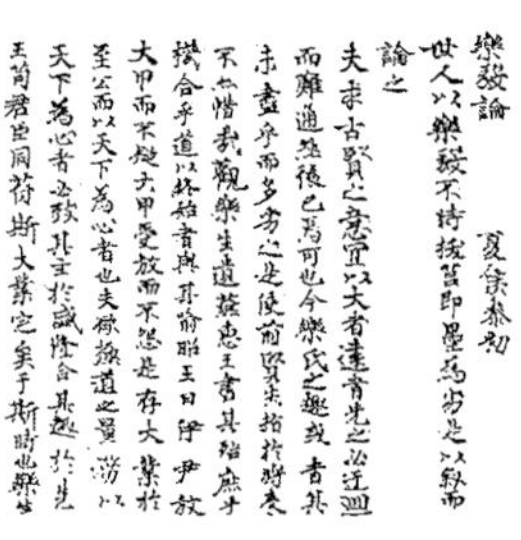
樂毅論　夏侯泰初
世人以樂毅不時拔莒卽墨爲劣是以叙而
論之
夫求古賢之意宜以大者遠者先之必迂迴
而難通然後已焉可也今樂氏之趣或者其
未盡乎而多劣之是使前賢失指於將來
不亦惜哉觀樂生遺燕惠王書其殆庶乎
機合乎道以終始者與其喩昭王曰伊尹放
大甲而不疑大甲受放而不怨是存大業於
至公而以天下爲心者也夫欲極道之量務以
天下爲心者必致其主於盛隆合其趣於先
王苟君臣同符斯大業定矣于斯時也樂生

(「楽毅論」　中央公論社『世界の歴史6　隋唐帝国と古代朝鮮』による)

史料E

> 夫(そ)れ天地は萬物の逆旅，光陰は百代の過客なり。
> 而(しこう)して浮世は夢の若(ごと)し。歓を為すこと幾何(いくばく)ぞ。
> 　(李白「春夜宴桃李園序」明治書院『新釈漢文大系16　古文真宝(後集)』による)

(1)　史料Cの空欄(b)には，南朝梁の昭明太子が編纂した名文集が入る。その名称を答えなさい。

(2)　史料Cは枕草子の作者が文章として尊重したものを挙げたものである。史料Dは東大寺正倉院の宝物である光明皇后(聖武天皇の皇后)が臨書した王羲之の「楽毅論」(内容は，戦国時代の武将である楽毅について，三国時代に魏の夏侯玄が撰した人物論)である。史料Eは李白の序の一部である。これらの史料を教材として科目「世界史探究」の授業において，「奈良時代以後の日本に与えた中国文化の影響」について，3つの史料を使った視点で思考力，判断力，表現力等を育成するための学習活動を行う場合，生徒に考えさせたい学習課題(問い・主発問)と，それによって得られる知識や概念は何か答えなさい。なお，解答に当たっては，3つの史料及び次の『高等学校学習指導要領(平成30年告示)解説　地理歴史編』の記載事項を踏まえること。

> 第2章　第5節　世界史探究　2　内容とその取扱い
> 　B　諸地域の歴史的特質の形成
>
> > (3)　諸地域の歴史的特質
> > 　…(略)…
> > 　イ　次のような思考力，判断力，表現力等を身につけること。
> > 　　(ア)　東アジアと中央ユーラシアの歴史に関わる諸事象の背景や原因，結果や影響，事象相互の関連，諸地域相互の関わりなどに着目し，主題を設定し，諸

資料を比較したり関連づけたりして読み解き，唐の統治体制と社会や文化の特色，唐と近隣諸国との関係，遊牧民の社会の特徴と周辺諸地域との関係などを多面的・多角的に考察し，表現すること。

3　内容の取扱い

(3)については，国家と宗教の関係や，文化や宗教が人々の暮らしに与えた影響，異なる宗教の共存に気付くようにすること。また，日本の動向も視野に入れて，日本と他の東アジア諸国との比較や関係についても触れること。

学習に当たっては，…(略)…諸地域の歴史的特質を読み解く基本的な観点を拠り所に，例えば，「世界の各地で宗教や文化がどのように成長し，それらを特徴とする地域がどのように生まれたのだろうか」などの学習上の課題…(略)…を設定し，生徒の学習意欲を喚起する諸資料を活用して，多面的・多角的に考察し，思考力，判断力，表現力等を養いつつ，確かな理解と定着を図ることが大切である。

(文部科学省『高等学校学習指導要領解説　地理歴史編』(平成30年7月告示　令和3年8月一部改訂)から抜粋)

問4　漢から唐にかけて発達した訓詁学に最も関連の深いものを，次のア～エから1つ選び，記号で答えなさい。

ア『五経大全』　イ『五経正義』　ウ『四庫全書』
エ『四書集注』

(☆☆☆◎◎◎)

【3】16～19世紀のドイツとその周辺地域の歴史について，次の問いに答えなさい。

問1　次の写真はケルン大聖堂を示したものである。これに関して以下の(1)～(3)の問いに答えなさい。

（山川出版社『高校世界史B改訂版』による）

(1)　この大聖堂と建築様式が同じものを，次のア～エから1つ選び，記号で答えなさい。

ア　シャルトル大聖堂　　　イ　ハギア＝ソフィア聖堂

ウ　ピサ大聖堂　　　　　　エ　サン＝ピエトロ大聖堂

(2)　この大聖堂の建造は，1248年に起工されたが，1560年に中断され，1842年に再着工され，1880年に完成した。この中断と再着工の背景にはどのような事情があったか，それぞれについて簡潔に説明しなさい。

(3)　1880年に行われたこの大聖堂の落成記念式典には，ドイツ皇帝も臨席したが，地元ケルンの教会関係者は参加せず，ケルン大司教はオランダに亡命中であった。これには，当時のドイツ帝国による反カトリック政策が関係していた。この政策を何というか，答えなさい。

問2　1756年～1763年の七年戦争は，プロイセンとオーストリア双方にとって大きな転換点となる戦争であった。このことについて，次の(1)，(2)の問いに答えなさい。

(1)　この戦争は，オーストリアでは「外交革命」と言われる。その理由を30字以内で説明しなさい。

(2)　この戦争により，プロイセンは，オーストリアから得た地下資源豊かなある地方の領有を確定させた。この地方の名称と次の地図中における位置の組み合わせとして正しいものを，以下のア～カから1つ選び，記号で答えなさい。

<地域名>

A　シュレジエン

B　ズデーテン

<位置>

ア　A－X　　イ　A－Y　　ウ　A－Z　　エ　B－X

オ　B－Y　　カ　B－Z

問3　ナポレオンに敗れたプロイセンが1807年にフランスと結んだ条約について，次の(1)，(2)の問いに答えなさい。

(1)　この条約の内容は，領土面でプロイセンにとって屈辱的なものであったとされる。その内容について，条約名を示して説明しなさい。

(2)　この条約が結ばれた後，ベルリン学士院で「ドイツ国民に告ぐ」という連続講演を行った人物を答えなさい。

(☆☆☆◎◎◎)

【4】次の表1をみて，戦間期の歴史に関する以下の問いに答えなさい。なお，表1は戦間期における主な国の製造業生産高指数(1913年を100と

した指数)であり，A～Eは，イギリス，ドイツ，ロシア(ソ連)，アメリカ合衆国，日本のいずれかである。

表1　各国の製造業生産高指数

	世界	A	B	C	D	E
1913	100.0	100.0	100.0	100.0	100.0	100.0
1920	93.2	122.2	59.0	92.6	12.8	176.0
1921	81.1	98.0	74.7	55.1	23.3	167.1
1922	99.5	125.8	81.8	73.5	28.9	197.9
1923	104.5	141.4	55.4	79.1	35.4	206.4
1924	111.0	133.2	81.8	87.8	47.5	223.3
1925	120.7	148.0	94.9	86.3	70.2	221.8
1926	126.5	156.1	90.9	78.8	100.3	264.9
1927	134.5	154.5	122.1	96.0	114.5	270.0
1928	141.8	162.8	118.3	95.1	143.5	300.2
1929	153.3	180.8	117.3	100.3	181.4	324.0
1930	137.5	148.0	101.6	91.3	235.5	294.9
1931	122.5	121.6	85.1	82.4	293.9	288.1
1932	108.4	93.7	70.2	82.5	336.1	309.1
1933	121.7	111.8	79.4	88.3	363.2	360.7
1934	136.4	121.6	101.8	100.2	437.0	413.5
1935	154.5	140.3	116.7	107.9	535.7	457.8
1936	178.1	171.0	127.5	119.1	693.3	483.9
1937	195.8	185.8	138.1	127.8	772.2	551.0
1938	182.7	143.0	149.3	117.6	857.3	552.0

(F.ヒルガート、山口和男、吾郷健二、本山美彦訳『工業化の世界史』による)

問1　次の写真ア～エは，表1中のA，B，D，Eのいずれかの国の様子を示したものである。Aの1920年代の様子を示している写真として最も適切なものを，ア～エから1つ選び，記号で答えなさい。

ア

イ

ウ

エ

（帝国書院『明解世界史Ａ』、山川出版社『詳説日本史図録』による）

問2　表1中のBでは，1923年に国内最大級の鉱工業地帯で大規模なストライキが発生した。その直接の原因となった出来事について簡潔に説明しなさい。

問3　表1中のDで1920年代末から1930年代初めに行われた経済政策について，工業と農業の分野でどのような政策が推進されたか，それぞれ説明しなさい。

問4　表1中のEは，1937年に生じた隣国との軍事衝突をきっかけに隣国に兵を進め，宣戦布告のないまま戦争を始めた。この出来事の生じた場所を，次の地図中のア～エから1つ選び，記号で答えなさい。

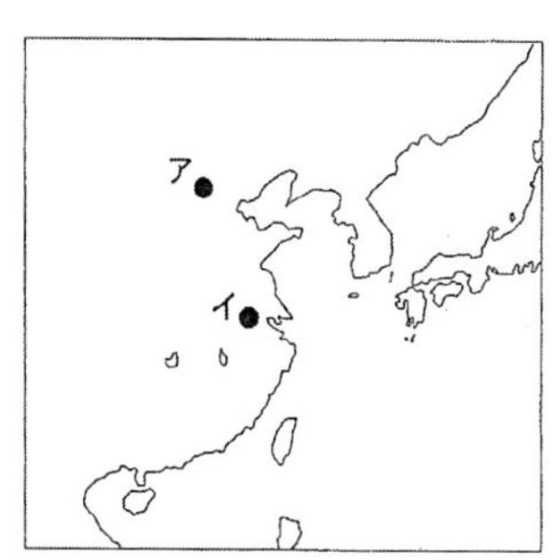

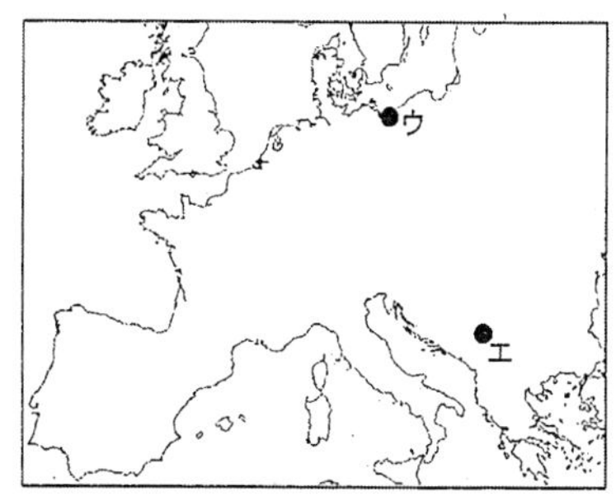

問5　次の表2は，表1のA，B，C，Eの4か国の1926年と1931年における関税率の推移について示している。表1と表2を資料として，科目「世界史探究」の授業において，生徒が思考力，判断力，表現力等を身に付けることをねらいとした学習活動を展開したい(ただし，表1，表2中のA，B，C，D，Eの国名を明記したものを用いること

とする)。これらの資料を用いた授業で，生徒に考えさせたい学習課題(主題・問い)を構想して答えなさい。また，その学習を通して生徒が獲得する知識や概念を説明しなさい。なお，解答に当たっては，次の『学習指導要領(平成30年告示)』の記載事項を踏まえること。

表２　関税率の推移

国	1926年	1931年
A	29%	53.0%
B	12%	40.7%
C	4%	＊10.0%
E	16%	24.0%
フランス	12%	38.0%

＊1932年データ　　（帝国書院『明解歴史総合』による）

イ　次のような思考力，判断力，表現力等を身に付けること。
(ア)　世界恐慌と国際協調体制の動揺に関わる諸事象の背景や原因，結果や影響，事象相互の関連，諸地域相互のつながりなどに着目し，主題を設定し，諸資料を比較したり関連付けたりして読み解き，世界恐慌に対する諸国家の対応策の共通点と相違点，ファシズムの特徴，第二次世界大戦に向かう国際関係の変化の要因などを多面的・多角的に考察し，表現すること。

(文部科学省『学習指導要領』(平成30年告示)から抜粋)

(☆☆☆◎◎◎)

【5】次の問いに答えなさい。ただし，解答の際は以下の<指定語句>をすべて必ず用い，用いた<指定語句>にはそれぞれ下線を付すこと。

問1　395年にテオドシウス帝はローマ帝国を東西に分割して2子に分け与えた。西ローマ帝国は476年に滅亡する一方で，東ローマ帝国はその後1000年以上続いた。東ローマ帝国は，6世紀には地中海のほぼ全域に勢力を拡大し，西ヨーロッパに対して経済的・文化的な先進文明圏として優位を保った。6～9世紀頃の東ローマ帝国の特徴について，西ヨーロッパ世界との違いに留意しながら，政治面，経済面について説明しなさい。

<指定語句>

貨幣　コンスタンティノープル　皇帝　ギリシア正教会

問2　中東から中央アジアのイスラーム世界においては，1979年は国際関係上，大きな転換点となった。この年の前後における国際関係上の変化について，特にアメリカとの関わりを踏まえ，1980年代までを視野に入れて説明しなさい。

<指定語句>

シナイ半島　イラン＝イスラーム革命　ソ連　ボイコット

(☆☆☆◎◎◎)

地理歴史(地理)

【1】次の文は『高等学校学習指導要領(平成30年告示)解説　地理歴史編』の「第2章第1節　地理総合　2　内容とその取扱い　C持続可能な地域づくりと私たち　(2)生活圏の調査と地域の展望」の一部である。文中の空欄【　1　】～【　5　】に当てはまる適切な語句を答えなさい。なお，同じ数字の箇所には同じ語句が入る。

(2)　生活圏の調査と地域の展望

【　1　】的相互依存作用や地域などに着目して，課題を【　2　】する活動を通して，次の事項を身に付けることができるよう指導する。

ア　次のような知識を身に付けること。

(ア)　生活圏の調査を基に，地理的な課題の解決に向けた取組や【　2　】する手法などについて理解すること。

イ　次のような思考力，判断力，表現力等を身に付けること。

(ア)　生活圏の地理的な課題について，生活圏内や生活圏外との結び付き，地域の成り立ちや変容，持続可能な地域づくりなどに着目して，主題を設定し，課題解決に求められる取組などを多面的・多角的に考察，【　3　】し，表現すること。

…(略)…

この中項目は，【　1　】的相互依存作用や地域などに関わる視点に着目して，生活圏の地理的な課題を多面的・多角的に考察し，表現する力を育成するとともに，地理的な課題の解決に向けた取組や【　2　】する手法などを理解できるようにすることが求められている。

この中項目における【　1　】的相互依存作用に関わる視点としては，例えば，生活圏の地理的な課題の現状を，個々の事象の地域的な結び付きや広がりから捉えることなどが考えられる。

…(略)…

この中項目で身に付けたい「知識」に関わる事項として，ア(ア)「生活圏の調査を基に，地理的な課題の解決に向けた取組や【　2　】する手法などについて理解すること」が挙げられる。

このうち，生活圏の調査については，例えば，学校周辺の狭い地域を設定したり，課題によっては学校の通学圏など一部生活圏を越えた幅広い地域を設定したりするなど，弾力的に考えることが大切である。

地理的な課題の解決に向けた取組や【　2　】する手法などについて理解するについては，【　4　】の生活圏で見られる地理的な課題を発見し，その解決に向けた様々な立場からの取組や【　2　】方法などを理解することを意味している。また，「【　2　】する手法」については，【　4　】が生活圏に見られる課題を自ら設定し，情報の収集，整理・分析を行って，立てられた【　5　】を検証してまとめる一連の活動の中で，新たな発見や理解の深化を見いだし，改めて【　5　】や場合によっては課題を設定し直し，情報の収集，整理・分析を行っていくというスパイラルする学習の姿を想定している。

…(略)…

この中項目で身に付けたい「思考力，判断力，表現力等」に関わる事項として，イ(ア)「生活圏の地理的な課題について，生活圏内や生活圏外との結び付き，地域の成り立ちや変容，持続可能な地域づくりなどに着目して，主題を設定し，課題解決に求められる取組などを多面的・多角的に考察，【　3　】し，表現すること」が挙げられる。

…(略)…

主題を設定し，課題解決に求められる取組などを多面的・多角的に考察，【　3　】し，表現するについては，ここで取り上げる主題として，「買い物弱者の問題」，「住宅団地の空洞化」などが考えられる。ここで取り上げる主題は地域社会に生起する課題の中から，当該生活圏に顕在化する身近な課題，【　4　】自身が取り組みやすい課題などの条件を考慮して設定することが大切である。その際，そこに居住する様々な人々の立場，状況を考慮した上で取り上げる課題を検討する必要がある。

…

(☆☆☆☆◎◎◎◎)

【2】世界の地理に関する次の問いに答えなさい。

問1　次の図1を見て，以下の(1)～(5)の問いに答えなさい。

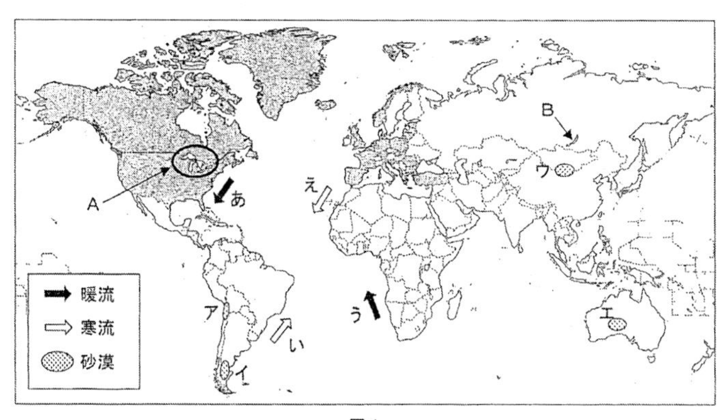

図1

(1)　図1中の湖AとBの，成因による分類として正しいものを，次の①～⑤からそれぞれ1つずつ選び，番号で答えなさい。ただし，同じ番号を複数回選んで良いものとする。

① 河跡湖　② カルデラ湖　③ 断層湖

④ ラグーン(潟湖)　⑤ 氷河湖

(2) 図1中の矢印あ～えは海流を示している。矢印の方向を海流の向き，黒色の矢印を暖流，白色の矢印を寒流としたとき，海流の向きと暖流・寒流の区別の両方が正しいものをあ～えから1つ選び，記号で答えなさい。また，その海流の名称を答えなさい。

(3) 図1中のア～エは砂漠を示している。これらを成因によって分類した場合，雨陰砂漠に分類されるものをア～エから1つ選び，記号で答えなさい。

(4) 図1中の着色された国々は，1949年に調印された条約に基づき発足した国際組織の加盟国(2021年11月，外務省資料による)である。この国際組織は何か，次の①～④から1つ選び，番号で答えなさい。

① APEC　② EFTA　③ NATO　④ OECD

(5) 次の図2は，主な湖の水面標高と水深を示したものであり，図中の①～④は死海，タンガニーカ湖，チチカカ湖，琵琶湖のいずれかである。タンガニーカ湖に該当するものを①～④から1つ選び，番号で答えなさい。

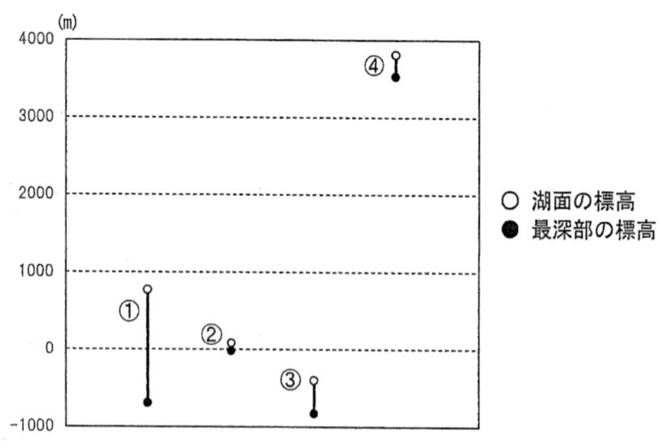

図2　（帝国書院『新詳高等地図』より作成）

問2　次の図3中のカ～コは高原を示している。また，文C～Gは，カ～コの高原のいずれかについて説明したものである。これらを見て，あとの(1)～(6)の問いに答えなさい。

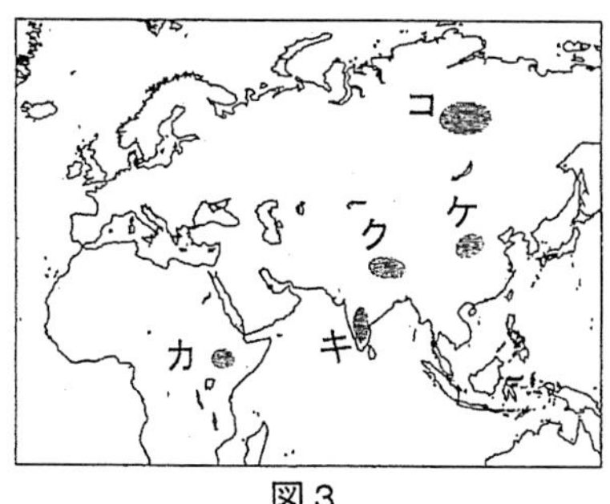

図3

C　玄武岩で形成された溶岩台地。表面の玄武岩は風化して肥沃な土壌となり，綿花の栽培が盛んである。

D　北西の砂漠地帯から(a)風によって巻き上げられた砂塵が堆積して形成された高原。付近では畑作が行われているが，激しい土壌侵食にさらされている。

E　海抜2,000～3,000mの高原で，高山気候に属するため同緯度の低地に比べて冷涼である。高原を斜めに横切り，大陸を縦断する【　サ　】によって北西部と南東部に二分される。

F　【　シ　】山脈を南縁とし，北のクンルン山脈に至る山間高原。平均高度は約4,500mで寒冷な気候である。この地に生息するヤクの遊牧を営む民族が居住している。

G　エニセイ川と(b)レナ川との間に広がる卓状地で，広大な(c)針葉樹林が広がっている。金鉱，ダイヤモンド，ニッケルなどの(d)鉱産資源が産出される。

(1)　C及びDの説明に該当する高原の名称を答え，その位置を図3中のカ～コからそれぞれ1つずつ選び，記号で答えなさい。

(2)　文中の空欄【　サ　】，【　シ　】に当てはまる適切な語句を答えなさい。

(3)　文中の下線部(a)について，このような土壌を総称して何というか，答えなさい。

(4)　文中の下線部(b)について，この川では春になると洪水が頻発する。この洪水が起こるしくみについて，上流部と下流部の気候の違いに着目して説明しなさい。

(5)　文中の下線部(c)について，冷帯気候にみられる針葉樹林を一般的に何というか，カタカナで答えなさい。

(6)　文中の下線部(d)について，次の表1はGで説明される高原で産出される主な資源の産出上位の国または地域と，世界全体に占める割合を示したものであり，タ～ツは金鉱，ダイヤモンド，ニッケルのいずれかである。表1について，以下のa，bの問いに答えなさい。

表1

タ		チ		ツ	
フィリピン	17.0	中国	13.2	ロシア	30.1
ロシア	12.4	X	9.3	コンゴ民主共和国	17.3
カナダ	11.6	ロシア	8.4	ボツワナ	15.3
X	10.0	アメリカ	7.3	X	10.4
ニューカレドニア	10.0	カナダ	5.1	カナダ	9.7

(統計年次はタ、ツは2016年、チは2017年　二宮書店『データブック オブ・ザ・ワールド2021』より作成)

a　表1中のタ～ツと資源名の組み合わせとして正しいものを，次の①～⑥から1つ選び，番号で答えなさい。

	①	②	③	④	⑤	⑥
タ	金鉱	金鉱	ﾀﾞｲﾔﾓﾝﾄﾞ	ﾀﾞｲﾔﾓﾝﾄﾞ	ニッケル	ニッケル
チ	ﾀﾞｲﾔﾓﾝﾄﾞ	ニッケル	金鉱	ニッケル	金鉱	ﾀﾞｲﾔﾓﾝﾄﾞ
ツ	ニッケル	ﾀﾞｲﾔﾓﾝﾄﾞ	ニッケル	金鉱	ﾀﾞｲﾔﾓﾝﾄﾞ	金鉱

b　表1中のXに該当する国名を答えなさい。

問3　次の図4は，気温の年較差の分布を示したものである。図中の地点YとZはほぼ同緯度に位置するが，気温の年較差に大きな違いが見られる。その理由を説明しなさい。

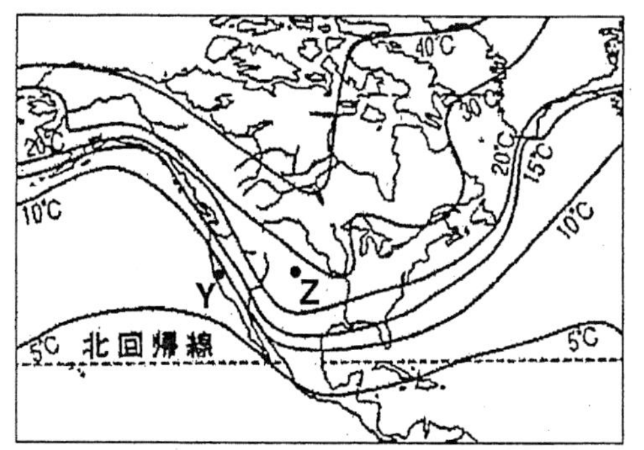

図４（帝国書院『新詳地理資料 COMPLETE2020』より作成）

(☆☆☆◎◎◎)

【3】日本の地理に関する次の問いに答えなさい。

問1　次の図5を見て，以下の(1)～(6)の問いに答えなさい。

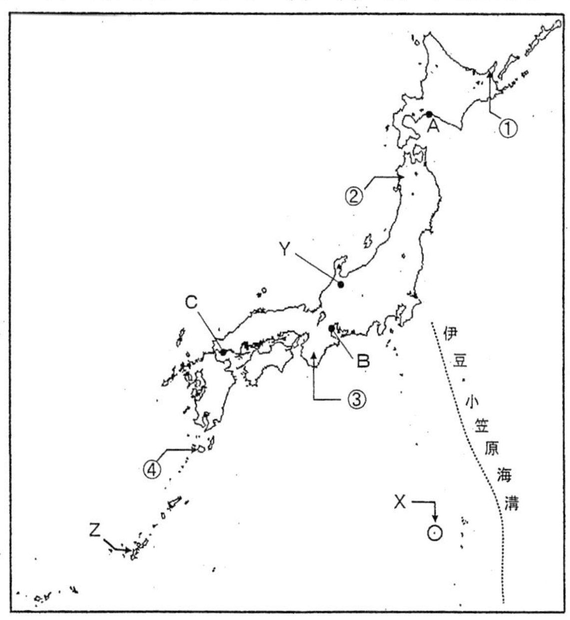

図5

(1)　次の図6は，2013年と2014年における，図5中のXで示した範囲に位置する島の火山活動に伴う変化を示している。この島の名称を答えなさい。

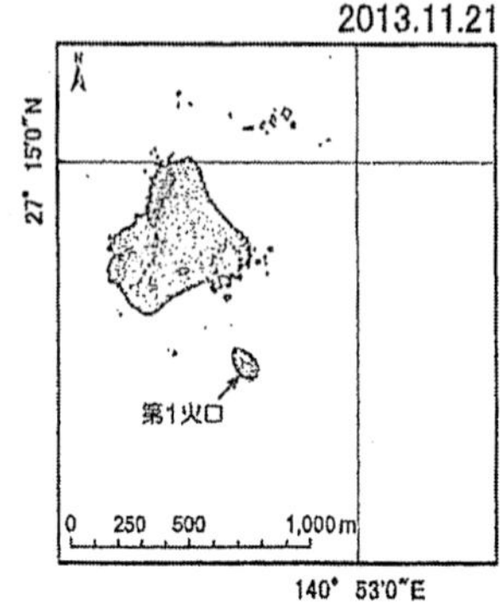

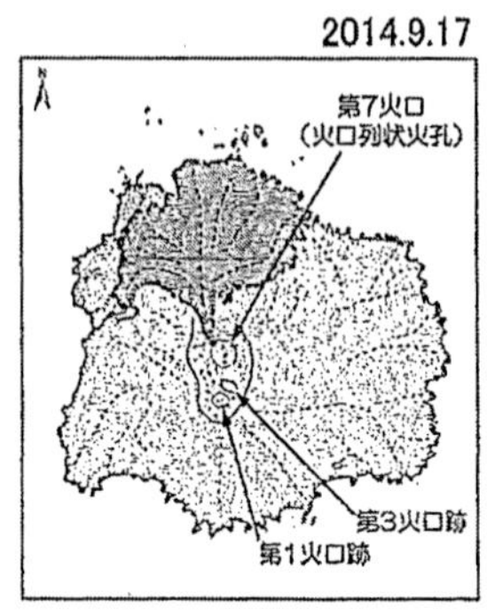

図6（海上保安庁HPによる）

(2)　図5中のXに位置する島を含む伊豆・小笠原弧は，列状に連なっている。その理由を伊豆・小笠原海溝で接しているプレートの名称や動きに着目して簡潔に説明しなさい。

(3)　図5中のXに位置する島が属している小笠原諸島は，独自の進化を遂げた貴重な固有種や希少種が数多く生息し，2011年に世界自然遺産に登録された。次の資料1は日本国内の，ある世界自然遺産について説明したものである。説明に該当する世界自然遺産の位置として最も適切なものを，図5中の①～④から1つ選び，番号で答えなさい。また，その世界自然遺産の名称を答えなさい。

資料1
…都市から遠く離れ，傾斜が急峻な地形のために，ほとんど手つかずのまま原生的なブナ林が残されています。
…(略)…そこには，ブナを中心に500種類以上の多種多様な植物が生息し，ツキノワグマやニホンカモシカなどのほ乳類のほか，イヌワシ，クマゲラ等の94種にもおよぶ鳥類など，“生物の楽園”ともいえる豊かな森林生態系が育まれています。…
(環境省資料『八千年の橅(ぶな)の森　大いなる生命の循環』による)

(4) 次の表2中のア～ウは，図5中の港A～Cのいずれかにおける貨物の輸出上位4品目と全体に占める割合を示している。また，表3中のカ～クは，図5中の港A～Cが属しているいずれかの道県の産業別人口割合を示している。図5中の港A，Bに該当するものの組み合わせとして正しいものを，それぞれあとの①～⑨から1つずつ選び，番号で答えなさい。

表2　(%)

ア	化学薬品(31) 合成樹脂等(12) 自動車部品(12) 完成自動車(11)
イ	紙・パルプ(12) 水産品(11) 重油(11) 自動車部品(11)
ウ	窯業品(38) セメント(33) 化学薬品(15) 化学肥料(8)

(統計年次は、ア・ウは 2019 年、イは 2020 年　国土交通省及び港管理組合資料より作成)

表3　(%)

	第1次産業	第2次産業	第3次産業
カ	6．1	17．4	76．5
キ	4．2	25．9	69．9
ク	3．0	32．3	64．7

(統計年次は 2017 年 二宮書店『データブック オブ・ザ・ワールド 2021』より作成)

	①	②	③	④	⑤	⑥	⑦	⑧	⑨
表2	ア	ア	ア	イ	イ	イ	ウ	ウ	ウ
表3	カ	キ	ク	カ	キ	ク	カ	キ	ク

(5)　次の図7は，図5中のYの地域における地図である。図7を見て，以下のa，bの問いに答えなさい。

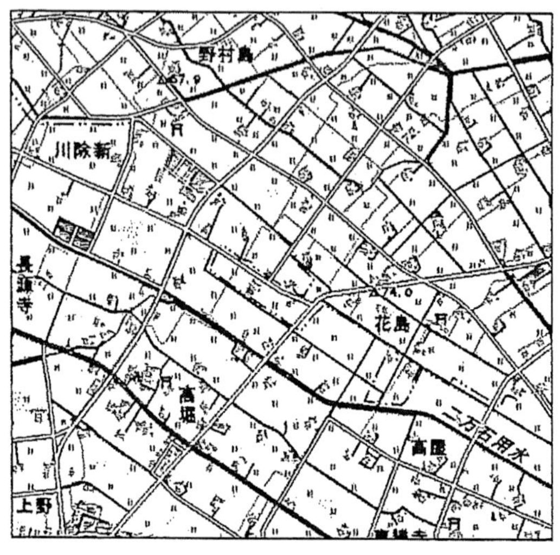

図７　　　　（「地理院地図」による）

a　図7に示された地域では，特徴的な村落の形態が見られる。この地域と同様の村落の形態が見られる地域として適当でないものを，次の①～④から1つ選び，番号で答えなさい。

①　奈良盆地　　②　大井川扇状地　　③　讃岐平野
④　出雲平野

b　次の図8は，図7の地域に見られる伝統的な家屋と屋敷林の様子を一般的なモデルとして示したものである。図8から読み取ることができる，この地域における家屋と屋敷林の特徴を，場所や人間と自然環境との相互依存関係に着目して説明しなさい。

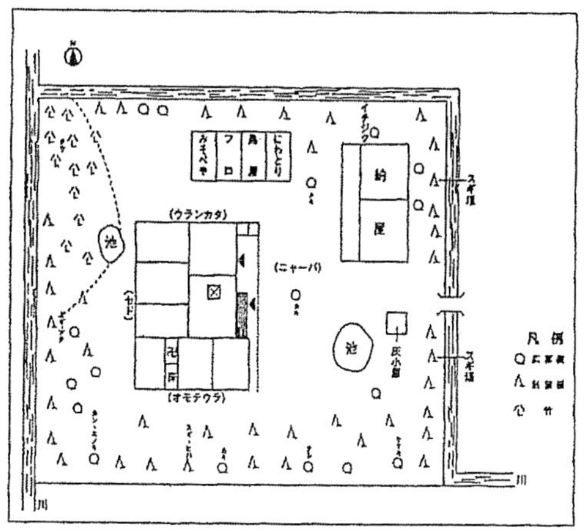

図８　(砺波郷土資料館資料による)

(6)　次の写真1は，図5中のZ島に見られる，海水淡水化センターである。なぜZ島ではこのような施設が作られたのか。その理由について，Z島の自然環境を踏まえて説明しなさい。

写真１　(沖縄県企業局HPによる)

問2　次の図9は，日本の漁業種類別漁獲量の推移を，図10は，日本の魚介類の輸入量の推移を示したものである。なお，図9中のサ～セは，沿岸漁業，沖合漁業，遠洋漁業，海面養殖業のいずれかである。あとの(1)，(2)の問いに答えなさい。

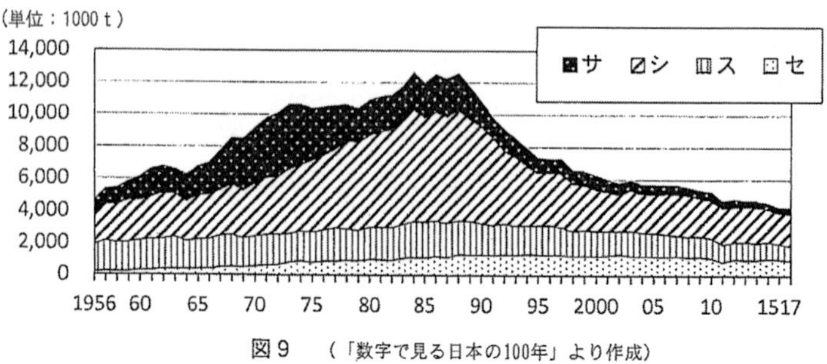

図９　（「数字で見る日本の100年」より作成）

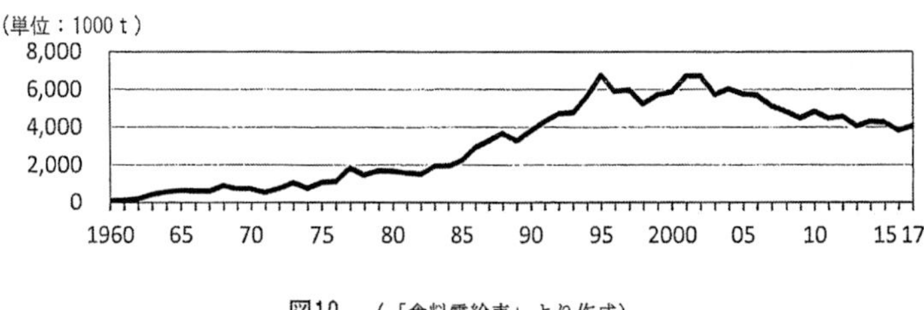

図10　（「食料需給表」より作成）

(1)　図9，図10から読み取ることができる内容や，その背景となる出来事について説明した文として正しいものを，次の①～④から2つ選び，番号で答えなさい。

①　沖合漁業は乱獲による水産資源の減少により漁獲量が減少し，1980年代以降，沿岸漁業を下回るようになった。

②　遠洋漁業は，2度のオイルショックや沿岸国の漁業水域200カイリ設定の影響により，1970年代後半以降，漁獲量が急激に減少し，その後も減少傾向にある。

③　日本が国連海洋法条約に批准したことで，多くの魚種の輸入が自由化され，1980年代の魚介類の輸入量は，国内の総漁獲量を上回っている。

④　水産物の消費形態の多様化や高級志向により，海面養殖による漁獲量は1980年代以降安定しており，図9中の漁業種類全体に占める割合は増加傾向にある。

(2) 1996年，日本は海洋生物資源の保存及び管理に関する法律において，TAC(Total Allowable Catch)による管理制度を導入した。この制度はどのようなものか，次の文につづけて，簡潔に説明しなさい。

水産資源の維持のため，(　　)

問3　次の図11，図12は，それぞれ現在の静岡県三島市周辺における新旧の地図を示している。これらの地図を比較し，科目「地理総合」において「身近な地域の変化」を題材にして生徒が考察するための学習課題(問い・主発問)を答えなさい。また，その学習課題によって図11，図12を基に生徒に読み取り，考察させたい内容は何か答えなさい。

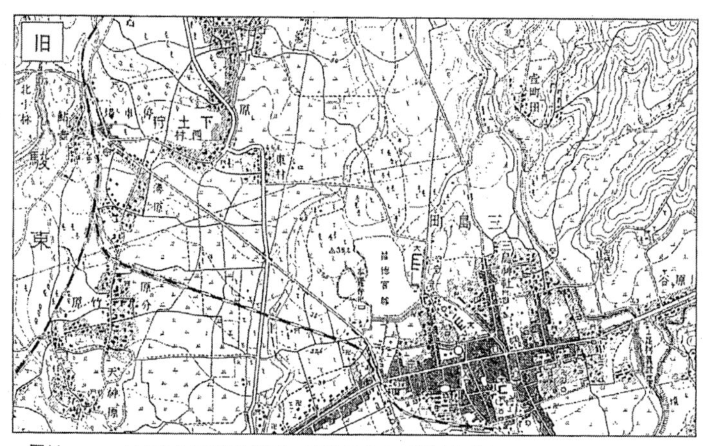

図11　　(大正8年2月発行（縮尺：2万5,000分の1地図を拡大))

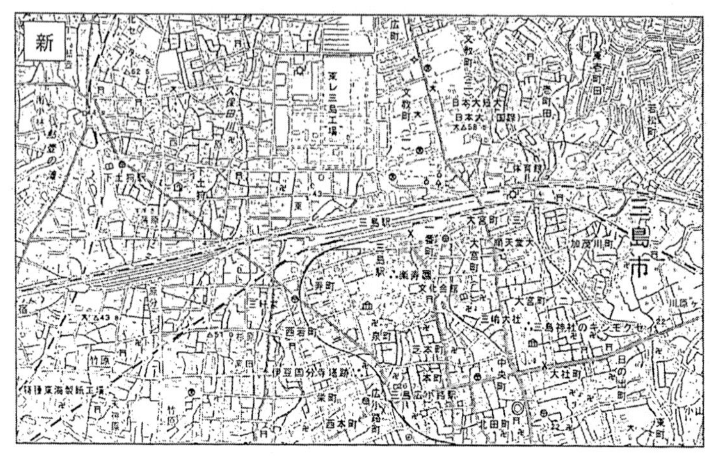

図12　(「地理院地図」による)

(☆☆☆◎◎◎)

【4】産業と人口に関する次の問いに答えなさい。

問1　次の表4は，主な国の農業に関する指標を示したものであり，表中の①～④は，アメリカ合衆国，カナダ，フランス，ロシアのいずれかである。アメリカ合衆国に該当するものを①～④から1つ選び，番号で答えなさい。

表4

	農業従事者1人当たり農地面積(ha) 2017年	小麦の1ha当たり収量(トン) 2018年	GDPに対する農業生産の割合(%) 2018年
①	180.8	3.20	0.9[*1]
②	40.0	6.84	1.6
③	200.2	3.22	1.7[*2]
④	51.7	2.73	3.1

(*1は2017年、*2は2018年　二宮書店『データブック　オブ・ザ・ワールド2021』より作成)

問2　次の図13の地図中で着色された地域は，ホイットルセイの農業区分において共通した農業形態となっている。この図を見て，以下の(1)，(2)の問いに答えなさい。

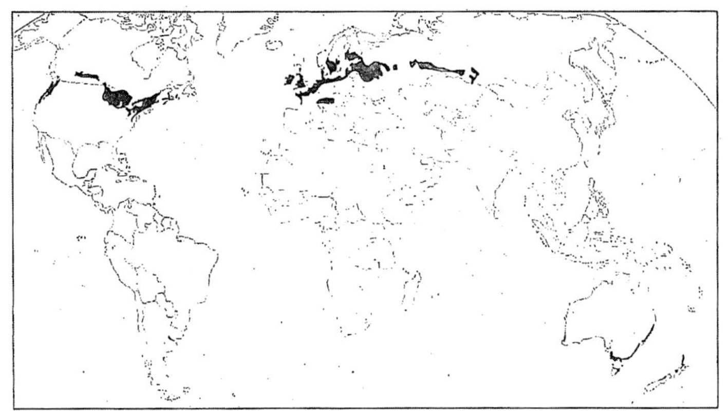

図13　（二宮書店『新編詳解地理Ｂ改訂版』により作成）

(1)　図13中の着色された地域に共通する農業形態は何か，次の①～⑤から1つ選び，番号で答えなさい。

①　企業的牧畜　　②　集約的畑作　　③　園芸農業
④　遊牧　　　　　⑤　酪農

(2)　(1)の農業形態が，図13で示された地域に分布するのはなぜか，分布する地域の自然条件に着目して説明しなさい。

問3　以下のA～Cは，ア～ウの文で説明される農作物のいずれかの生産上位6か国を示したものである。ア～ウとA～Cの組み合わせとして正しいものを①～⑥から1つ選び，番号で答えなさい。

ア　アフリカが原産地。アカネ科の常緑樹で，幼樹は日射や風に弱く，保護するための「母の木」を植える。種子が嗜好飲料となる。

イ　熱帯アジアから太平洋の島々が原産地。茎のしぼり汁から砂糖を精製するほか，発酵させて自動車の燃料としても利用される。

ウ　西アフリカが原産地，やし科の樹高10～20mの高木から収穫した果実から採取された油。

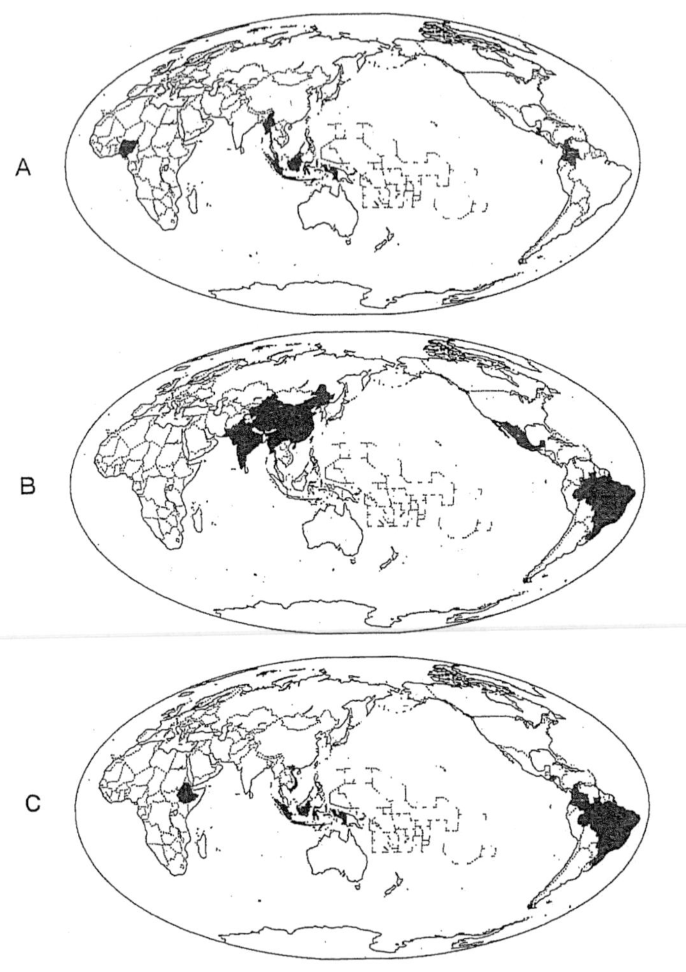

（統計年次は 2018 年　二宮書店『データブック　オブ・ザ・ワールド 2021』より作成）

	①	②	③	④	⑤	⑥
ア	A	A	B	B	C	C
イ	B	C	A	C	A	B
ウ	C	B	C	A	B	A

問4　次の表5は札幌市，富山市，甲府市，静岡市のいずれかにおける，さけ，まぐろ，ぶりおよび鮮魚全体の1世帯当たり年間購入額を示したものである。静岡市に該当するものを①～④から1つ選び，番号で答えなさい。

表5

単位：円/世帯・年

都市	さけ	まぐろ	ぶり	鮮魚全体
①	4,749	3,817	5,287	35,271
②	6,427	3,374	905	29,012
③	3,471	7,493	1,491	26,364
④	2,682	4,008	1,056	18,440

（統計年次は2021年。「家計調査」より作成）

問5　次の表6は，木材(丸太および製材)の輸出入上位国を示したものである。アメリカ合衆国は木材の輸出が多いにもかかわらず，輸入も行っている。それはなぜか，以下の図14や図15から読み取ることができることを基に説明しなさい。

表6

輸出（万㎥）		輸入（万㎥）	
ロシア	5,104	中国	9,735
カナダ	3,649	**アメリカ合衆国**	2,764
ニュージーランド	2,335	ドイツ	1,474
アメリカ合衆国	2,051	オーストリア	1,268
ドイツ	1,439	スウェーデン	1,007

（統計年次は2018年　二宮書店『データブック　オブ・ザ・ワールド2021』より作成）

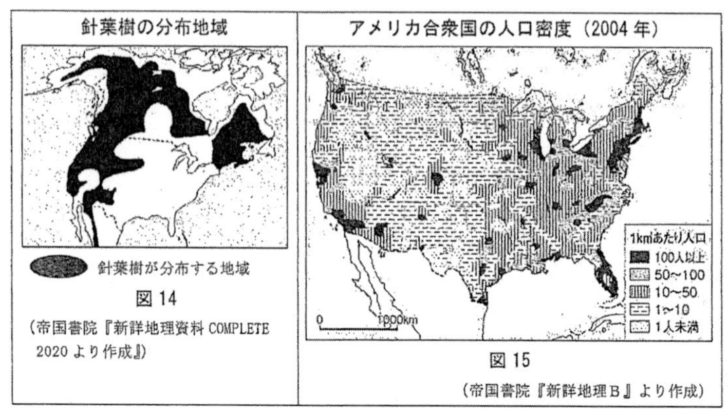

図14
（帝国書院『新詳地理資料 COMPLETE 2020より作成』）
図15
（帝国書院『新詳地理B』より作成）

問6　次の表7は，アジアNIEs(韓国・ホンコン・台湾・シンガポール)のいずれかの国または地域における主な輸出品と輸出額全体に占める割合を示したものである。韓国に該当するものを①～④から1つ選び，番号で答えなさい。

表7　（%）

①		②		③		④	
機械類	45.8	機械類	41.7	機械類	55.4	機械類	69.3
石油製品	11.8	自動車	11.5	精密機械	5.0	金(非貨幣用)	4.9
精密機械	5.0	石油製品	7.2	プラスチック	3.9	精密機械	4.7
金(非貨幣用)	3.3	鉄鋼	4.8	金属製品	3.8	ダイヤモンド	2.6
化学薬品	3.2	化学薬品	4.8	化学薬品	3.2	衣類	2.3

（統計年次は2019年。『データブック　オブ・ザ・ワールド2021』より作成）

問7　次の図16は，日本における業種別従業者数の推移を示したものであり，図中のカ～ケは，輸送用機械，電気機械，鉄鋼・非鉄金属，繊維・衣服のいずれかである。輸送用機械と繊維・衣服に当てはまるものの組み合わせとして正しいものを，以下の①～④から1つ選び，番号で答えなさい。

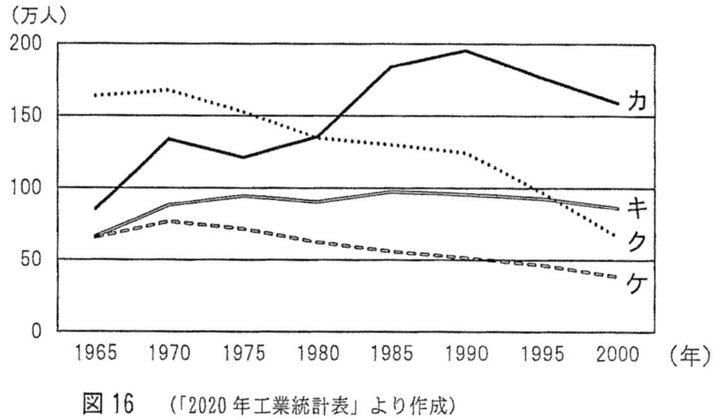

図 16　(「2020 年工業統計表」より作成)

	①	②	③	④
輸送用機械	カ	カ	キ	キ
繊維・衣服	ク	ケ	ク	ケ

問8　次の図17は，人口転換のモデルを示したものである。この図を見て，以下の(1)～(4)の問いに答えなさい。

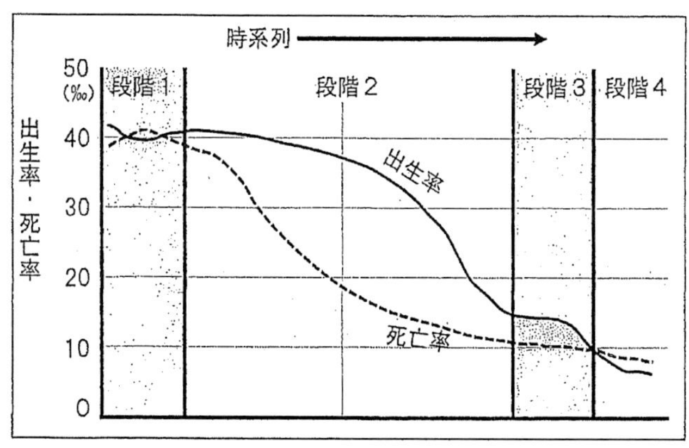

図 17　(二宮書店『新編詳解地理Ｂ改訂版』より作成)

(1)　次の文は，図17中の段階1において出生率，死亡率がともに高い理由について述べたものである。文中の下線部のうち適切でないものを①～④から1つ選び，番号で答えなさい。

> このような地域では①労働集約的な第一次産業が中心で，電気・ガス・水道などのインフラが未発達な地域も多く，②子どもが貴重な労働力になっているため出生率が高い。③社会保障制度も整っておらず，親にとって子どもは老後の支えになるため多産の傾向がある。
>
> また，このような地域では貧困により衛生・栄養状態が悪いため，特に④老年人口の死亡率が高い。

(2) 図17中の段階2においては，出生率と死亡率の差が大きくなり，人口が急増する現象が起こる。このような現象を何というか，答えなさい。

(3)　ある地域で，図17中の段階2における人口ピラミッドが次の図18の点線のような形で表されたとき，段階4になると人口ピラミッドはどのような形に変化するか，次の図に重ね合わせて実線で描きなさい。

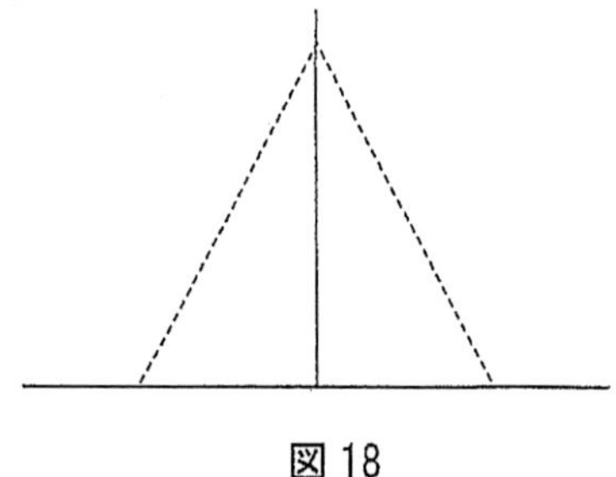

図 18

(4)　次の図19は，アラブ首長国連邦の人口ピラミッドを示したものであるが，図17の一般的な人口転換のモデルではみられない独特な人口構成となっている。この人口構成の特徴を，その特徴をもたらす要因と合わせて説明しなさい。

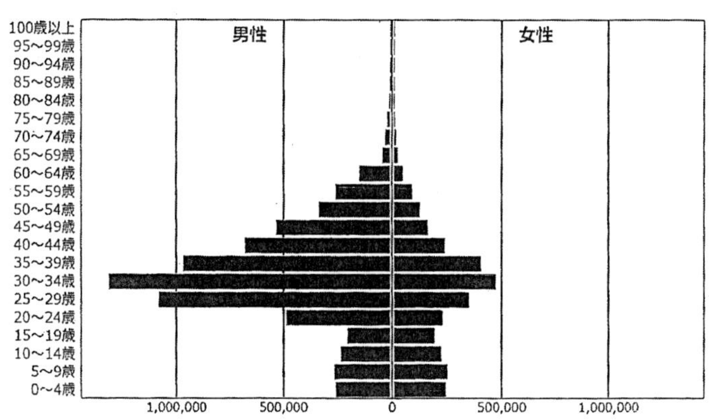

図 19　(統計年次は 2020 年　「統計ダッシュボード」より作成)

問9　次の表8中のサ～スは，イギリス，ドイツ，フランスの3か国における外国人流入人口の上位国とその割合を示したものである。国名とサ～スの組み合わせとして正しいものを以下の①～⑥から1つ選び，番号で答えなさい。

表 8　(%)

国名	割合	国名	割合	国名	割合
中国	11.2	ルーマニア	16.7	アルジェリア	8.9
ルーマニア	9.8	ポーランド	10.8	モロッコ	7.6
インド	9.6	ブルガリア	5.9	イタリア	5.5
ポーランド	4.8	シリア	5.5	チュニジア	4.8
アメリカ	3.7	クロアチア	4.2	スペイン	4.4
サ		シ		ス	

(統計年次は 2017 年　二宮書店『データブックオブ・ザ・ワールド 2021』より作成)

	①	②	③	④	⑤	⑥
イギリス	サ	サ	シ	シ	ス	ス
ドイツ	シ	ス	サ	ス	サ	シ
フランス	ス	シ	ス	サ	シ	サ

問10　次の図20のタ～テは，エジプト，スウェーデン，中国，日本のいずれかの国における65歳以上人口の全人口に占める割合の推移(2030年と2050年は推計)を示したものである。中国とスウェーデンに該当するものの組み合わせとして正しいものを以下の①～⑫から1つ選び，番号で答えなさい。

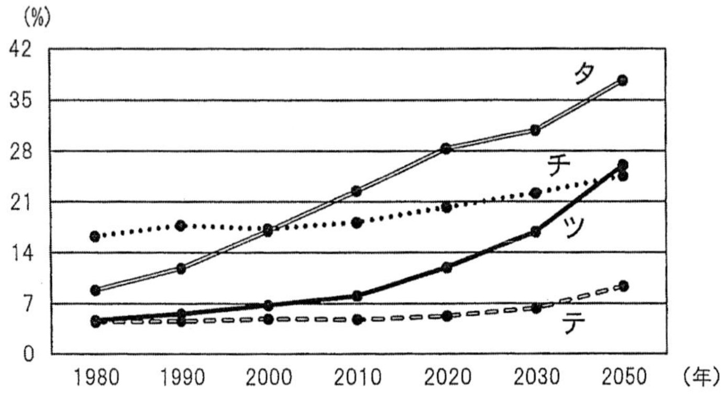

図 20　(矢野恒太記念会『世界国勢図会 2021/22』より作成)

	①	②	③	④	⑤	⑥	⑦	⑧	⑨	⑩	⑪	⑫
中　国	タ	タ	タ	チ	チ	チ	ツ	ツ	ツ	テ	テ	テ
スウェーデン	チ	ツ	テ	タ	ツ	テ	タ	チ	テ	タ	チ	ツ

問11　人口抑制のための施策について考察する際，あるデータと合計特殊出生率との間の関係には一定の傾向が見られる。次の図21は，横軸が合計特殊出生率であるが，縦軸はどのようなデータを示したものであるか，以下の①～④から最も適当なものを1つ選び，番号で答えなさい。

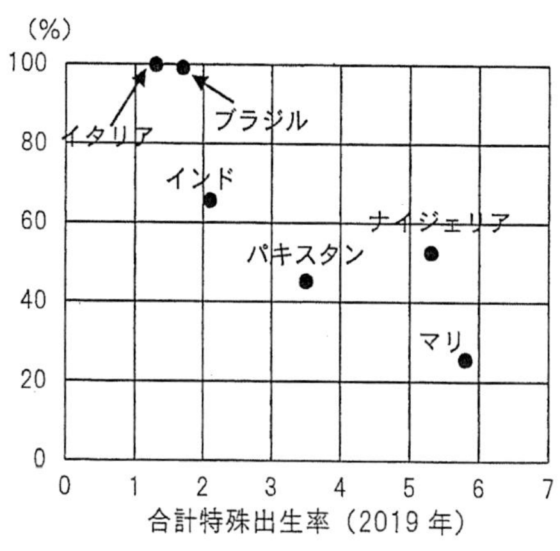

図 21

（縦軸はユネスコ資料（2018 年）、合計特殊出生率は矢野恒太記念会『世界国勢図会 2021/22』より作成）

① 第一次産業人口率
② 初等教育就学率(男女平均)
③ 男性の育児休暇取得率
④ 女性の識字率

(☆☆☆◎◎◎)

【5】次の図22は，北極点を中心とした正距方位図法で描かれた世界地図である。以下の問いに答えなさい。

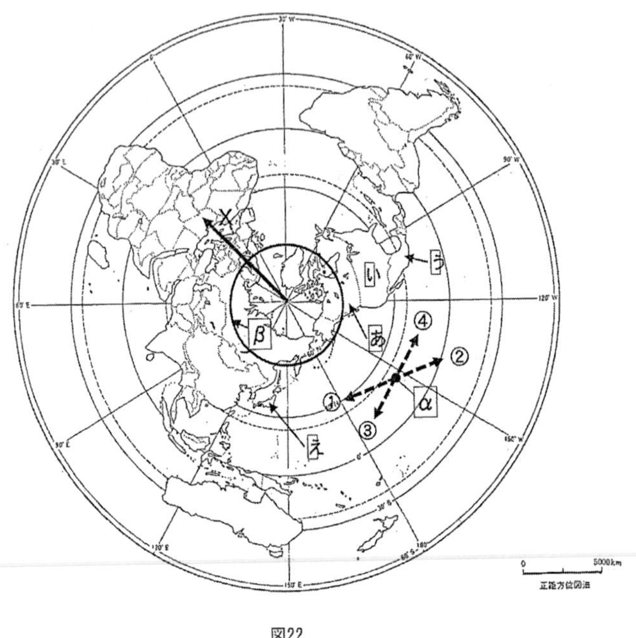

図22

問1　図22の中心から見た，矢印Xの方位を8方位で答えなさい。

問2　次の①～⑥の山脈のうち，新期造山帯ではないものをすべて選び，番号で答えなさい。

①　アンデス山脈　　②　カフカス山脈　　③　ウラル山脈

④　アラスカ山脈　　⑤　アトラス山脈　　⑥　アパラチア山脈

問3　次の表9は，世界の主な海洋の面積，最大深度，平均深度，平均水温を示したものであり，①～④は，太平洋，大西洋，インド洋，北極海(それぞれの縁海も含む)のいずれかである。インド洋に該当するものを①～④から1つ選び，番号で答えなさい。

表9

	面積（万km²）	最大深度（m）	平均深度（m）	平均水温（℃）
①	16, 624. 1	10, 920	4, 188	3. 7
②	7, 342. 7	7, 125	3, 872	3. 8
③	8, 655. 7	8, 605	3, 736	4. 0
④	948. 5	5, 440	1, 330	-0. 7

（二宮書店『データブック　オブ・ザ・ワールド 2021』より作成）

問4　次の①～⑥の都市のうち，北極点からの距離が最も遠い都市を1つ選び，番号で答えなさい。

①　パリ　②　テヘラン　③　シャンハイ

④　メキシコシティ　⑤　ナイロビ　⑥　カイロ

問5　太平洋周辺の国々について，次の(1)，(2)の問いに答えなさい。

(1)　次のア～エの文は，東南アジア地域の国々に関する説明である。これについて，以下のa，bの問いに答えなさい。

ア　東南アジア地域で最も人口が多い国である。その約3分の2が【　Ⅰ　】島に集中するため，2022年に新しい首都の建設法案が可決された。石炭，天然ガスの産出，米の生産は世界有数である。

イ　仏教徒が多数を占める。東南アジア地域の国の中では，唯一19世紀から独立を維持している王国である。同国中央部を流れ，最大河川である【　Ⅱ　】川は水量が多く，世界的な米の産地を形成し，輸出量は世界上位である。

ウ　1970年代は，冷戦時代の影響を受けて激しい内戦が続いていた。その後社会主義国となった。ドイモイ政策により経済が急成長し，電気機器や衣類は，日本に多く輸出されている。

エ　1970年代～1990年代まで激しい内戦が続いていた。内戦終結後，ASEANに加盟し，最新の加盟国となっている。この国の遺跡は世界的に有名であり，2004年世界遺産に登録された。

a　カンボジアの説明に該当するものを，ア～エから1つ選び，記号で答えなさい。

b　文中の空欄【　Ⅰ　】,【　Ⅱ　】に該当する適切な語句をそれぞれ答えなさい。

(2)　次の表10は，図22中の[あ]～[う]国に関する資料である。これについて，以下のa，bの問いに答えなさい。

表10

	貿易依存度(2019)	観光客受入(2018)	1000人当たり病床数(2017)	インターネット利用率(2017)
カ	輸出 7.7% 輸入 11.7%	7,975万人	2.9	87.3%
キ	輸出 25.7% 輸入 26.1%	2,113万人	2.7	91.0%
ク	輸出 36.6% 輸入 36.2%	4,131万人	1.5	65.8%　*1

(*1：2018年　二宮書店『データブック　オブ・ザ・ワールド2021』より作成)

a　表10中のカ～クと[あ]～[う]の組み合わせとして正しいものを①～⑥から1つ選び，番号で答えなさい。

	①	②	③	④	⑤	⑥
カ	[あ]	[あ]	[い]	[い]	[う]	[う]
キ	[い]	[う]	[あ]	[う]	[あ]	[い]
ク	[う]	[い]	[う]	[あ]	[い]	[あ]

b　図22の[あ]～[う]の3国で2020年に新たに誕生した，関税の引き上げ・撤廃，投資規制の緩和等により，自由貿易圏の構築を目指すための国際機構の組織名をアルファベット大文字で答えなさい。

問6　図22中の[α]の海域における海洋プレートは，概ね決まった方向へ動いている。どの方向へ動いているか，図22中の点線矢印の①～④から1つ選び，番号で答えなさい。

問7　次の図23は，図22中の[え]国の貨物輸送における機関別輸送量の経年変化を表している。以下の(1)，(2)の問いに答えなさい。

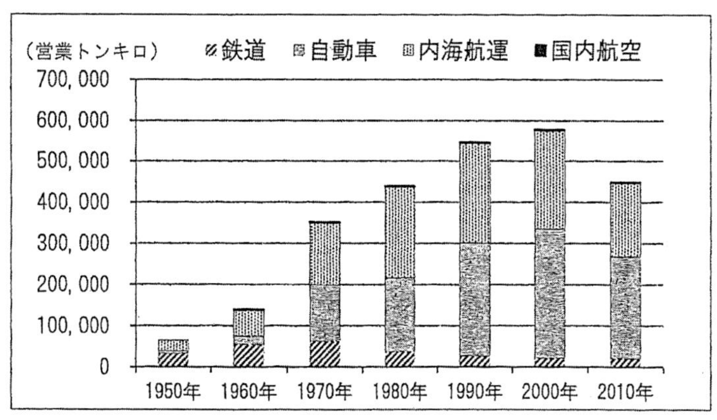

図23　（「交通白書」より作成）

(1)　交通機関が自動車中心に変わったことを何というかカタカナで答えなさい。

(2)　図22中の[え]国の1960年から1970年にかけて，貨物輸送量が変化した理由を，この国の経済状況と関連付けて説明しなさい。

問8　図22中の[β]の緯線より高緯度の地域では，地球温暖化による自然環境の変化により，様々な問題が起きている。科目「地理探究」の授業において，生徒に[β]地域での地球温暖化に関連する「学習課題(主題)」を設定させたい。その際，どのような「学習課題」を設定することができるか，簡潔に答えなさい。また，その課題を生徒に認識し発見させるために，教師がどのような地図や資料を提示することができるか簡潔に答えなさい。

(☆☆☆◎◎◎)

【6】西アジア・北アフリカとその周辺諸国に関する各問いに答えなさい。

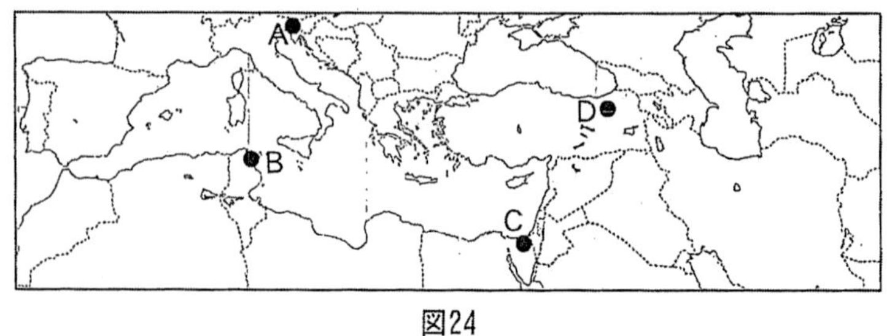

図24

問1　次のハイサーグラフ①～④は，図24中の都市A～Dのいずれかの年の月別平均気温と降水量を示したものである。AとCに該当するものを①～④からそれぞれ1つずつ選び，番号で答えなさい。

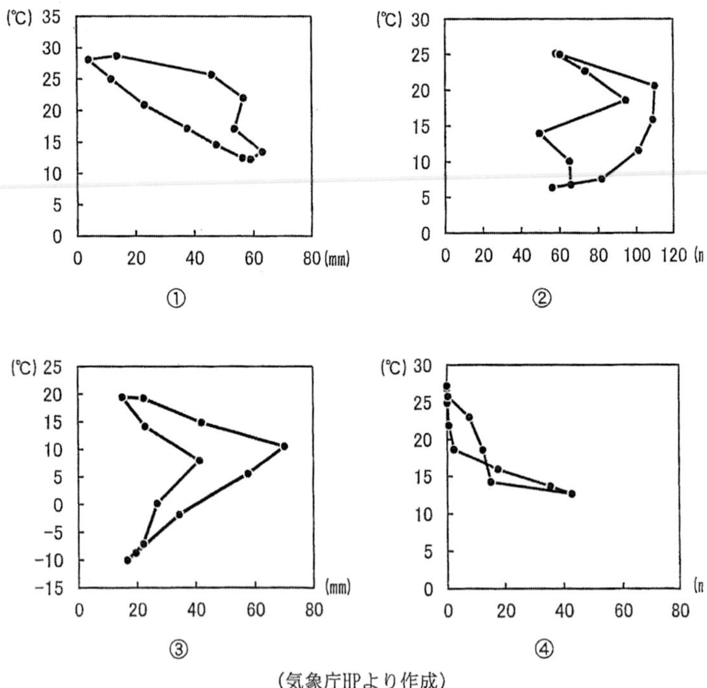

（気象庁HPより作成）

問2　科目「地理総合」の授業で，イランにおけるカナートの構造的な特徴を生徒に理解させたい。あなたはカナートの断面図をどのように黒板に図示し，説明しますか。生徒が復習の際に理解できるよう考慮して，書きなさい。

問3　次の表11は，ある農作物の生産上位国と生産量を示したものである。これについて，以下の(1)，(2)の問いに答えなさい。

表11

国　名	生産量（千トン）
X	1,562
サウジアラビア	1,303
イラン	1,204
アルジェリア	1,095
イラク	615
パキスタン	472

（統計年次は2018年　二宮書店『データブック オブ・ザ・ワールド2021』より作成）

(1)　表11に該当する農作物を示した図として適切なものを次の①～④から1つ選び，番号で答えなさい。

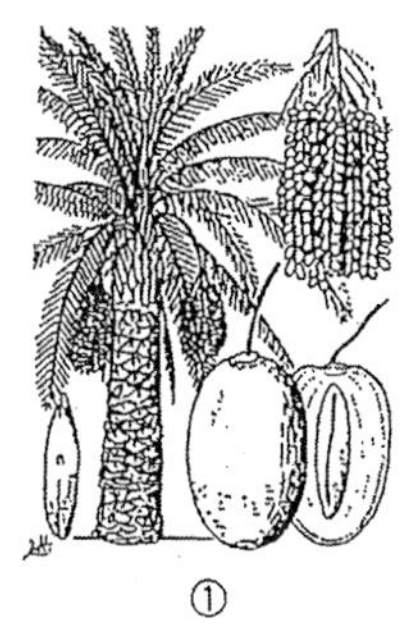
①

②

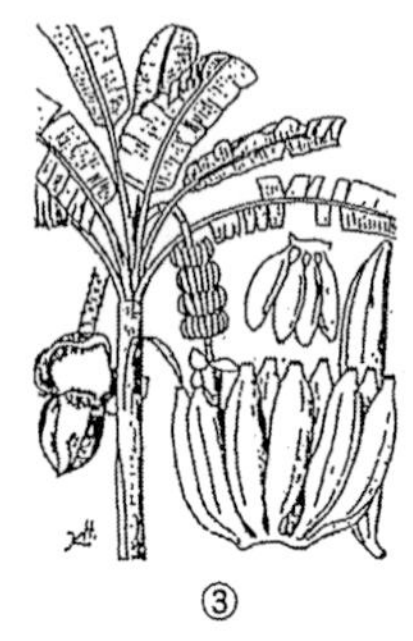

③

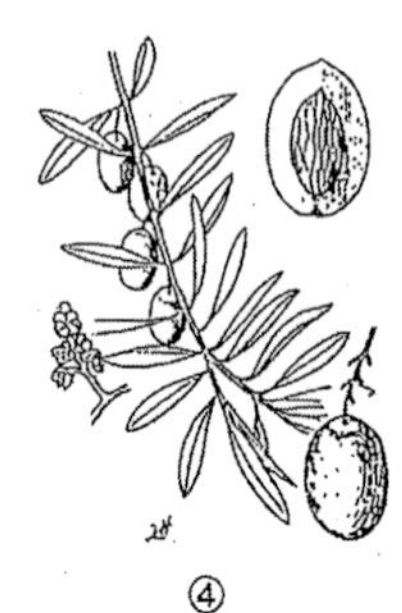

④

（二宮書店『データブック オブ・ザ・ワールド2021』より）

(2)　表11中のXに該当する国名を，次の①～⑤から1つ選び，番号で答えなさい。

①　インドネシア　　②　ナイジェリア　　③　トルコ
④　インド　　⑤　エジプト

問4　次の『高等学校学習指導要領(平成30年告示)』の記載事項を読み，以下の(1)，(2)の問いに答えなさい。

第2章　第2節　第2款　第1　地理総合
　2　内容
　B　国際理解と国際協力
　　(2)　地球的課題と国際協力
　　　…(略)…
　　ア　次のような知識を身に付けること。
　　　(ア)　世界各地で見られる地球環境問題，資源・エネルギー問題，人口・食料問題及び居住・都市問題などを基に，地球的課題の各地で共通する傾向性や課題相互の関連性などについて大観し理解すること。
　　　(イ)　世界各地で見られる地球環境問題，資源・エネルギー問題，人口・食料問題及び居住・都市問題などを基に，地球的課題の解決には持続可能な社会の実現を目指した各国の取組や国際協力が必要であることなどについて理解すること。

イ　次のような思考力，判断力，表現力等を身に付けること。

(ア)　世界各地で見られる地球環境問題，資源・エネルギー問題，人口・食料問題及び居住，都市問題などの地球的課題について，地域の結び付きや持続可能な社会づくりなどに着目して，主題を設定し，現状や要因，解決の方向性などを多面的・多角的に考察し，表現すること。

(1)　次の写真2及び図25を資料として，科目「地理総合」において，「地球的課題と国際協力」を題材に指導する場合，思考・判断・表現を伴う学習活動として，生徒に考えさせたい学習課題(問い・主発問)を答えなさい。

写真2　サウジアラビアの衛星写真
(Google Earthタイムプラスによる)

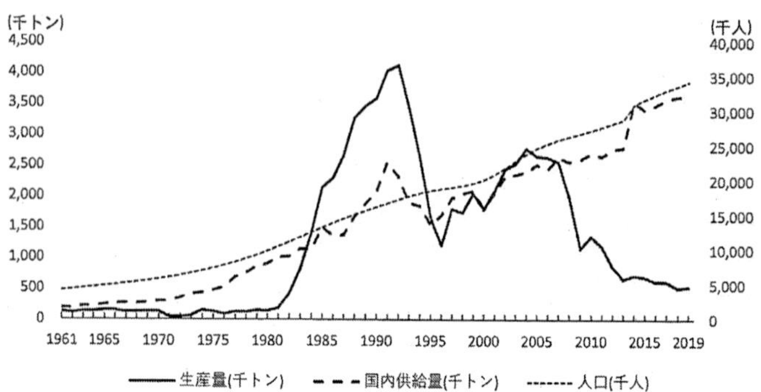

図25　サウジアラビアの小麦生産量および国内供給量と人口　(FAOSTATにより作成)

(2)　(1)の学習課題(問い・主発問)の解決を通して，生徒に獲得させたい知識や概念は何か答えなさい。

問5　次の表12・表13はモロッコの1985年と2019年における，上位輸出品目とその割合，上位輸出相手国とその割合，1人当たりGNIを示している。あとの(1)～(3)の問いに答えなさい。

表12　1985年

	輸出品目（%）	輸出相手国（%）
1位	リン鉱石　(22.2)	Y　(23.6)
2位	リン酸　(14.4)	スペイン　(7.4)
3位	魚介類　(10.2)	西ドイツ　(6.9)
4位	衣類　(9.1)	インド　(5.8)
5位	果実　(8.6)	イタリア　(5.5)
一人当たりGNI (1987年)　620ドル		

(統計年次は1985年　二宮書店『データブック　オブ・ザ・ワールド1990』より作成。)

表13　2019年

	輸出品目（%）		輸出相手国（%）	
1位	機械類	(19.7)	スペイン	(24.1)
2位	自動車	(13.0)	Y	(21.6)
3位	衣類	(11.0)	イタリア	(4.7)
4位	果実と野菜	(10.5)	アメリカ	(4.0)
5位	肥料	(9.9)	ドイツ	(3.2)
一人当たりGNI(2018年)　3090ドル				

（統計年次は2019年　二宮書店『データブック　オブ・ザ・ワールド2021』より作成。）

(1)　モロッコが領有を主張している西サハラの位置を次の地図に塗りつぶして示しなさい。

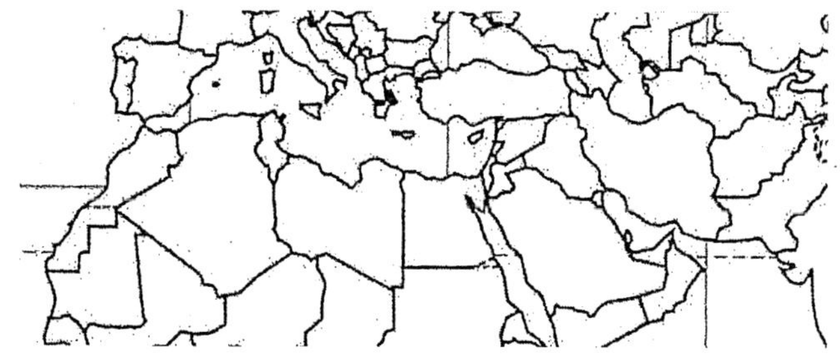

(2)　表12，表13から，モロッコにおける産業にどのような変化があったと考えることができるか，その要因と合わせて説明しなさい。

(3)　表12，表13中の空欄Yには同一の国名が入る。該当する国名を答えなさい。

(☆☆☆◎◎◎)

【7】次の資料2は，2021年に開催された国連気候変動枠組条約第26回締約国会議(COP26)の結果概要の一部を抜粋したものである。また，表14は，日本とインドの発電量とその内訳，表15は，日本とインドの1次エネルギー生産量と供給量を示したものである。日本とインドそれぞれがCOP26での取り決めを達成するために，将来に向けて，国全体としてどのような取り組みをしていくことができると考えられるか，資料や表から読み取れることを踏まえて具体的に説明しなさい。

資料2

COP全体決定

最新の科学的知見に依拠しつつ，パリ協定の1.5℃努力目標達成に向け，今世紀半ばのカーボン・ニュートラル及びその経過点である2030年に向けて野心的な気候変動対策を締約国に求める内容となっている。決定文書には，全ての国に対して，排出削減対策が講じられていない石炭火力発電の逓減及び非効率な化石燃料補助金からのフェーズ・アウトを含む努力を加速すること，先進国に対して，2025年までに途上国の適応支援のための資金を2019年比で最低2倍にすることを求める内容が盛り込まれた。

(環境庁「COP26結果概要」より作成)

表14

国	発電量(億kWh)	水力	火力	原子力	自然エネルギー(※)
日本	10,683	8.4%	76.7%	3.1%	11.7%
インド	15,322	9.3%	80.2%	2.5%	8.0%

※自然エネルギー：水力を除く風力・地熱・太陽光・バイオ燃料・潮力

(二宮書店『データブック　オブ・ザ・ワールド2021』より作成)

表15

1次エネルギー生産量					
国	合計	石炭	石油	天然ガス	電力・バイオ等
日本	41	1	0	3	37
インド	554	270	41	27	217
1次エネルギー供給量					
国	合計	石炭	石油	天然ガス	電力・バイオ等
日本	432	116	176	101	39
インド	882	391	223	51	217

※単位：百万トン、それぞれ石油に換算

(二宮書店『データブック　オブ・ザ・ワールド2021』より作成)

(☆☆☆◎◎◎)

公民科

【1】倫理の授業において，「人間としての在り方生き方について」というテーマで生徒が調査した結果を基に，意見交換をすることにした。次のカード1～5は，生徒が調査した資料(一部省略している部分もある)であり，それぞれ書名と著者名を示してある。これらを読み，以下の問いに答えなさい。

カード1　『実存主義とは何か』(サルトル)

> 実存主義の考える人間が定義不可能であるのは，人間は最初は何ものでもないからである。人間はあとになってはじめて人間になるのであり，人間はみずからがつくったところのものになるのである。このように，人間の本性は存在しない。その本性を考える神が存在しないからである。

カード2　『創造的進化』(ベルクソン)

> われわれの種を定義するのに，人間とA)知性の変わらぬ特徴として有史時代と先史時代が提示するものだけで我慢して，それ以外のものには決して頼らないならば，われわれはおそらく，ホモ・サピエンス(知恵のある人)とは言わず，ホモ・ファベル(工作する人)と言うだろう。

カード3　『倫理と無限　フィリップ・モネとの対話』(レヴィナス)

> 私は責任というものをB)他人に対する責任として，したがって，私がしていないことに対する責任として理解しています。またそれどころか，私にはまったく関わりのないことに対する責任，あるいは，明らかに私に関わっており，顔として私に接近するものに対する責任として理解しています。

カード4 『善の研究』(西田幾多郎)

善とは一言にていえば人格の実現である。これを内より見れば，真摯なる欲求の満足，すなわち意識統一であって，その極は自他相忘れ，主客相没するという所に至らねばならぬ。外に現われたる事実として見れば，小は個人性の発展より，進んで人類一般の統一的発達に至ってその頂点に達するのである。

カード5 『ツァラトゥストラはこう言った』(ニーチェ)

人間は克服されなければならない或物なのだ。あなたがたは人間を克服するために，何をしたというのか？…(略)…かつては C)神を冒瀆することが，最大の冒瀆であった。しかし，神は死んだ。したがってこれら神の冒瀆者たちもなくなった。いまや最も恐るべきことは，大地を冒瀆することだ。

問1　このような授業を展開することで，次の「高等学校学習指導要領(平成21年3月告示)　第2章　第3節　公民　第2　倫理」と「高等学校学習指導要領(平成30年3月告示)　第2章　第3節　公民　第2　倫理」部分の抜粋に示された内容を扱うことができると考えられる。次の文の(　a　)・(　b　)に当てはまる語句の組合せとして最も適切なものを，以下のカ～ケのうちから1つ選び，記号で答えなさい。

高等学校学習指導要領(平成21年3月告示)

<table><tr><td>第2　倫　理
2　内　容
(2)　人間としての在り方生き方
ア　人間としての自覚
人生における哲学，(　a　)，(　b　)のもつ意義などについて理解させ，人間の存在や価値にかかわる基本的な課題について思索させることを通して，人間としての在り方生き方について考えを深めさせる。</td></tr></table>

高等学校学習指導要領(平成30年3月告示)

> 第2 倫 理
> 2 内 容
> A 現代に生きる自己の課題と人間としての在り方生き方
> (1) 人間としての在り方生き方の自覚
> ア 次のような知識及び技能を身に付けること。
> (イ) 幸福，愛，徳などに着目して，人間としての在り方生き方について思索するための手掛かりとなる様々な人生観について理解すること。その際，人生における(a)や(b)のもつ意義についても理解すること。

カ a 宗教 b 科学 キ a 宗教 b 芸術
ク a 倫理 b 芸術 ケ a 倫理 b 科学

問2 次の文はサルトルの言葉である。カード1に書かれた内容を参考に，次の文の(a)・(b)に当てはまる語句の組合せとして最も適切なものを，以下のア～エのうちから1つ選び，記号で答えなさい。

> (a)は(b)に先立つ。

ア a 本質 b 実存 イ a 実存 b 本質
ウ a 理性 b 観念 エ a 観念 b 理性

問3 次の資料1と資料2を見ながら先生と生徒が会話をしている。会話文中の(①)～(③)に当てはまる人物の組合せとして最も適切なものを，あとのア～エのうちから1つ選び，記号で答えなさい。

資料１　　　　　資料２

国際連合広報センターＨＰにより作成

先　生：現実社会では，権利でも社会の役割においても，女性に対する差別的な扱いがあります。

生徒A：サルトルと親交があった(　①　)が，自身の著作で「人は女に生まれない，女になるのだ。」と述べているように，男性優位の社会が女性に対して特定の生き方を押し付けていると考えます。

生徒B：『女性の権利の擁護』の著者で，女性解放思想の先駆者として知られる(　②　)の考えにも関連しますが，教育の機会や教育内容で女性に対する差別的な扱いはあってはならないと思います。

生徒C：史上最年少でノーベル平和賞が授与された(　③　)は，女児の教育を求める闘いの国際的なシンボルとされ，女性の教育を受ける権利を訴え続けました。その結果，母国パキスタンの国会は初めて無償で義務教育を受ける権利を盛り込む法案を可決しました。

先　生：男女平等を実現し，すべての人々の能力を伸ばし，その可能性を広げることができる社会にしていくことが重要ですね。

	①	②	③
ア	ウルストンクラフト	ボーヴォワール	ワンガリ・マータイ
イ	ウルストンクラフト	ボーヴォワール	マララ・ユスフザイ
ウ	ボーヴォワール	ウルストンクラフト	マララ・ユスフザイ
エ	ボーヴォワール	ウルストンクラフト	ワンガリ・マータイ

問4　カード2に関連して，ベルクソンが，進化について述べたものとして最も適切なものを，次のア～エのうちから1つ選び，記号で答えなさい。

ア　人間精神の進化として，主観的精神，客観的精神，絶対精神の三つの段階を想定し，進化の過程で自己の理想を実現させていくとした。

イ　人間の知識の発達には三段階の法則があるとし，それぞれ神学的段階，実証的段階，形而上学的段階の順に進化するとした。

ウ　社会を一つの有機体としてとらえ，生物の進化と同様に，社会も単純な産業的段階から複雑な軍事的段階に発展していくとした。

エ　生命の進化を計り知れない根源的な力が多様な方向に分散する運動と考え，この力をエラン・ヴィタールと呼んだ。

問5　カード2の下線部A)に関連して，次のデカルトについて述べた文中の(　a　)・(　b　)に当てはまる語句の組合せとして最も適切なものを，以下のア～エのうちから1つ選び，記号で答えなさい。

デカルトは，普遍的に妥当する絶対確実な真理を得るために，すべてを疑うという方法をとり，その結果「(　a　)」を哲学の第一原理とした。また彼は，主著『方法序説』の冒頭で「(　b　)はこの世のものでもっとも公平に分配されている。」と述べている。

ア　a　ク・セ・ジュ　　b　アレテー
イ　a　コギト・エルゴ・スム　　b　アレテー
ウ　a　ク・セ・ジュ　　b　ボン・サンス
エ　a　コギト・エルゴ・スム　　b　ボン・サンス

問6　カード3に関連して，次のレヴィナスの思想について説明した文の(　a　)に当てはまる言葉を，カード3の文中から探して答えなさい。

西洋の思想は，自己から出発してすべてを把握することで，すべてを自己に同化しようとする「全体性」の立場に立つものであった。しかし，他者は，自己による理解を無限に超えた他性であり，同化を拒む。さらに他者は，自己に対して訴えかける(　a　)として迫り，応答を求める。

問7　カード3の下線部B)に関連する次の問いに答えなさい。

(1)　公共の場から離れ，「隠れて生きよ」と説いたエピクロスが述べた永続的な精神的快楽である魂の平静を何というか，答えなさい。

(2)　他者とのコミュニケーションにおいて，言語の果たす役割は重要である。ウィトゲンシュタインは，言語とはその都度の文脈に即して適切な仕方でやり取りする活動と捉えたが，これをゲームになぞらえて何と呼んだか，答えなさい。

問8　カード4に関連して，この著者が「経験の最醇なるもの」を何と呼んだか，答えなさい。

問9　カード5の下線部C)に関連して，キルケゴールとニーチェの思想について説明した次の①・②の文の正誤の組合せとして最も適切なものを，以下のア～エのうちから1つ選び，記号で答えなさい。

①　キルケゴールは，自分にとって真理であるような真理を求めることを重視し，神の前にただ一人の単独者として立つ宗教的実存において，真の実存に到達できると考えた。

②　ニーチェは，キリスト教道徳を強者へのルサンチマンから生まれる奴隷道徳であると批判し，力への意思に基づいて新しい価値を創造する生き方を理想と考えた。

ア　①　正　②　正　　イ　①　正　②　誤
ウ　①　誤　②　正　　エ　①　誤　②　誤

問10　次の会話文は，生徒XとYが人間としての在り方生き方について話し合っている様子である。資料3は，担当教員が考えを深めるための材料として提示した，荘子の「胡蝶の夢」である。資料3と会話文を読み，以下の問いに答えなさい。

資料3

昔者(むかし)，荘周(そうしゅう)夢に胡蝶(こちょう)と為(な)る。栩栩然(くくぜん)として胡蝶(こちょう)たり。自ら喩(たの)しみ志(こころ)に適するかな。周たるを知らざるなり。俄(にわか)にして覚(めざ)むれば，則(すなわ)ち蘧蘧然(きょきょぜん)として周なり。周の夢に蝶と為りしか，蝶の夢に周と為りしかを知らず。周と胡蝶(こちょう)とは必ず分有り。此(こ)れを之(こ)れ物化(ぶっか)と謂(い)う。

生徒X：自分の妻を亡くした荘子は,「妻の死は悲しいものではない，不安などない」と泣くのを止め，太鼓を叩いて歌っていたというエピソードもあるみたい。

生徒Y：資料3やこのエピソードから D)荘子の理想の生き方が見えてくるね。

生徒X：E)作者の「人間とは何か，生きるとは何か」という思いが込められているってことがわかるね。

(1) 会話文中の下線部D)に関連して，荘子が理想とした「真人」とはどのような生き方かを，次のⅠ・Ⅱの指示に従い，70字程度で説明しなさい。

Ⅰ 「万物斉同」と「逍遥遊」の2つの言葉の意味について言及すること。 Ⅱ 「万物斉同」に該当する内容を資料3から探し，現代語で簡潔に示すこと。

(2) 会話文中の下線部E)に関連して，古代の先哲とその考えを説明した文として最も適切なものを，次のア～エのうちから1つ選び，記号で答えなさい。

ア ブッダは，生きることや死ぬことのほか，病や老いも苦しみであるとし，苦悩をなくし涅槃に至るためには，八正道の実践が必要であると説いた。

イ 孟子は，人間の本性には生まれつき利益を追求する傾向があり，そのままにしておくと社会が混乱するため，規範や礼儀による教化が必要だと考えた。

ウ ヘラクレイトスは，自分の無知を自覚することを出発点とし，ただ生きるのではなく，よりよく生きることを求め続けることが重要だと考えた。

エ　プロタゴラスは，禁欲主義を守り，欲望や快楽などの情念を抑えたアパテイアを実現することで，幸福を得ることができると説いた。

(☆☆☆◎◎◎)

【2】公共の授業における探究活動の一場面において，生徒たちがインターネットを使って調査をしている。会話文を読み，以下の問いに答えなさい。

生徒P：このA)インターネットニュースの記事，日本の自動車メーカーが富士山のふもとに実験都市の建設を進めているって書いてあるよ。

生徒Q：それ，聞いたことある。

生徒P：ええと，この記事によると…自動運転，カーボン・ニュートラル，ロボティクス，食や農業といった領域の実証実験を実施予定ってあるね。

生徒R：それは夢のある話だね。B)僕たち人類はいろいろと考えることによって，自然に働きかけ，加工し，便利な生活をしているんだよね。

生徒S：その一方で，近年はC)環境破壊が叫ばれるようになっているんだよね。

生徒P：地球温暖化のせいか，最近は日本の気候もだいぶ様変わりした感じがする。

生徒Q：それわかる。昔の日本人は，変化の激しい自然環境と共存して，自然の中に霊魂の存在を感じていたそうだね。霊魂をD)神ととらえるなら，それはE)宗教ともいえるんじゃないかな。

生徒R：これからつくっていく社会は，F)人と人との関係はもちろん，自然環境と僕たちの便利な生活の両立についても考えていかなくちゃいけないよね。

生徒S：日本でも，自然やそこに生きる人びとについて考えた人がいたよね。

生徒P：「エコロジー　日本人」って検索サイトで調べたら，(　①　)って人物にヒットしたよ。彼は神社合祀令による自然破壊に危機を感じて，自然保護の大切さを「エコロギー」という言葉を使い訴え続けたとあるね。

生徒Q：すごい情熱をもった人もいるんだね。私はG)国学者で浜松市にゆかりのある賀茂真淵の考えが印象に残っているよ。

生徒R：僕は掛川市にゆかりのある思想家(　②　)が好きなんだ。彼は，実践的な農業指導者と呼ばれ，農民が守るべき徳目は「分度」と「推譲」だと説いている。

生徒S：こうしてみると，H)いろいろな人たちの思いや考えがあるんだね。

問1　このような授業を進めていくことで，次の「高等学校学習指導要領(平成30年3月告示)　第2章　第3節　公民　第1　公共」部分の抜粋に示された内容の理解が可能になると考えられる。次の文中の(　a　)・(　b　)に当てはまる語句の組合せとして最も適切なものを，以下のカ～ケのうちから1つ選び，記号で答えなさい。

高等学校学習指導要領(平成30年3月告示)

> 第1　公　共
>
> 2　内　容
>
> A　公共の扉
>
> (1)　公共的な空間を作る私たち
>
> ア　次のような知識を身に付けること。
>
> (イ)　人間は，個人として相互に尊重されるべき存在であるとともに，(　a　)を通して互いのさまざまな立場を理解し高め合うことのできる社会的な存在であること，伝統や文化，先人の(　b　)に触れたりすることなどを通して，自らの価値観を形

成するとともに他者の価値観を尊重することができるようになる存在であることについて理解すること。

カ　a　対話　　　　b　言説や思想
キ　a　社会参加　　b　取組や知恵
ク　a　対話　　　　b　取組や知恵
ケ　a　社会参加　　b　言説や思想

問2　会話文中の(　①　)・(　②　)に当てはまる人物の組合せとして最も適切なものを，次のア～エのうちから1つ選び，記号で答えなさい。

ア　①　南方熊楠　　②　安藤昌益
イ　①　宮沢賢治　　②　二宮尊徳
ウ　①　南方熊楠　　②　二宮尊徳
エ　①　宮沢賢治　　②　安藤昌益

問3　下線部A)に関連して，情報に関する記述として適切でないものを，次のア～エのうちから1つ選び，記号で答えなさい。

ア　サイードは，メディアがオリエンタリズムに基づく偏ったイスラーム世界という現実を作り上げていると論じた。

イ　ブーアスティンは，テレビなどのメディアによるイメージの大量生産が人びとの判断を画一的にするとし，これをステレオタイプと呼んだ。

ウ　マクルーハンは，メディアは単なる情報伝達の媒体ではなく，メディアという在り方自体に独自の価値や影響力があるとし，メディアはメッセージであると述べた。

エ　ダニエル・ベルは，モノの生産を中心とする社会の後に到来した情報産業が高度に発展した社会を，脱工業化社会と呼んだ。

問4　下線部B)に関連して，人間を「考える葦」と呼んだパスカルが，人間に存在するとした二つの精神のうち，心の機微を瞬時に見抜く直感的で柔軟な思考能力に関わる精神を何と呼んだか，答えなさい。

問5　次の会話文は，下線部C)に関連して，生徒PとQが意見交換をしたものである。生徒PとQの意見を，功利主義と義務論に分類した組合せとして最も適切なものを，以下のア～エのうちから1つ選び，記号で答えなさい。

生徒P：私は，生物の多様性や生態系の維持を損なう行為は，それ自体が不正な行為だと思うから，開発は行うべきじゃないと思うな。

生徒Q：例えば，植林活動や動物保護活動などで自然への負荷をなくしていくことは，すべての生物の幸福につながるので，これからの開発行為に不可欠な視点だと思うよ。

ア　生徒P：義務論　　生徒Q：功利主義

イ　生徒P：義務論　　生徒Q：義務論

ウ　生徒P：功利主義　　生徒Q：功利主義

エ　生徒P：功利主義　　生徒Q：義務論

問6　下線部D)に関連して，次の生徒Xの意見は，どの思想家とその思想に当てはまるか。思想家と思想の組合せとして最も適切なものを，以下のア～エのうちから1つ選び，記号で答えなさい。

生徒Xの意見

去年，私は近所の神社で合格祈願をしたおかげで，落ち着いて入学試験を受けることができ，見事合格できました。その時，私にとって神様は，安心を与えてくれるものとして確かに存在している，と思いました。

ア　ジェームズ・有用主義　　イ　ダーウィン・進化論

ウ　北村透谷・想世界　　エ　森鷗外・「かのように」の哲学

問7　下線部E)に関連して，ユダヤ教，キリスト教，イスラームに関する記述として最も適切なものを，次のア～エのうちから1つ選び，記号で答えなさい。

ア　キリスト教では，律法を厳格に守ることにより，万物の創造主である神と自己との合一を実現し，神の国に生まれ変わるとしている。

イ　ユダヤ教には，神からの無償の愛や隣人愛を重視し，人間は生まれながらに罪を背負っているという贖罪思想がある。

ウ　イスラームは，カーバ神殿の方角へ向かっての礼拝や，ラマダーン月の断食などの宗教的務めのほか，神のもとでの信者の平等を掲げている。

エ　三つの宗教の共通点は，複数の神を信仰していること，聖地が同じであること，偶像崇拝を一切禁止していることである。

問8　下線部F)に関連して，人との関わりについて述べた次の文中の(a)～(c)に当てはまる人物の組合せとして最も適切なものを，以下のア～エのうちから1つ選び，記号で答えなさい。

(a)は，人間とは人と人との間柄を示す存在であるとした。(b)は，親を愛し敬う孝を，主従・夫婦・兄弟・朋友などあらゆる人間関係に及ぼすことの大切さを説いた。朱子学に批判的な立場をとる(c)は，日常生活において自己と他者が互いに親しみ愛し合う関係に仁の道を見た。

ア　a　和辻哲郎　　b　山崎闇斎　　c　石田梅岩
イ　a　柳田国男　　b　山崎闇斎　　c　伊藤仁斎
ウ　a　柳田国男　　b　中江藤樹　　c　石田梅岩
エ　a　和辻哲郎　　b　中江藤樹　　c　伊藤仁斎

問9　下線部G)に関連して，次の資料4のように本居宣長が述べた感情を，ひらがな6文字で答えなさい。

資料4

見る物，聞く事，なすわざにふれて，情の深く感ずる事をいふ也。

本居宣長『石上私淑言』により作成

問10　下線部H)に関連して，太平洋クロマグロの親魚資源量の保護のために必要なことを，次のⅠ～Ⅲの指示に従い，200字程度で説明しなさい。資料5は羊飼いとその村の様子を説明したもの，資料6は羊の頭数と得られる利益の関係を示したもの，資料7は太平洋クロマグロの親魚資源量の回復予測のグラフである。

Ⅰ　資料5と資料6より，それぞれの羊飼いは羊の頭数をどのように変化させ，それにより羊飼いと村全体の利益はどのような結果になると想定されるかを説明すること。
Ⅱ　ある羊飼い一人だけが羊を増やさなかった場合，その羊飼いの利益は他の羊飼いに比べてどうなるかを最初に説明すること。
Ⅲ　1960年代から1990年代にかけて大きく減少している太平洋クロマグロの親魚資源量の回復のために必要なことを，「コモンズの悲劇」理論をもとに説明すること。

資料5

ある村には5人の羊飼いがおり，共同で管理する牧草地でそれぞれ20頭の羊を飼っている。羊飼いは羊を売ることで生計を立てており，1頭につき100万円の利益が出るとする。共有地で飼う羊の数を今より1頭増やすと，飼料となる牧草が不足し，羊の栄養不足により1頭につき利益が1万円減少する。その後，羊が1頭増えるたびに，羊1頭当たり1万円ずつ利益は減少する。それぞれの羊飼いは，自分の利益をさらに増やし，最大限に高めたいと考えている。

資料6

個人			村全体		
頭数	羊一頭の利益	利益の合計	頭数	羊一頭の利益	利益の合計
20頭	100万円	2,000万円	100頭	100万円	1億円
21頭	99万円		101頭	99万円	
⋮			⋮		

資料７　太平洋クロマグロの親魚資源量の回復予測

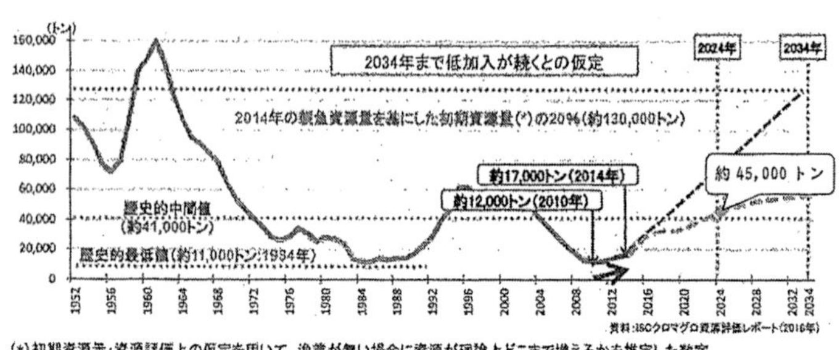

(*)初期資源量:資源評価上の仮定を用いて、漁業が無い場合に資源が理論上どこまで増えるかを推定した数字。
かつてそれだけの資源があったということを意味するものではない。

水産庁ＨＰにより作成

(☆☆☆◎◎◎)

【3】次の資料8は，政治・経済の授業で探究学習を進めた際，生徒が設定したテーマの一覧である。それぞれのテーマに関連する以下の問いに答えなさい。

資料8

生徒A	国際人権規約
生徒B	各国の政治体制
生徒C	日本の国会の運営
生徒D	日本の内閣の組織
生徒E	日本の安全保障
生徒F	日本の憲法

問1　次の文は「高等学校学習指導要領(平成30年3月告示)第3節　公民　第3　政治・経済」部分の抜粋である。次の文中の(　a　)・(　b　)に当てはまる語句の組合せとして最も適切なものを，以下のカ～ケのうちから1つ選び，記号で答えなさい。

高等学校学習指導要領(平成30年3月告示)

> 第3　政治・経済
> 　2　内　容
> 　　A　現代日本における政治・経済の諸課題
> 　　　(1)　現代日本の政治・経済
> 　　　　ア　次のような知識及び技能を身に付けること。
> 　　　　　(ア)　政治と法の意義と機能，基本的人権の保障と法の支配，権利と義務との関係，議会制民主主義，(　a　)について，(　b　)の諸事象を通して理解を深めること。

カ　a　政府の役割　　b　現代社会
キ　a　政府の役割　　b　現実社会
ク　a　地方自治　　b　現代社会
ケ　a　地方自治　　b　現実社会

問2　生徒Aのテーマに関連して，次の問いに答えなさい。

(1)　国際人権規約には，A規約とB規約がある。それぞれの規約が主に保障しようとしている人権の組合せとして最も適切なものを，次のア～エのうちから1つ選び，記号で答えなさい。

ア　A規約：自由権　　B規約：社会権
イ　A規約：平等権　　B規約：社会権
ウ　A規約：平等権　　B規約：自由権
エ　A規約：社会権　　B規約：自由権

(2)　国際人権規約について述べた文として最も適切なものを，次のア～エのうちから1つ選び，記号で答えなさい。

ア　この規約に基づき，世界人権宣言が国際連合総会で採択された。
イ　B規約には「死刑廃止条約」とも呼ばれる第2選択議定書が付されている。
ウ　日本は，B規約第1選択議定書を批准し，第2選択議定書は批准していない。

エ　このA規約とB規約は共に，1948年の国際連合総会で採択された。

問3　次の資料9は，生徒Bが調べた，ある政治体制に関する説明である。この説明が示す政治体制を何というか，答えなさい。

資料9

・第二次世界大戦後の発展途上国にみられ，朴正熙(パクチョンヒ)政権下の韓国や，スハルト政権下のインドネシアがその例である。
・経済開発を名目とした強権的政治により，議会制民主主義の否定または議会制民主主義の形骸化が起きた。

問4　生徒Cのテーマに関連して，次の問いに答えなさい。

(1)　次の文中の(　a　)・(　b　)に当てはまる数字の組合せとして最も適切なものを，以下のア～エのうちから1つ選び，記号で答えなさい。

国会の運営は，150日の会期で行う常会，いずれかの議院の総議員の(　a　)以上の要求で開かれる臨時会，衆議院の解散総選挙後(　b　)日以内に開かれる特別会，衆議院の解散中に必要があれば参議院のみで召集される緊急集会がある。

ア　a　3分の1　　b　30　　イ　a　3分の1　　b　40
ウ　a　4分の1　　b　30　　エ　a　4分の1　　b　40

(2)　特別会(特別国会)における議題の中心は何か，答えなさい。ただし，正副議長の選出はのぞくこと。

問5　生徒Dのテーマに関連して，内閣府に属していない庁または委員会として最も適切なものを，次のア～エのうちから1つ選び，記号で答えなさい。

ア　宮内庁　　イ　国税庁　　ウ　金融庁　　エ　国家公安委員会

問6　生徒Eのテーマに関連して，次の問いに答えなさい。

(1)　次に示す法律を制定した順に並べ替えたとき，2番目に新しい法律として最も適切なものを，次のア～エのうちから1つ選び，記号で答えなさい。

ア　PKO協力法　　　　　イ　海賊対処法

ウ　テロ対策特別措置法　　エ　安全保障関連法

(2)　在日アメリカ軍の駐留が日本国憲法第9条に違反するかどうかが争点となった事件または訴訟として最も適切なものを，次のア～エのうちから1つ選び記号で答えなさい。

ア　砂川事件　　　　イ　恵庭事件

ウ　長沼ナイキ訴訟　　エ　百里基地訴訟

(3)　次の資料10の(　X　)には，アメリカ軍に対する施設の提供やアメリカ軍兵士の出入国，刑事裁判権などについて規定している取り決めが入る。この取り決めを何というか，答えなさい。

資料10

米軍施設キャンプ富士での新型コロナウイルスの感染拡大を受け，川勝平太知事は十二日，オンライン開催の全国知事会で「(　X　)によって対等でない状況が続いている。疫病から国を守るためにも抜本的な改定が必要だ」と訴えた。

『中日新聞(2022年1月13日記事)』により作成

問7　生徒Fのテーマに関連して，次の問いに答えなさい。

(1)　大日本帝国憲法において，国民の権利は「臣民の権利」として法律によって制限されていた。このことを何というか，答えなさい。

(2)　日本国憲法改正に必要な手続きについて，次の資料11と資料12を参考に，60字程度で説明しなさい。その際，改正に必要な手続きが，日本国憲法第何条に規定されているかを明確にすること。

資料11

第48回衆院選は23日，小選挙区289，比例代表176の全465議席が確定した。自民党は追加公認を含めて公示前と同じ284議席を獲得。29議席の公明党と合わせて313議席になり，与党で衆院の3分の2(310議席)を維持した。

『毎日新聞(2017年10月23日記事)』により作成

資料12

憲法改正の国民投票の利便性を高める国民投票法改正案は11日午後，参院本会議で，自民，公明，立憲民主各党などの賛成多数で可決，成立する。国会提出から3年を経ての成立で，自民は今後，衆参両院の憲法審査会で改憲論議を本格化させたい考えだ。

『読売新聞オンライン(2021年6月11日記事)』により作成

(☆☆☆◎◎◎)

【4】次の文章を読み，以下の問いに答えなさい。

日本の地方自治法には，直接請求権が規定されている。それには$_{A)}$条例の制定・改廃請求，首長や議員の解職請求，議会の解散請求などがあげられる。

一方で，地方自治の問題点の一つとして財源不足がある。$_{B)}$かつて地方公共団体は自主財源が30～40％程度と少なく，国からの資金に依存している状態であった。国はこうした状況を打破すべく，2000年代に$_{C)}$三位一体の改革を行った。その他にも国との上下関係を見直すために$_{D)}$地方分権一括法が1999年に制定されるなど，地方分権をさらに進める動きはあるが，$_{E)}$財政難による自治体格差も問題である。

問1　次の文は「高等学校学習指導要領(平成30年3月告示)　第3節　公民　第3　政治・経済」部分の抜粋である。文中の(　a　)・(　b　)に当てはまる語句の組合せとして最も適切なものを，以下のカ～ケのうちから1つ選び，記号で答えなさい。

高等学校学習指導要領(平成30年3月告示)

> 第3　政治・経済
>
> 1　目　標
>
> (2)　国家及び社会の形成者として必要な選択・判断の基準となる考え方や政治・経済に関する概念や理論などを活用して，現実社会に見られる複雑な課題を把握し，説明するとともに，身に付けた判断基準を根拠に構想する力や，構想したことの(　a　)や効果，実現可能性などを指標にして議論し公正に判断して，合意形成や(　b　)に向かう力を養う。

カ　a　妥当性　　b　社会参画

キ　a　妥当性　　b　発展的な議論

ク　a　合理性　　b　社会参画

ケ　a　合理性　　b　発展的な議論

問2　下線部A)の内容に関連して，次の問いに答えなさい。

(1)　下線部A)について説明した次のa～cの文から，正しく説明したものをすべて選んだとき，その組合せとして最も適切なものを，以下のア～キのうちから1つ選び，記号で答えなさい。

a　条例の改廃を請求するためには，有権者の20分の1以上の署名が必要である。

b　議会の解散請求の請求先は選挙管理委員会である。

c　首長の解職請求の手続きには，必ずしも有権者の3分の1以上の署名が必要ではない。

ア　a　　イ　b　　ウ　c　　エ　aとb

オ　aとc　　カ　bとc　　キ　aとbとc

(2)　下線部A)のうち解職請求を何というか, カタカナで答えなさい。

問3　下線部B)のような状態は何といわれるか，漢字4文字で答えなさい。

問4　下線部C)の内容として正しいものを，次のa～cからすべて選んだとき，その組合せとして最も適切なものを，以下のア～キのうちから1つ選び，記号で答えなさい。

a　国から地方への税源の移譲

b　国庫補助負担金の削減

c　地方交付税の増額

ア　a　　イ　b　　ウ　c　　エ　aとb

オ　aとc　　カ　bとc　　キ　aとbとc

問5　下線部D)によって廃止されたものとして最も適切なものを，次のア～エのうちから1つ選び，記号で答えなさい。

ア　自治事務　　イ　法定受託事務

ウ　機関委任事務　　エ　公安事務

問6　下線部E)に関連して，次の資料13は，地方公共団体が財政難の解消のために行っている，ある制度に関する新聞記事(問題作成者により一部改変)である。この制度の説明として適切でないものを，以下のア～エのうちから1つ選び，記号で答えなさい。

資料13

> 衣料品通販大手Z社創業者で日本の民間人で初めて国際宇宙ステーションに滞在したM氏が27日までに，牧之原，御殿場，小山の3市財に「ふるさと納税」でそれぞれ1千万円を寄付した。

『静岡新聞(2021年12月28日記事)』により作成

ア　都市と地方の税収格差を埋める狙いで始まった。

イ　故郷や応援したい地方公共団体に納税することができる。

ウ　所得税，住民税が控除される。

エ　高額な返礼品等をめぐってそのあり方が問われている。

問7　次の資料14の言葉を述べたとされる，19世紀フランスの政治家を答えなさい。

資料14

> 自治的な制度の自由に対する関係は，小学校が学問に対して持つ関係と同じである。

問8　政治・経済を担当する教員が，日本の地方自治における二元代表制を，日本の議院内閣制やアメリカの大統領制と比較し，その特徴について生徒の理解を深めさせる授業を構想している。日本の地方自治における二元代表制の特徴について，次のⅠ～Ⅲの指示に従い，200字程度で説明しなさい。資料15は，日本国憲法第67条第1項の一部を抜粋したもの，資料16は，地方自治法第178条第1項の一部を抜粋したもの，資料17は，富士市議会基本条例の一部を抜粋したものである。

> Ⅰ　資料15を参考に，日本の地方自治における二元代表制の特徴について，日本の議院内閣制との違いと，アメリカ大統領制との類似点を説明すること。
> Ⅱ　資料16を参考に，首長と議会の関係について，日本の地方自治における二元代表制とアメリカ大統領制との違いを具体的に説明すること。
> Ⅲ　日本の地方自治における二元代表制の課題とその原因について，資料17を参考に説明すること。その際，権力分立に注目すること。

資料15

> 日本国憲法　第67条第1項
> 内閣総理大臣は，国会議員の中から国会の議決で，これを指名する。

資料16

> 地方自治法　第178条第1項
> 　普通地方公共団体の議会において，当該普通地方公共団体の長の不信任の議決をしたときは，直ちに議長からその旨を当該普通地方公共団体の長に通知しなければならない。

資料17

> 富士市議会基本条例
> 　議会は，こうした時代変革*を認識し，さらには二元代表制の権能発揮に向けて，市民のために存在する議会という揺らぐことのない原点の上に立って，さまざまな議会運営の改革と改善に取り組んできました。
> 　議会は，市長その他の執行機関(以下「市長等」といいます。)への監視と持続的な緊張関係の保持，…(略)…議会・議員活動を支える体制の整備などについて，これを連綿と続けなければならない取組であると考えております。
> 　私たち議会は，合議制の機関として，こうした取組を今後も確実に推し進めることを市民に誓うために，ここに議会の最高規範として富士市議会基本条例を制定します。

＊地方分権時代，地方主権時代

(☆☆☆◎◎◎)

【5】次の資料18は，公共の授業で行った探究学習で，生徒が提出したテーマの一覧である。これに関連する以下の問いに答えなさい。

資料18

> 生徒P　「都市鉱山」とは?
> 生徒Q　就職するなら大企業？中小企業？
> 生徒R　農業の未来は？

生徒S　両親が経験したバブル経済とは？
生徒T　景気はどのように調節する？
生徒U　自動販売機の飲み物はスーパーで買うよりなぜ高い？
生徒V　「市場の失敗」って何が失敗なの？

問1　次の文は「高等学校学習指導要領(平成30年3月告示)　第3節　公民　第1　公共」部分の抜粋である。文中の(　a　)・(　b　)に当てはまる語句の組合せとして最も適切なものを，以下のサ～セのうちから1つ選び，記号で答えなさい。

高等学校学習指導要領(平成30年3月告示)

第1　公共
3　内容の取扱い
(3)　内容の取扱いに当たっては，次の事項に配慮するものとする。
キ　内容のCについては，次のとおり取り扱うものとすること。
(ア)　この科目のまとめとして位置付け，社会的な見方・考え方を総合的に働かせ，Aで身に付けた選択・判断の手掛かりとなる考え方や公共的な空間における基本的原理などを活用するとともに，A及びBで扱った課題などへの関心を一層高めるよう指導すること。また，(　a　)を起点として自立，協働の観点から，(　b　)を尊重し，合意形成や社会参画を視野に入れながら探究できるよう指導すること。

サ　a　個人　　b　多様性　　シ　a　個人　　b　自立性
ス　a　集団　　b　多様性　　セ　a　集団　　b　自立性

問2　生徒Pのテーマに関連して，2021年の東京オリンピック・パラリンピックでは小売家電リサイクル法などで回収された希少金属を含んだメダルが作られた。これらの希少金属を総称して何というか，カタカナで答えなさい。

問3　生徒Qのテーマに関連して，日本の中小企業に関する説明として適切なものを，次のア～オのうちからすべて選び，記号で答えなさい。

ア　中小企業基本法上の中小企業に該当するためには，「資本金の額又は出資の総額」と「常時使用する従業員の数」の両方の基準を満たす必要がある。

イ　伝統的な地場産業は中小企業に含まれることはない。

ウ　日本経済における二重構造とは，設備投資率や生産性・賃金などの面で，中小企業と大企業との間に大きな格差がある状態をいう。

エ　国内需要の低下や事業承継の問題により，倒産や廃業が問題となっている。

オ　中小企業金融公庫，国民生活金融公庫，農林漁業金融公庫が解散され，中小企業のための金融機関として，株式会社日本政策金融公庫に統合された。

問4　生徒Rのテーマに関連して，次の資料19で説明している新しいビジネスモデルを何というか，答えなさい。

資料19

> 農業者など第一次産業の従事者が農林畜産物や水産物の生産だけでなく，一次産品の加工から，流通，販売などにも主体的に総合的に関わり，第一次産業の再生をはかろうとする取組み。

問5　次の資料20は，生徒Sが日本のバブル経済発生のメカニズムについて説明したものである。文中の(　a　)・(　b　)に当てはまる語句の組合せとして最も適切なものを，以下のア～エのうちから1つ選び，記号で答えなさい。

資料20

> 1980年代のアメリカは，軍事費や社会保障費などの増加と減税政策などで財政赤字が拡大した。またアメリカの(　a　)金利政策の下で投資資金がアメリカに流入しドル高となったため，貿易赤字が急増した。1985年にG5(先進5か国財務相・中央銀行総裁会議)は，それまでのドル高を是正することを内容とするプラザ合意を行った。この影響による円高不況に対し，日本は内需主導の成長を促すため(　b　)金利政策や公共投資の増大を行った。その後，日本の景気は回復したが，金融機関の過剰な投資と投機から，株価や地価が異常に高騰するバブル経済が起きた。

ア　a　高　b　低　　イ　a　高　b　高
ウ　a　低　b　低　　エ　a　低　b　高

問6　生徒Tのテーマに関連して，景気調節に関する説明として適切なものを次のア～オのうちからすべて選び，記号で答えなさい。

ア　フィスカル・ポリシーとは，景気を立て直すために，金融政策や為替政策などいくつかの政策手段を組み合わせてその政策目的を実現することである。

イ　不況時に景気を上向かせるためには，金融緩和政策として日本銀行が行う買いオペレーションが有効とされている。

ウ　アメリカは，新型コロナウイルス感染症の拡大による経済への影響を軽減するため，2020年3月にゼロ金利政策を導入した。

エ　在庫調整の変動を主たる原因として，インフレが起こると失業率が下がり，失業率が上がると物価が下がるということを示している曲線をキチン曲線という。

オ　フリードマンは，ケインズの考え方に基づく財政政策や金融政策を全面的に支持し，政府は積極的に市場に介入すべきだと主張した。

問7　次の資料21に示す生徒Uと先生の会話文を読み，以下の問いに答えなさい。

資料21

生徒U：自動販売機の飲み物の価格がほとんどの企業で同じなのは，H)同じ商品を供給する複数の企業が協定を結んで価格などを決めているからですか？

先　生：そんなことはしていないよ。(　a　)第7条には，私的独占や不当な取引制限などを行った事業者に対して，(　b　)は当該行為の差止め，事業の一部の譲渡その他これらの規定に違反する行為を排除するために必要な措置を命ずることができると規定されているからね。

生徒U：では，なぜ同じ価格になるのですか？I)価格を下げたら需要が増して品物が売れるようになると思うのですが。

先　生：そうとばっかりはいかないね。市場占有率の高い企業がもっと安い価格で商品を販売したら，事前に引き下げた他の企業は再度引き下げをしないといけないね。そうすると利益が上がらなくなる可能性があるよ。

生徒U：そうか。J)市場占有率の高い企業が設定した価格に追随して価格をつけることで，売り上げを維持することができるのか。でも，自動販売機の飲み物をスーパーで買うと半額ぐらいだ。これも同じことかな？

先　生：自動販売機は誰が補充しているの？そして，場所代や電気代は？それを考えてみてください。

(1)　会話文中の(　a　)・(　b　)に当てはまる語句の組合せとして最も適切なものを，次のア～エのうちから1つ選び，記号で答えなさい。

ア　a　独占禁止法　　　b　公正取引委員会
イ　a　独占禁止法　　　b　消費者庁
ウ　a　特定商取引法　　b　公正取引委員会
エ　a　特定商取引法　　b　消費者庁

(2)　下線部H)のことを何というか，カタカナで答えなさい。

(3)　下線部I)に関連して，次の資料22のア～オは，2020年1月から2021年12月における，うるち米(単一原料米，「コシヒカリ」)，水道料，灯油，ビール，トマトの価格*の推移を示している。灯油の価格の推移を示すグラフとして最も適切なものを，資料22のア～オのうちから1つ選び，記号で答えなさい。

資料22

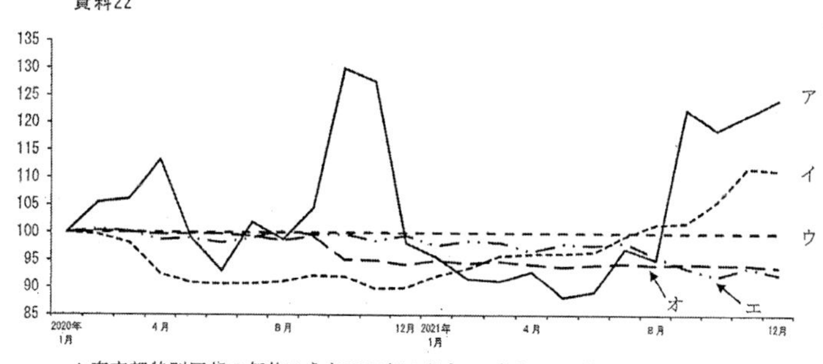

＊東京都特別区部の価格のうち2020年１月を100としている。

e−Ｓｔａｔ小売物価統計調査により作成

(4)　下線部J)について，かつてのビール市場のように，市場占有率が高いため，自分で設定したい販売価格を決定できる企業のことを何というか，カタカナで答えなさい。

問8　生徒Vは「市場の失敗」の発展的内容である「政府の失敗」について調べている。次の資料23は，担当教員が「政府の失敗」を説明するために準備した板書計画の一部である。資料23を参考に，次に示した3つの用語を必ず使い，「政府の失敗」を60字以内で説明しなさい。

用語

政府　　経済政策　　非効率

資料23

「市場の失敗」とは？
市場機構がうまく働かず，資源の最適な配分が行われないことをいう
①独占や寡占による市場の支配
②外部経済・外部不経済の問題
外部経済…駅ができたことで近隣の飲食店の売り上げが伸びた
外部不経済…公害など
③公共財の供給
民間企業では供給されにくい公園や道路などの公共財の提供
④情報の非対称性
政府が売り手と買い手の商品に関する情報格差を解消するために，法的な規制を課すことがある

「政府の失敗」とは？
・公害問題への対応として，汚染物質の排出量を抑えるために，政府が規制を強めすぎたり，税金を必要以上に課したりするとどうなる？

(☆☆☆☆◎◎◎)

【6】次の資料24に示したテーマで学習している生徒から，公民科の授業担当であるあなたが質問を受けることになった。これに関連する以下の問いに答えなさい。

資料24

A班　フェアトレード商品とは？
B班　インバウンド需要は日本経済を復活させるのか？
C班　日本人は働きすぎか？
D班　グローバル化することは本当に良いことなのか？
E班　日本の企業は海外進出を進めるべきか？

問1　次の文は「高等学校学習指導要領(平成30年3月告示)　第3節　公民　第3 政治・経済」部分の抜粋である。文中の(　a　)・(　b　)に当てはまる語句の組合せとして最も適切なものを，以下のカ～ケのうちから1つ選び，記号で答えなさい。

高等学校学習指導要領(平成30年告示)

第3　政治・経済
2　内容
B　グローバル化する国際社会の諸課題
(2)　グローバル化する国際社会の諸課題の探究
社会的な見方・考え方を総合的に働かせ，他者と協働して(　a　)な社会の形成が求められる国際社会の諸課題を探究する活動を通して，次の事項を身に付けることができるよう指導する。
ア　グローバル化に伴う人々の生活や社会の変容，地球環境と資源・エネルギー問題，国際経済格差の是正と国際協力，イノベーションと成長市場，人種・民族問題や地域紛争の解決に向けた国際社会の取組，(　a　)な国際社会づくりなどについて，取り上げた課題の解決に向けて政治と経済とを関連させて(　b　)に考察し，よりよい社会の在り方についての自分の考えを説明，論述すること。

カ　a　持続可能　　b　多元的・多面的

キ　a　継続可能　　b　多面的・多角的
ク　a　継続可能　　b　多元的・多面的
ケ　a　持続可能　　b　多面的・多角的

問2　A班のテーマに関連して，フェアトレードに関する説明として最も適切なものを，次のア～エのうちから1つ選び，記号で答えなさい。

ア　フェアトレード商品の生産者は，人間らしい生活を営み，自立することを目指しているため，いかなる場合も商品の代金を前払いでもらうことができない。

イ　フェアトレード商品のトレーダー(輸入組織，製造組織，卸組織)が守るべき国際フェアトレード基準には，児童労働を禁止する項目はない。

ウ　フェアトレードとは，開発途上国(発展途上国)の生産者や労働者が作った商品を，適正価格で継続的に購入し，開発途上国の生産者や労働者の生活改善と自立を目指す公平な貿易のことである。

エ　フェアトレード商品は一次産品だけだが，公正な価格で取引されるため，各国の経済危機の影響や異常気象の影響などによる価格変動は少ない。

問3　B班のテーマに関連して，次の問いに答えなさい。

(1)　ある年，フランスからの訪問客Xが京都の呉服店で着物を30万円分購入し，クレジットカードで支払った。このときの1ユーロは150円であった。翌年，イタリアからの訪問客Yが東京の呉服店で30万円分の着物を購入しクレジットカードで支払った。この時の1ユーロは120円であった。XとYのどちらがいくら多く支払ったかを，ユーロで答えなさい。ただし，上に示されている条件以外は考慮しないものとする。

(2)　次の資料25は，ある国の国際収支を示している。資料25の空欄【　ア　】の値を答えなさい。

資料25

貿易・サービス収支	貿易収支	輸入	7,000
		輸出	12,000
	サービス収支		-800
第一次所得収支			-1,200
第二次所得収支			-700
資本移転等収支			-2,500
金融収支			【 ア 】
誤差脱漏			-200

＊単位は示していない。

問4 C班のテーマに関連して，次の労働に関する制度F～Hと，説明①～④の組合せとして最も適切なものを，以下のア～カのうちから1つ選び，記号で答えなさい。

【労働に関する制度】

F ワークシェアリング　G ベーシックインカム

H 裁量労働制

【説明】

① 社会で生活するための基本的な所得を，雇用の有無に関係なく，すべての人に公的に保障するしくみ

② 雇用の水準を維持するため，労働者一人あたりの労働時間を減らすこと

③ 法定労働時間の枠内で，ある一定期間，一日の労働時間を弾力的に決められる制度

④ 労働時間や仕事のすすめ方などを，大幅に労働者本人にゆだねる労働制度

ア F－① G－③ H－②　イ F－④ G－③ H－①

ウ F－② G－① H－③　エ F－③ G－① H－②

オ F－② G－① H－④　カ F－① G－④ H－③

問5　D班のテーマに関連して，地域的経済統合の動きに関連する説明として適切なものを，次のア～オのうちからすべて選び，記号で答えなさい。

ア　ラテンアメリカ統合連合(ALADI)は，1981年に中南米自由貿易連合(LAFTA)を改編し設立された組織で，加盟各国の経済開発を促進し，中南米共同市場を達成した。

イ　米国・メキシコ・カナダ協定(USMCA)は，北米自由貿易協定(NAFTA)を改定したもので，自由貿易を制限し，自動車関税をゼロにする基準が厳格化された。

ウ　BRICSは，急成長する5か国が経済連携と自由貿易を目的として結んだ経済連携協定である。

エ　一帯一路は，中国が提唱するシルクロード経済圏構想である。

オ　TICADとは，1993年に日本が立ち上げた，アフリカとの自由貿易と経済連携を広く進めるための協定である。

問6　E班のテーマに関連して，次の問いに答えなさい。

(1)　現在，X国とY国は，冷蔵庫とテレビをそれぞれ100台ずつ生産している。リカードの比較生産費説を参考に，X国は冷蔵庫に，Y国はテレビに生産を特化した。特化後，生産に必要なコストや生産にかけられるコストも同じだとした場合，特化前と比べて，両国あわせで冷蔵庫とテレビをそれぞれ何台多く生産することができるか，資料26を参考にして答えなさい。ただし，資料26に示されている条件以外は考慮しないものとする。

資料26

	冷蔵庫（100台）	テレビ（100台）
X国	100	200
Y国	500	400

＊この資料はX国とY国が、冷蔵庫とテレビをそれぞれ100台生産するときに必要なコストを示したものである。単位は示していない。

(2)　日本の企業の海外進出の特徴について，次のⅠ～Ⅳの指示に従い，200字程度で説明しなさい。

Ⅰ　リカードの比較生産費説を簡潔に説明すること。

Ⅱ　資料27と資料28を参考に，日本の中小企業が海外に進出する目的の変化に触れること。

Ⅲ　資料29を参考に，日本の企業の海外進出が進む理由を，為替相場の変動に関係させて説明すること。

Ⅳ　日本の企業が海外進出することで起きる，日本国内の問題点に触れること。

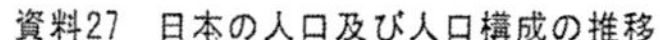

資料27　日本の人口及び人口構成の推移

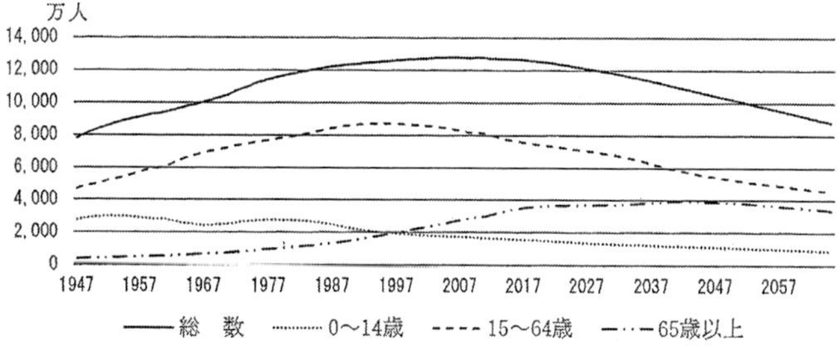

＊2016年以降は推計値

総務省ＨＰにより作成

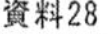

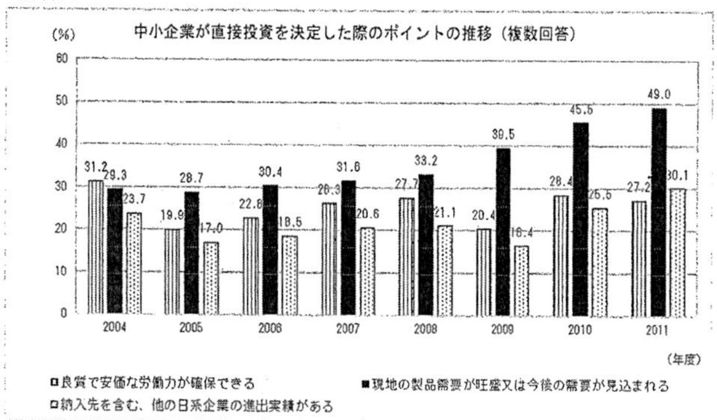

＊「直接投資」とは、出資により海外に法人を設立すること、及び、企業が海外現地法人に資本参加することをいう。

中小企業白書（2014年版）により作成

資料29　１ドルに対する円のレートの推移

＊東京インターバンク相場、ドル・円スポット、17時時点／月中平均

日本銀行ＨＰにより作成

(☆☆☆☆◎◎◎)

解答・解説

中　学　社　会

【1】(1)　イ　　(2)　ウ　　(3)　レアメタル　　(4)　モノカルチャー経済　　(5)　年によって生産量や価格が変動するため，収入が安定しない。　　(6)　b　自動車　　c　ウ　　(7)　植民地として支配された時代に，民族のまとまりを無視して引かれた境界線が，そのまま国境線となったため。　　(8)　d　ウ　　e　イ

〈解説〉(1)　Aの地域はサハラ砂漠が広がり，砂漠気候が分布している。　(2)　赤道はギニア湾を通り，コンゴ民主共和国やケニアを通る。なお，地図中のaのあたりを水平に通るのが北回帰線である。　(3)　埋蔵量が少なく，量はあっても純粋なものを取り出すことが困難な金属のこ

とをレアメタルという。先端技術産業には欠かせないものであるが，産出地域は世界の中でも限られている。クロムやマンガン，白金(プラチナ)は南アフリカ共和国が世界一の生産量を誇る。　(4)　ダイヤモンド，カカオ豆，石油といった特定の鉱山資源や農産物など，限られた種類の一次産品の輸出に依存している経済をモノカルチャー経済という。　(5)　特定の一次産品に依存すると，その商品の生産量や国際価格の影響をもろに受ける。そのため各国では多角化を図り，工業化を進めようとしているが，アフリカではまだまだモノカルチャー経済の国は多い。　(6)　南アフリカ共和国は，アフリカ最大の工業国であり，近年は自動車や機械類の輸出がみられ，BRICSの一角を担っている。資料Ⅲをみると，自動車は11.1%，機械類は8.1%，鉄鋼は7.1%を占めており，これらを足すと輸出品のうち26.3%を占めていることが分かる。よって，883億円×0.263＝232.229億円となる。　(7)　アフリカでは第二次世界大戦後にヨーロッパ諸国から相次いで独立をしたが，民族のまとまりを無視して国境が引かれた。特にアフリカでは経線や緯線に沿って引かれた数理国境が多く見られる。この結果，今日に至るまで国を超えた争いが絶えない。　(8)　学習指導要領に掲げられている「位置や分布，場所，人間と自然環境との相互依存関係，空間的相互依存作用，地域など」に着目することは，地理的な見方や考え方を育む上では欠かせない視点である。

【2】(1)　交通・通信　　(2)　①　暖流(黒潮，日本海流)と寒流(親潮，千島海流)がぶつかり，潮目(潮境)になっているため。　②　記号…イ　理由…冬の降水量が多いから。　(3)　エ　(4)　①　火力発電　②　東日本大震災で発生した津波による原子力発電所の事故をきっかけに，国内の原子力発電の利用が見直されたから。

(5)　ア　北海道　イ　愛媛県　ウ　新潟県　(6)　①　太平洋ベルト　②　中京工業地帯　(7)　産業の空洞化

〈解説〉(1)「日本の地域的特色と地域区分」において，国内や日本と世界との交通・通信網の整備状況などを基に，国内各地の結びつきや日本と世界との結びつきの特色を明らかにすることは重要である。

(2)　①　寒流，暖流双方からの魚類が集まりやすく，さらには深層に多い栄養分が上昇することで植物プランクトンが繁殖し，魚も集まり，潮目(潮境)では好漁場を形成している。　②　ア　冬に0℃近くまで気温が下がり，年間降水量も少ないことから，内陸性の気候を示す松本である。　イ　冬の降水量が多いことから，日本海側の気候を示す金沢である。　ウ　年平均気温や冬の気温も高いことから，太平洋側の気候を示す名古屋である。　(3)　エ　都道府県別の人口密度を示した主題図であれば，三大都市圏に人口が集中し，地方で過疎化が進展している状況を把握することができる。　(4)　①　日本ではかつて水力発電が中心を担っていたが，現在では火力発電が中心である。日本は鉱産資源に乏しく，燃料のほとんどを輸入に依存している。近年は太陽光発電や風力発電など再生可能エネルギーの導入を進めている。
②　東日本大震災以降，原子力発電が停止し，火力発電の稼働が多くなった。そのため，火力発電の燃料である石炭や天然ガス，原油の輸入も増加した。　(5)　ア　農業産出額が高く，畜産の割合が高いことから北海道。　イ　みかんなどの生産が多く，果実の割合が高いことから愛媛県。　ウ　米の割合が高いことから新潟県。　エ　首都圏に近く，近郊農業が盛んで野菜の割合が高いことから茨城県。

(6)　①　京浜工業地帯から中京工業地帯，阪神工業地帯，北九州工業地域にかけて，太平洋を帯状に連なる工業地域を太平洋ベルトと呼ぶ。鉄鋼業，石油化学工業などを中心に，重工業が集積している。
②　中京工業地帯では，自動車工業が盛んであり，現在では工業出荷額も国内最大を誇る。　(7)　国外の安価で豊富な労働力を求めて，国外へ工場を移したことにより，国内では産業の空洞化が起こり国内産業も衰退した。ところが近年では，国外の賃金の上昇や円安により，工場を国内へ戻す国内回帰の動きもみられるようになっている。

【3】(1)　a　摂政　　b　十七条の憲法　　(2)　家柄にとらわれず，才能や功績のある人物を役人に取り立てるため。　　(3)　隋の進んだ政

治の仕組みや文化を取り入れるため。　(4)　①　c　天智　d　戸籍　e　壬申　②　イ　(5)　①　口分田　②　イ，ウ　③　菅原道真　(6)　娘を天皇の后にし，その子供を天皇の位に就けた。

〈解説〉(1)　日本最初の成文法で，官吏，貴族の守るべき道徳的な訓戒を漢文で書いたもの。　(2)　聖徳太子は天皇に国の権力を集め，天皇を中心に国をまとめるべきと考え，天皇主権の障壁となる氏姓制度からの脱却，有能な人材の登用を目的として冠位十二階制を制定した。(3)　聖徳太子は600年に遣隋使を派遣して随との対等な外交を望んだが，倭国の政治や制度が遅れており，国家として認められなかった。そのため冠位十二階や十七条の憲法を制定し，国としての体裁を整えた。　(4)　天智天皇がつくった戸籍は庚午年籍である。壬申の乱の後，大海人皇子は天武天皇となり，八色の姓の制定や国史の編纂を命じた。②　地方の豪族である蘇我氏が力を持ち始めていたため，大化の改新を行った。　(5)　①　班田収授法の内容は，6歳になったら男子は2反，女子にはその3分2が与えられ，死後に国に返すことである。　②　律令制度の税制の中心になるもの。唐の制度にならって大化の改新で定められ，大宝律令で完成した。租は口分田の広さに応じて稲をおさめ，調はその土地の特産物をおさめ，庸は労役の代わりに一定量の布をおさめた。　③　菅原道真は，藤原時平により九州大宰府に流された。また，遣唐使の停止により国風文化が栄えた。　(6)　藤原房前の家系を藤原の「北家」という。冬嗣の時に，蔵人頭となり，天皇家との関係を強めた。摂政は天皇が幼少のときに置かれた役職，関白は天皇が成人になってから任ぜられることが多かった。初代の摂政は良房，初代の関白は基経。

【4】(1)　a　オ　b　ア　(2)　①　エ　②　ウ　③　伊藤博文　④　直接国税15円以上納める25歳以上の男子　(3)　c　ノルマントン　d　イギリス　e　陸奥宗光　(4)　①　山口県　②　ア　③　軍備の強化　(5)　国民の犠牲や負担が大きかったが，賠償金が

もらえなかったから。

〈解説〉(1) 問題文は，歴史的分野の「近代の日本と世界」の内容で，「ア 次のような知識を身に付けること」のうち，「(ウ) 議会政治の始まりと国際社会との関わり」の文である。一度は，学習指導要領を読んでおくことが必要であるが，この時期の歴史の内容を理解していれば，解答することができる。(2)以下は，(1)に関する問題である。

(2) ① 板垣退助は高知県出身，立志社，愛国社，自由党を結成した。民撰議院設立の建白書の署名者は，板垣以外に，江藤新平・後藤象二郎・副島種臣らがいる。 ② ア 教育勅語の発布は1890年。

イ 岩倉使節団派遣は1871年。 ウ 西南戦争は1877年。 エ 日清修好条規は1871年。 ③ 伊藤博文が関わった主な事柄は，工部省の長就任，明治十四年の政変，ドイツでの憲法調査，初代総理大臣，明治憲法の枢密院での審議，立憲政友会の結成，日清戦争，韓国統監，などである。 ④ 最初の選挙権が与えられたのは，全人口の1％強であったが，いわゆる普通選挙権といわれる男子満25歳以上に選挙権が与えられたのは，1925年。 (3) 資料Ⅵはフランス人ビゴーによる風刺画。1886年，紀伊半島沖で英貨物船ノルマントン号が難破し，英人船長ら乗組員は脱出，救助されたが，日本人船客25名は全員溺死した。領事裁判で船長は無罪となり，不平等条約の大きな問題となった。陸奥宗光は，日清戦争直前に外相として日英通商航海条約に調印，領事裁判権の撤廃に成功した。また，日清戦争時の講和条約＝下関条約の締結にも活躍。 (4) ① 条約が締結された下関は山口県。会議の出席者は，日本側・首相伊藤博文，外相陸奥宗光，清側は・李鴻章。② 山東半島は，第一次世界大戦のとき「対華二十一カ条要求」でドイツ権益の継承として日本が要求したことがあるが，日本が領土としたことは一度もない。 ③ 賠償金の主なものは，対ロシア戦に向けての軍備強化資金に使用されたが，1901年操業の八幡製鉄所の設立資金などにも使われた。 (5) 日露戦争の講和条約は，アメリカ大統領セオドア・ローズベルトの斡旋で行われた。「ポーツマス条約」と呼ばれ，日本側の全権は外相・小村寿太郎であった。日本では，軍事力・経済力とも戦争遂行のためには限界であり，大きな犠牲を払った割には賠償金を取れなかった。

【5】(1) a カ　b イ　(2) 情報を扱う手段や技能を持つ人と持たない人との格差　(3) ウ　(4) 親と子供だけの核家族世帯が増えるとともに，共働き世帯数も増えているため。　(5) ピクトグラム　(6) ウ　(7) もったいない

〈解説〉(1) aの「人工知能」は現在社会の様々な場面で活用が進んでおり，その活用について理解させることが求められる。bの「社会生活との関わり」は，科学・芸術・宗教が豊かな人間生活に貢献していることを意味している。　(2) デジタルデバイドは,「情報格差」と訳されるが，情報通信機器を利用する人と利用しない人の間に生じる，雇用機会や所得などの様々な格差のことをいう。個人同士の間だけでなく，地域間や国家間にも生じる格差である。　(3) 国連の定義により，高齢化率が7％を超えると高齢化社会，14％を超えると高齢社会，21％を超えると超高齢社会と呼ばれる。わが国の高齢化率は，2007年に21％を超えており，2021年には30％弱にまで上昇している。

(4) 核家族世帯で，かつ夫婦が共稼ぎだと，子どもを保育所などに預ける必要がある。だが，預けられる保育所が見つからずに，保育所待機児童となる子どもの存在が問題となった。ゆえに，保育の受け皿の拡充が行われている。　(5) ピクトグラムは，言語が理解できない外国人でも即時に意味が分かるように考案された記号である。車椅子のマークや非常口のマークなどが有名である。1964年の東京五輪を機に，世界的に広まった。東京2020オリンピック・パラリンピックを機に，ピクトグラムのJIS規格が変更された。　(6) 資料Ⅳによると，海外で暮らす日本人の数は増加しているが，ブラジルで暮らす日本人の数は減っている。分母である海外で暮らす日本人の数が増加しているのだから，ブラジルで暮らす日本人の数の割合は減少傾向にある。

(7) ワンガリ・マータイはケニアの政治家で，環境保護活動家。2004年にはノーベル平和賞を受賞した。来日した際に知った日本語の「も

ったいない」という言葉に感銘を受け，MOTTAINAIキャンペーンを展開し，この言葉を世界に紹介した。

【6】(1)　a　ア　　(2)　イ，ウ，エ　　(3)　軽減税率　　(4)　税を払った後の所得の差を減らし，所得の再分配を図ること。

(5)　①　29,483(円)　　②　介護保険に加入する年齢に達していないから。　　(6)　ア　　(7)　マイナンバー　　(8)　b　ウ　　(9)　経済協力開発機構(OECD)

〈解説〉(1)「市場の働きに委ねることが難しい問題」とは，社会資本の整備，環境保全，社会保障などがあげられる。　(2)　間接税とは，担税者と納税者が異なる税のこと。消費税がその代表例である。アの自動車税は自動車の所有者，オの固定資産税は不動産の所有者に課せられる直接税である。　(3)　2022年末現在，消費税率は10%だが，外食や酒類を除く飲食料品や週2回以上発行される新聞の定期購読料の税率は改定前と同じく8%のままとなっている。消費税率が8%から10%に改定される際に導入された。　(4)　累進課税制度とは高所得者にはより高い税率で課税すること。担税能力が高い者ほど高額の税を課すのが公平という，垂直的公平を図るための制度である。また，所得の再分配とは，高所得者の所得を低所得者に移転し，所得格差を緩和することをいう。　(5)　①　健康保険料，厚生年金保険料，雇用保険料，介護保険料の合計が社会保険料である。これらの社会保険料や所得税・住民税は給与から控除され，勤務する企業が納付する。　②　介護保険制度では，40～64歳の公的医療保険加入者が第二号被保険者，65歳以上の人が第一号被保険者で，40歳から保険料を納付することになるが，Aさんはまだ20代で，介護保険の被保険者ではない。

(6)　生活保護受給世帯の多くを占めるのは，低年金や無年金の高齢者世帯である。無年金となる高齢者を減らすため，年金受給に必要な保険料の納付期間が25年から10年に短縮されている。イは障害・疾病者世帯，ウは母子世帯である。　(7)　マイナンバー制度(社会保障・税番号制度)は，行政の効率化，国民の利便性の向上，公平・公正な社会の実現のために導入された。わが国に住民票のあるすべての人に付番されている。 (8)「社会保険は税金からも負担されているね」の発言の根拠となる資料でなければならない。実際に，社会保険は保険料だけでなく，租税による負担もあって運営されており，例えば国民年金の財源は国庫負担の半分を占めている。 (9) OECDは「先進国クラブ」との異名を持つ国際機関で，経済成長，貿易自由化，途上国支援をその活動目的としている。従来のGDPに代わる指標として，暮らしの11分野からなる「より良い暮らし指標(BLI)」を発表している。

地理歴史(歴史)

【歴史共通問題】

【1】1　生徒　2　時間　3　概念　4　課題　5　問い

〈解説〉新しい科目として設けられた「歴史総合」に関する問題である。そのうちの「第2章　第3節　歴史総合　3　指導計画の作成と指導上の配慮事項」は，6つの項目が挙げられている。 (1) 中学社会科との関連と指導内容の構成について。 (2) 時間的・空間的な捉え方について。 (3) 近現代の歴史と現代的な諸課題との関わりの考察について。 (4) 諸資料の活用と関係諸機関との連携について。 (5) 活用する資料の選択について。 (6) 近現代の学習について。いずれも歴史学習の基本について述べたものである。各文章の内容をすべて覚える必要はないが，一度学習指導要領に眼を通しておくこと。また，常日頃から歴史学習に対する心構えをしっかりと持っておくこと。

【2】問1　イ　問2　カ　問3　エ　問4　ウ　問5　オ
問6　ア　問7　ア　問8　ウ　問9　ア　問10　ウ
問11　イ　問12　イ　問13　ウ　問14　ア　問15　イ

〈解説〉問1　A「像を作らないこと」「安息日」などからモーゼの十戒を示し，ユダヤ教で『旧約聖書』，前13世紀頃。 B「アッラー」からイスラーム教の『コーラン』，7世紀。　C「隣人愛」からキリスト教の『新約聖書』，1世紀。　問2　Ⅰ　楔形文字でハンムラビ法典の一節。Ⅱ　エジプトの象形文字。インダス文明の文字は聖獣や神像がデザインされているが，未解読である。　問3　世界の栽培食物などでアメリカ大陸から世界に広まったものは，トウモロコシ・トウガラシ・ジャガイモ・サツマイモ・カカオ・トマト・カボチャ・タバコなどがある。よって，15～16世紀の大航海時代以前に，これらのものが日本にはなかった。サトウキビは原産地がニューギニアといわれているが，7世紀にイスラーム教の拡大によって地中海にもたらされ，世界に広まっていった。　問4　A　高杯で弥生土器。　B　火焔型土器で縄文土器。　C　朝鮮伝来の須恵器。　問5　A　性善説から儒家の孟子。B　無為自然から道家の老子。Yの孫氏は兵家。諸子百家は中国の春秋・戦国時代の思想家たちのこと。　問6　最初の勅撰和歌集は紀貫之らが編纂した『古今和歌集』。最古の漢詩集は『懐風藻』。万葉集の編纂者は大伴家持と言われている。　問7　資料は10世紀頃の受領による圧政のもので，この前後から，各地でいくつかの受領が訴えられている資料が残されている。　イ　検非違使は9世紀はじめ，嵯峨天皇が設置したもので，京都の治安維持にあたった。国司の交替を監督したのは，桓武天皇が設置した勘解由使。　ウ　最初の荘園整理令は醍醐天皇のとき，902年に出された延喜の荘園整理令で，後三条天皇が出した「延久の荘園整理令」もある。　エ　承平・天慶の乱(939～941年)のことで，関東の平将門の乱，瀬戸内海の藤原純友の乱を指す。
問8　承久の乱は，鎌倉時代の1221年に朝廷と幕府の間で起こった。。
ア　京都所司代は江戸幕府が朝廷の監視所として置いたもの。
イ　鎮西探題は1293年，鎌倉幕府が西国防備と九州統治強化のため，博多に設置した役所。同じようなものとして，1276年には元の襲来に備えて長門・周防(山口県)に置いた長門探題がある。　エ　大宰府は九州に置かれた大和政権以降の出先機関。福岡県にあり，九州9国3島の支配と外国使臣の接待などを業務とした。　問9　写真は，東大寺南大門。運慶らによる金剛力士像がある。鎌倉時代の建築様式としては，雄大さを持つ大仏様，円覚寺舎利殿に代表される精巧な建て方の禅宗様，国風文化を受け継ぐ和様(代表的建築は三十三間堂，石山寺多宝塔)，観心寺金堂に代表される折衷様がある。　問10　ア　アンボイナ事件は，1623年，モルッカ諸島のアンボイナでイギリス商館員をオランダ人が虐殺し，この地域からイギリス勢力を締め出した事件。イ　ピューリタン革命は，1642～49年にかけてクロムウェルらによって指導された市民革命。　ウ　マゼランの船隊の世界周航は1519～22年。コロンブスのサンサルバドル島到着は1492年，ヴァスコ＝ダ＝ガマのカリカット到着は1498年。　エ　徳川家康の将軍任命は1603年。問11　写真はインドのアグラにあるタージ＝マハル。ムガル帝国第5代皇帝シャー＝ジャハーンが愛妃ムムターズ＝マハルの死を悼んで1632～53年にかけて造営した墓廟で，世界遺産である。　A　ムガル帝国は1526～1858年までインドにあったイスラーム国家。　B　アユタヤ朝は，1350～1767年にかけて，タイのアユタヤを都とした王朝。問12　禁中並公家諸法度は，朝廷・公家に対して出された統制法。「一，紫衣」については，1627年に後水尾天皇が幕府の許可なく与えた紫衣を幕府が取り上げた紫衣事件が起こっている。　問13　ウ　薩長同盟の仲介者は坂本竜馬といわれている。　問14　フランス革命前の政治・社会制度はアンシャン＝レジーム(旧制度)と総称される。そこでは，聖職者が第一身分，貴族が第二身分，平民が第三身分と区分されていたが，人口の9割以上が平民身分で，第一，第二身分が土地と重要官職を握り，免税などの特権も持っていた。そのころ，シエイエスが『第三身分とは何か』という小冊子で，商工業者などが次第に実力を蓄え，実力にふさわしい待遇を要求する第三身分の権利を主張し，フランス革命が起こるきっかけともなった。　問15　資料は1789年に出された「人権宣言」の一部である。アメリカの「独立宣言」とともに，最初の第一条は頭に入れておこう。ヴェルサイユ宮殿の建設はルイ13世が造営に着手したが，1661～1682年にルイ14世が完成させる。バスティーユの牢獄襲撃はフランス革命の始まりとなった事件で，1789年。ナポレオンが皇帝になったのは，1804年。ルイ18世が皇帝になったのが1814年。

【3】問1　ウ　　問2　ア　　問3　ウ　　問4　エ　　問5　エ
問6　ウ　　問7　ア　　問8　エ　　問9　イ　　問10　イ
問11　ウ

〈解説〉問1　絵はビゴー『国会議員の本』で，1890年に行われた第1回衆議院議員選挙の様子。右に立っているのは警官，左後ろに集まっているのは選挙権のないやじ馬。選挙権が与えられたのは，直接国税15円以上の納税者で満25歳以上の男子。有権者数は，全人口比の1.1%。投票率は93.9%と高かった。直接国税3円以上となるのは1919年の原敬内閣の時で，全人口比の5.5%。税負担の制限がなくなるのは，1925年の加藤高明内閣の時。男女20歳以上となるのは，1945年の幣原喜重郎内閣の時。　問2　ア　ドイツのヴァイマル憲法の制定は1919年で，当時世界で最も民主的と言われた。　イ　農奴解放令が出されたのは1861年。ロシア資本主義の出発点となったといわれる。　ウ　アヘン戦争が起こったのは1840年。南京条約で香港がイギリスの植民地となる。　エ　南北戦争が戦われたのは1861～1865年。　問3　ア，イ　イギリスの東インド会社は1600年設立。喜望峰から東はマゼラン海峡に至る全域の貿易・植民に関する独占権を与えられた大特許会社。イギリスのインド制覇の主体でもあった。インドの傭兵の反乱は，1857～59年にかけて起こったもので，シパーヒーの反乱，セポイの反乱とも称される。　ウ　ガンジーは20世紀の人物で，反英・インド独立運動の指導者。　エ　ムガル帝国の滅亡は1858年。形式上，イギリスのヴィクトリア女王がインド皇帝となったのは1877年から。
問4　A　天津条約の締結は1885年。前年に起こった甲申事変の処理策として締結された。　B　江華島事件は，1875年日本の軍艦が朝鮮の江華島付近で示威行動を起こし，朝鮮から砲撃を受け，近くの城を占領した事件。その事件に関して，翌年日朝修好条規が締結された。江華府で締結されたので，江華条約ともいう。　C　1871年，明治政府は琉球王国を鹿児島県に編入し，翌年琉球藩を置いた。その後，1879

年に軍隊・警察を派遣し，藩王府を接収し，沖縄県設置を布告した。問5　A　イギリスのマレー連合州の成立は1895年。　B　フランスの仏領インドシナ連邦の成立は1887年。　C　フィリピンのアメリカ植民地の成立は1902年で，米西戦争の結果である。それ以前はスペインの植民地だった。　問6　ア　治安警察法の成立は1900年。女子の集会・結社の禁止など。　イ　破壊活動防止法の成立は1952年。同年のメーデー事件を契機に，49年公布の団体等規制令を補強した法律。ウ　治安維持法は1925年，普通選挙法と同年に成立した。ソ連の成立などによる社会主義の広まりなどを警戒してつくられた法。後に違反者に対して，死刑なども加わる。　エ　国家安全維持法という法律は日本にはない。　問7　ア　山東出兵は，1927～28年にかけて蔣介石による北伐に対し，田中義一内閣のもとで日本人の財産・生命保全を口実に，中国の山東省に出兵したもの。　イ　アジア・アフリカ会議は，1955年，インドネシアのバンドンで行われた会議で，平和十原則が決議された。　ウ　領事裁判権の撤廃に関する日英通商航海条約の締結は，1894年，陸奥宗光外相のもとで締結。　エ　駐露公使・榎本武揚が交渉して締結した樺太・千島交換条約で，日露の国境が確定した。　問8　A　フランスのノルマンディー半島にアメリカのアイゼンハワーが率いる連合軍が上陸したのは1944年。　B　独ソ不可侵条約が結ばれたのは1939年で，すぐにドイツはポーランドへの侵攻を行い，第二次世界大戦がはじまった。　C　連合軍がイタリア本土に上陸したのは1943年。その2月前に，イタリア首相ムッソリーニは首相を解任された。　問9　A　鎌倉時代の元寇の時の暴風雨による日本の勝利を想像させるために，絵では元軍の船を描いている。「イセノカミカゼ」とは「伊勢神宮の力により，神風が吹く」という意味。　B　国内で不足がちになってきた生活物資配給の為の購入券などである。問10　イ　1960年，岸信介内閣から代わった池田勇人内閣が打ち出した政策である。　エ　五大改革指令とは以下の5項目。①女性参政権の付与。②労働組合の結成奨励。③教育の自由主義的改革。④秘密警察の禁止。⑤経済機構の民主化。　問11　核保有国と共に，それに関する制限条約などにも着目すること。1963年，米・英・ソで部分的核実験禁止条約の調印。1968年，核拡散防止条約。1987年，米・ソ中距離核戦力全廃条約調印など。

【4】問1　日独伊三国同盟　　問2　天安門事件　　問3　APEC
問4　プラザ合意　　問5　ラテン系の国家であるスペインやポルトガルの植民地から独立した経緯を持つ国が多いため。
〈解説〉問1　Aは日本，Dはドイツ，Eはイタリアである。1936年にAの日本とDのドイツはソ連に対処するために日独防共協定を締結し，翌1937年にEのイタリアが加盟して日独伊三国防共協定が成立した。さらに三国は1940年に日独伊三国同盟を締結し，日本は米英の牽制を図った。　問2「四つの現代化」を掲げた鄧小平が，1978年以降に改革・開放政策を推進して，社会主義市場経済が導入された。経済から政治への民主化拡大を求めた学生や市民が，1989年4月の胡耀邦前総書記の追悼を契機に天安門広場で座り込みを実施すると，6月に共産党政権は軍事力で鎮圧する天安門事件を引き起こした。1989年の天安門事件は第2次天安門事件で，1976年4月の周恩来の追悼に際して生じた市民と警官の衝突は第1次天安門事件と呼ばれる。　問3　オーストラリアのホーク首相の提案で，1989年11月にキャンベラで開催された。開かれた地域経済協力を目指す枠組みであり，Asia Pacific Economic Cooperationの略称である。1993年からは非公式首脳会議も開催されるようになった。　問4　ドル高に悩むアメリカ合衆国は，1985年9月の主要先進国5カ国(米・日・西独・仏・英)の大蔵大臣・中央銀行総裁会議でドル高是正への協調介入に関するプラザ合意を得た。この結果，円高が急速に進行して輸出産業を中心に円高不況に見舞われたが，内需主導によって1987年半ばから景気は回復した。反面で超低金利政策のもとでだぶついた資金が不動産市場や株式市場に流入すると，1987年頃から株価・地価の高騰をもたらしてバブル経済と呼ばれた。
問5　1494年のトルデシリャス条約によって南アメリカはスペインの勢力圏となり，実際にコルテスによる1521年のアステカ王国の征服やピサロによる1533年のインカ帝国の征服が実施された。他方で，1500年のカブラルの漂着によってブラジルはポルトガルの植民地となった。スペインもポルトガルもラテン系の人々であり，彼らによって植民地化されるとともに，混血が進んだ中南米はラテンアメリカと呼ばれた。

【日本史】

【1】問1　ウ　　問2　(1)　ア　　(2)　欽明(天皇)　　問3　推古天皇のもと厩戸王が蘇我馬子と協力して中央集権国家建設を目指した。のちの位階制の起源をなす冠位十二階を制定したり，十七条憲法を制定したりして豪族に官僚としての訓戒を示すなど官僚制の整備につとめた。(99字)　　問4　・新羅との関係悪化により，遣唐使の航路が北路から南路に変わった。　　・船数が2隻から4隻になった。　　・8世紀にはほぼ20年に一度の割合で派遣された。　　・唐の衰退により派遣頻度が低くなった。　　問5　オ

〈解説〉問1　A　縄文時代の代表的な遺跡は青森県の三内丸山遺跡や亀ヶ岡遺跡である。Ⅰは宮沢遺跡。　D　荒神谷遺跡は島根県にある遺跡で，銅剣や銅鐸を出した遺跡として知られる。Ⅳは縄文期に水稲農耕が存在したことが判明した板付遺跡。　問2　Ⅰ　527年に，新羅と結んだ筑紫の国造磐井が起こした反乱に関する『日本書紀』の史料。当時，中国から朝鮮半島にかけて高句麗，朝鮮半島には新羅・百済・任那などの小国があった。このころ大和政権で勢力があったのは，大伴氏，物部氏，蘇我氏などであり，大臣は蘇我氏に，大連は大伴氏，物部氏などの有力者が任じられた地位。　Ⅱ　仏教伝来に関する『上宮聖徳法王帝説』の史料である。日本への仏教公伝については，百済の聖明王から日本の欽明天皇へ伝えられた。『上宮聖徳法王帝説』は聖徳太子の伝記で，7〜8世紀に成立した。　Ⅲ　646年に出されたといわれる改新の詔の一条，二条の史料である。其の一は公地公民制を目指したもの，其の二は京を含めた地方行政組織に関するものである。ここには載せられていないが，其の三は戸籍・計帳・班田収授の法に

関すること，其の四は税制に関するものである。　(1)　ア　①　新羅は356年に辰韓12国を斯盧が統一して建国。663年，白村江の戦いで百済を滅ぼし，半島を統一したが，935年高麗に滅ぼされた。　④　屯倉(みやけ)は大化の改新以前の大王の直轄地。田荘(たどころ)は豪族の私有地。　問3　推古朝の政治を指導したのは，蘇我馬子と摂政となった厩戸王(聖徳太子)である。それまでの氏族単位の王権組織を再編成し，中央集権制を目指し，官僚制の整備を目指した。なお，解答の中に，それらを目指すための具体的な政策を入れること(冠位十二階制など)。　問4　遣唐使の派遣については，資料Cから大きく読み取れることは，7世紀と8・9世紀の航路が大きく異なること，もう一つは，船舶の数が異なっていること，などである。資料Bから663年の白村江の戦い以降，日本と新羅の外交問題で対立があることなどが読み取れる。　問5　A　藤原基経の関白就任は884年。　B　菅原道真の大宰府左遷は901年。　C　良房の摂政就任は858年。これら以外に，810年の冬嗣の蔵人頭就任，842年の承和の変で，橘逸勢を追放したこと，866年の応天門の変で伴善男を流罪にしたこと，969年に安和の変で源高明を左遷したこと，などに注意。

【2】問1　後白河上皇の信任を得た平清盛は，娘を天皇に嫁がせ外戚として権力を握るとともに，太政大臣就任を機に，高位高官を一族で独占した。また，西国の武士の一部を地頭に任命するなどして家人化し，掌握した。(95字)　　問2　ウ　　問3　学習課題…・なぜ鎌倉幕府は永仁の徳政令を出したのか?　　・鎌倉時代後期に御家人が窮乏した要因は何か?　　知識や概念…・蒙古襲来後，鎌倉幕府は分割相続の繰り返しによる所領の細分化で窮乏した御家人を救済するために永仁の徳政令を出した。　　・鎌倉時代には借上と呼ばれる金融業者が現れるなど貨幣経済が進展し，困窮した御家人により所領の質入れや売買が行われた。　　・貨幣経済の進展や武家社会の慣習の変化により，御家人体制や土地を仲立ちとした封建制が動揺し，鎌倉幕府は衰退していった。　　問4　ウ　　問5　ア　　問6　オ

〈解説〉問1「公家的性格」とは，それまでの藤原氏が行ってきた摂関政治の在り方について考える。また，「武家的性格」とは，鎌倉幕府の支配のしくみを考える。摂関政治では，外戚になることや律令制の中の官位の獲得などが重要であった。平清盛は，娘・徳子を高倉天皇の中宮に入れ，その子の安徳天皇を即位させ外戚となっている。また，子供の平重盛らを高位高官に付けている。鎌倉幕府と同じことは，地頭の任命などである。　問2　ア　和田義盛が滅ぼされたのは(和田合戦という)1213年。　イ　実朝が暗殺されたのは1219年。　ウ　実朝の死後，4代目の将軍になったのは藤原頼経で，摂家将軍といい，正式任命は1226年。6代目の将軍となったのは宗尊親王で，皇族将軍と呼ばれ，任命は1252年。時の執権は，北条時頼。　エ　1221年に起こったのは承久の乱で，後鳥羽上皇が北条義時追討を名目とした。

問3　資料は，いずれも御家人が窮乏化していった背景などを示す資料であり，鎌倉幕府衰退の要因を示すものである。資料Aは1297年に出された永仁の徳政令。主な内容は，①御家人の土地の質入れ・売却の禁止，②すでに売却された所領の無償返還で，相手が御家人の場合，20年を過ぎたものは不問とし，相手が非御家人や凡下の場合は，年限なしで御家人は取り戻せるというものであった。資料Bは，分割相続の代表的な例である，豊後国守護であった大友能直の相続の様子である。本領の相模国の大友郷は惣領の嫡子・大炊助が相続していること，女性にも相続されていることなどに着目。鎌倉中期以降，分割相続の繰り返しにより一族の土地が細分化し，御家人などが窮乏化したこと，また，これを防ぐために，女性が相続した所領などは本人の死後，惣領に返すようになったことや(「一期分」という)，単独相続に変化したことなどにも着目。資料Cは，『山王霊験記絵巻』に描かれたもので，高利貸し業者である借上の使いから銭を借りている様子を描いたもの。銅銭はひもを通した状態(銭緡＝ぜにさし)の宋銭であった。資料Dは，著名な元寇の場面である。元寇では御家人は恩賞を貰えず，新しい負担として防塁などの建設や，異国警護番役などの負担が増え，窮乏化の要因になっていった。　問4　資料Aは，円覚寺舎利殿である。

円覚寺は1282年，無学祖元がひらいたものである。資料Bは，慈照寺銀閣で，鹿苑寺にあるのは義満が造った金閣である。資料Cは，如拙の描いた妙心寺にある『瓢鮎図』で，禅の公案の一つを図示したもの。資料Dは，市聖と呼ばれた空也の像で，平安時代に造られたもの。問5　ア　夢窓疎石の出身は伊勢である。無学祖元の弟子で両者とも臨済僧である。　問6　A　古河公方は，鎌倉公方足利持氏の子成氏とその子孫をいう。1582年に断絶した。

【3】問1　(1)　堺　　(2)　ア　　問2　エ　　問3　エ　　問4　旧里帰農令を出し，正業のない者に帰農を奨励し，無宿人を人足寄場に集めて技術を身に付けさせ町々には町費節約を命じて米・金を蓄えさせた。　　問5　ウ　　問6　イ

〈解説〉問1　史料1は，日明貿易・南蛮貿易で栄えた堺の町が，会合衆36名によって運営されている自由都市・自治都市であることを，宣教師がローマに報告したもの(『耶蘇会士日本通信』)である。史料Bは，織田信長が堺の町を屈服させ，矢銭2万貫を要求することとなったことを示すもの。三好三人衆とは，戦国末期の武将・三好長慶の武将で，三好長逸，岩成友通，三好政康らの三人をいう。1569年，京都に足利義昭を攻めて，信長らの軍に敗れた。　(2)　a　足利義昭を奉じて入京したのは1568年。　b　比叡山焼き討ちは1571年。　c　長篠の合戦で武田軍を破ったのは1575年。　問2　史料Aの「かれうた」は，ポルトガルのことで，ポルトガル船の来航禁止(1639年)。史料Bの「奉書」は老中発行の証書のことで，この奉書を持たない船は海外渡航を禁止された(1631年)。史料Cは，日本人の海外渡航禁止命令で，1635年。　問3　江戸時代の農業生産力，特に主要な生産物の米の収穫高の上昇した理由や，米作りが持続した理由は，以下のようなところにある。一つは，享保頃までの沖積平野などでの新田開発による耕地面積の増加(資料A)。第二は，干鰯や油粕などの金肥と言われた肥料の普及，第三は，新しい農具の発明，備中鍬・千歯扱・唐箕などの普及。第四には，宮崎安貞の『農業全書』や大蔵常永の『農具便利論』などの農書の普

及，などがある。　エ　幕領の年貢収穫高は上下している。
問4　天明の飢饉は，1782～87年の長雨・浅間山の大噴火・冷害などで，特に東北地方に甚だしかったといわれている。大規模な打ちこわしは，享保の飢饉のときの1733年が最初であるが，天明期以降は頻発した。寛政の改革は，老中となった松平定信が1787～93年にかけて行った幕府の政策であるが，その特徴は，①享保の改革を目標に復古的理想主義を掲げたこと，②田沼意次が行っていた商業主義・重商主義を改め，農業重視主義であること，③思想統制・文武奨励による幕府権威の再建などにある。　問5　家斉の将軍職在任期間は，1787～1837年(没したのは1841年)。　ア　関東取締出役は，俗に「八州廻り」とも称され，1805年に設置。　ウ　為永春水と柳亭種彦は水野忠邦の天保の改革で弾圧された。　問6　イ　本多利明は経世家。著書は『西域物語』，『経世秘策』など。『経済要録』，『宇内混同秘策』は佐藤信淵の著書。

【4】問1　・紙幣整理が進み，インフレを終息させることに成功した。　・軍事費を除く緊縮財政が行われた。　・緊縮財政により，米価・繭価が暴落した。　・米価・繭価の暴落により，農民の収入は減少し，自作農が減り，小作農が増加した。　問2　政府は政党の動向に制約されることなく超然として独自に政策実現をはかるものだった。　問3　(1)　ウ　(2)　ア　問4　ア　問5　ウ
問6　(1)　イ　(2)　エ
〈解説〉問1　松方財政とは，1880年代に大蔵卿松方正義が推進した財政政策。背景には，国立銀行による不換紙幣の乱発，西南戦争による戦費獲得のための不換紙幣増発などによる極端なインフレーションがあった。その具体的な政策は，紙幣整理の為に日本銀行を設立，銀兌換制の確立，官営事業の払い下げ政策，増税，などである。結果として，きびしい緊縮政策がデフレを招き，小企業を圧迫，農民の没落・寄生地主制の発達，などを招いた。一方，自由党激化事件といわれた騒擾が，秩父事件をはじめとして，各地に起こった。　問2　文の内容，

および「超然」などの語句から，明治時代の藩閥政府の政治理念とその政治姿勢を示したもの＝超然主義(政党の動向に左右されず，政府は政治を行う)であることがわかる。史料は明治憲法発布直後に，黒田清隆首相が地方長官会議の席上で述べたもので，数日後，枢密院議長伊藤博文も全国府県会議長を前に同じような内容を述べている。

問3　(1)，(2)「七博士の満州問題意見書」とは，日露戦争開戦前の1903年，東大教授の7人が政府の対露政策が軟弱であるとして非難した意見書。日露戦争開戦への世論形成に大きな役割を果たした。文中「遼東の還付」とは，日清戦争後の三国干渉による遼東半島の返還をさす。また，北清事件とは，1900年の義和団による外国人排斥事件(北清事変)に対し，日本を含む8カ国連合軍が出兵し，鎮圧したもの。清朝政府は1901年北京議定書で陳謝した。このとき，ロシアは鎮圧名目で満州を占領。日露戦争の原因となった。　ア　完全に手中に収めているわけではない。　問4　ア　1883年，渋沢栄一らが設立した大阪紡績会社が大規模経営で機械制生産が急増し，従来の手紡やガラ紡による綿糸生産を圧迫し，1897年には綿糸は輸出量が輸入量を上回った。イ　座繰製糸は手動装置で，器械製糸の方が多くを生産できる(座繰と器械が反対)。　ウ　日本鉄道会社は，華族を主体として1881年に設立された。　エ　鞍山製鉄所は，1918年に南満州鉄道株式会社が満州に設立した。北九州に設立されたのは官営の八幡製鉄所で，日清戦争の賠償金などでつくられ，1901年操業開始した。　問5　A　ワシントン会議は，1921～1922年にかけて行われた軍縮会議。　B　軍部大臣現役武官制とは，陸・海軍大臣を現役の大将・中将から任用する制度で，1900年に法制化。1913年，大正政変の後に成立した第2次山本権兵衛内閣のときに，現役規定が削除，1936年の二・二六事件の後，広田弘毅内閣の時に復活した。　C　1923年，摂政宮(昭和天皇)が無政府主義者に襲われた虎ノ門事件で，第二次山本権兵衛内閣が総辞職すると，翌年の1924年，枢密院議長であった清浦奎吾が組閣。貴族院中心の超然内閣・非政党内閣であったので，第二次護憲運動が起こった。

問6　①　盧溝橋は北京にかかる橋で，1937年7月7日夜，盧溝橋付近で夜間演習をしていた日本軍と中国軍との間で戦いが始まり，日中戦争へと広まっていった(盧溝橋事件)。柳条湖は，当時の満洲・奉天市郊外の近くで，1931年日本の関東軍が満鉄の線路を爆破して，これを中国軍の仕業として軍事行動を起こし，満州事変となった(柳条湖事件)。　② 南部仏印とは，現在のベトナムの南部をいう。当時は，南部，北部ともフランスの植民地であったので，仏印という。日本の北部仏印進駐は1940年。南部仏印進駐は1941年で，アメリカなどによる日本人資産凍結や対日石油輸出禁止に対して行われた。　(2) ア 国家総動員法の制定は，1938年，第一次近衛文麿内閣の時に公布。戦時に際し，人的・物的資源の統制運用を議会の承認なしの勅令で行うことができるようにした法律。　イ ノモンハン事件は，1939年，満州西北部で日本軍がソ連・モンゴル軍に壊滅的打撃を受けた事件。
ウ 企画院は，1937年，第一次近衛内閣が設置したもので，戦争遂行のための物資動員計画，統制経済確立などを計画した。　エ 1941年，松岡洋右外相が中心に締結した条約で，中立友好・領土不可侵などの内容。有効期限は5年間であった。

【5】問1　9世紀には，律令制の原則に従い戸籍・計帳に登録された成人男子に対して租税・労役・兵役などの負担を課していたが，浮浪・逃亡や男性を女性と偽る偽籍の増加により徴税が困難となった。政府は国司・郡司たちの租税徴収に関わる不正・怠慢を取り締まるとともに，大宰府に公営田，畿内に官田を設け，有力農民を利用した直営方式で財源の確保につとめた。10世紀初め，律令体制がいきづまり，戸籍・計帳の制度が崩れ，班田収授が実施できなくなると，政府は国内統治を委任した現地に赴任する国司の最上席者である受領に，一定額の税の納入を義務づけ財源を確保する体制に転換した。受領は領内の公田を名という課税単位に分け，有力農民である田堵に耕作を請け負わせた。田堵からは土地の面積に応じて官物・臨時雑役を徴収した。こうして，戸籍に記載された成人男子から課税する体制から，土地を基礎に受領が耕作を請け負った有力農民である負名から徴税する体制

へと変わった。　　問2　日本は1951年にサンフランシスコ平和条約を締結し，独立を回復した。また同時に日米安全保障条約を締結し西側陣営の一員に位置付けられた。国際連合への加盟で国際社会に復帰したものの，冷戦下でアメリカとの緊密な関係を保持し，1960年の安保条約改定で同盟関係は強められ，より強くアメリカの極東戦略に組み込まれることとなった。ベトナム戦争では日本の米軍基地が大きな役割を果たす一方，米軍兵士による犯罪も増加し，沖縄では祖国復帰運動が盛んになった。1971年に沖縄返環協定が結ばれ，翌年本土復帰が実現したが，米軍基地は残された。この時期，経済的には高度経済成長を達成し，アメリカが貿易赤字になるのとは反対に国際競争力を強めて経済大国となっていった。戦後の懸案であった朝鮮問題は1965年の日韓基本条約の締結により，韓国政府を「朝鮮にある唯一合法的な政府」と認め，韓国との国交を樹立した。中国とは米中接近の中で，1972年に日中共同声明が出されて国交が回復し，1978年の日中平和友好条約で完全回復をみた。

〈解説〉問題は，8世紀から9世紀の律令国家と呼ばれた時代から，10世紀以降の王朝国家と呼ばれるようになったことについて，政府の財源確保や課税の方法の変遷に絞ってその内容を問う問題である。王朝国家とは，10世紀以降，従来の律令制の調・庸制や班田制に代わり，負名体制によって官物などを収取する体制に移行した国家のことをいう。田堵はもと田頭とも称され，現地の意であった。10～11世紀ころから出現した公領や荘園の耕作請負人である。初め土地の所有権はなかったが，次第に耕作権を通じて権利を強化し，名主に成長した。大規模な経営を行う者を大名田堵という。偽籍は浮浪，逃亡と同じように，律令制の税負担から逃れるための方法の一つ。女子に労役の負担などがなかったため，男子に生まれても女子として戸籍に登録して税負担がないようにしたり，班田収授の法では死んだ場合，与えられた口分田を国家が収受するので，いつまでも生きていることにしたりして，戸籍をごまかすことである。　問2　1951～1970年代にかけての，日本の防衛・軍事や沖縄についての日本と対アメリカとの関係，同時期の日本の韓国や中国に対する戦後処理を含んだ外交について問うものである。そして，それらの関係の中における国内の高度経済成長などの経済や政治をからめて論じさせる問題である。サンフランシスコ平和条約は1951年，吉田茂首相のもと，日本と連合国の講和条約。これにより，日本は主権を回復した。なお，この時の主な条約調印拒否国(ソ連・ポーランド・チェコスロヴァキア)，会議不参加国(インド・ビルマ)，招かれなかった国(中華人民共和国・中華民国)らについては，国連参加問題や賠償問題も残った。日本の国際連合の加盟は，鳩山一郎内閣のときの1956年，「日ソ共同宣言」で戦争終結宣言を行い同年国連加盟，領土については将来の歯舞群島・色丹島の返還が宣言された。安保条約(＝正式名称は日米安全保障条約)は，1951年，平和条約と共に日米間で締結された日本の防衛のための条約である。米軍の駐留，侵略や内乱の際の出動などが内容で，翌年の日米行政協定でその細目が決められた。駐留軍施設の無償提供や分担金の負担，米軍人の犯罪の裁判権など，日本側にとって不利なものが多かった。その条約改定が1960年，岸信介首相のもとで行われ，より強くアメリカの極東戦略に組み込まれることとなり，広範な反対闘争が起きた。1965年，アメリカが北ベトナムに対する爆撃(北爆)を開始すると，沖縄は米軍基地として重要な役割を果たしただけでなく，多くなった米軍兵士の犯罪も更に増加した。1971年，佐藤栄作首相のもと，沖縄の施政権が日本に返還された。しかし，アメリカはあらためて軍事基地の使用権を獲得し，現在までその状態が継続している。日本の領土では1968年には小笠原諸島が日本に返還され，沖縄では1960年代から祖国復帰運動が大きくなっていたが，その返還は1971年であった。日韓基本条約は，1965年，佐藤栄作内閣と韓国の朴正熙政権との間で調印されたもので，両国の外交関係樹立，韓国併合条約などの失効が確認された。日中平和友好条約は1978年，福田赳夫内閣の時に日中間で結ばれた条約。サンフランシスコ平和条約締結の時に招待されなかった中華民国(台湾)との間では，1952年に日華平和条約が結ばれていた(同年，日印平和条約，1954年に日ビルマ平和条約)が，中華人民共和国とは何の条約も結ばれていなかった。しかし，ベトナムの和平が近づき(ベトナム和平協定は1973年)，ニクソン米大統領が訪中し，米中の関係改善が図られるようになると，1972年，日本の田中角栄首相も訪中し，日中共同声明が出され，日中の国交が回復することとなった。その際，日華平和条約は失効することとなった。ただし，覇権条項をめぐり交渉が難航し，1978年にようやく条約が結ばれ，国交の完全回復となった。

【世界史】

【1】問1　ウ　　問2　任期は1年，人数は2人であり，一人の人間が長期間大きな権力を持つことで，独裁政治になることを防ぐため。
問3　ホルテンシウス法　　問4　イ　　問5　プトレマイオス朝
問6　コイネー　　問7　紀元前後では，地中海周辺と西アジアの歴史が一体となって展開していた(西アジアやアラビア半島で使用されていた言語も使用されていたり，両地域間で通商が行われていたりした)こと。

〈解説〉問1　「(う)」は行政・軍事などの国政全般を主導する2名のみのコンスルに注目する場合であるので君主。「(い)」は「大衆の権限」を「考慮」する場合であるので民主。最後に「(あ)」は公職経験者の終身議員からなる元老院に注目する場合であるので，限られた特権者たちのみによる政治という意味で貴族。　問2　コンスルは執政官または統領と訳される，古代ローマの最高公職者である。任期は1年で2名が選出された。コンスルは元老院の主宰，法案提出や戦時における最高指揮官などの軍事・行政全般に大きな権限を有していた。前367年のリキニウス・セクスティウス法により1名は平民(プレブス)から選出されることが規定され，帝政期にも存続した。　問3　前287年に独裁官(ディクタトル)であったクイントゥス＝ホルテンシウスによって制定された。平民会決議が元老院の承認がなくとも国法となると規定したことで，貴族(パトリキ)と平民の対立に終止符が打たれた。
問4　ア　平民派と閥族派の対立はローマ国内の権力闘争であり，年表が示す対外戦争とは無関係である。　ウ　ローマとゲルマン人世界の衝突は主として西ヨーロッパで生じており，年表のバルカン半島(マケドニアやコリントス)や北アフリカ(カルタゴ)とは無関係である。エ　市民権の授与の拡大は同盟市戦争(前91～前88年)やアントニヌス勅令(212年)が関わるが，年表には表記がない。　問5　史料Cはクレオパトラと言及しており，プトレマイオス朝の実質的に最後の女王であったクレオパトラ7世は前31年にアクティウムの海戦で敗れている。史料中のエジプトとマケドニアの対比から，プトレマイオス朝がマケドニア王国のアレクサンドロス大王の後継者(ディアドコイ)の一人であるプトレマイオス1世によってエジプトに前304年に成立したことを想起してもよい。　問6　史料Dは『新約聖書』と冒頭で指示されており，当時の共通語コイネーによって記述された。ヘレニズム世界で広く活用された共通ギリシア語のことであり，ビザンツ帝国では公用語化した。　問7　史料Cではクレオパトラがヘブライ人，アラビア人，シリア人やパルティア人などと通訳なしで会話していたことが語られている。史料Dではローマ人，クレタ人やアラビア人などが各自の言語を有する一方で，神については共通した言語で語り合う様が述べられている。以上のことを踏まえて地図を見ると，東地中海沿岸からアラビア半島を経てインドに至る交易路が描かれている。これらのことから地中海世界は中東からインドにかけての西アジアとの間に密接な関係を有していたことが読み取れる。並びに史料CとDの内容から，単純に交易路がつながっているだけではなく，史料Cの「クレオパトラ」の事例や史料Dの神についての共通言語の事例からも分かる様に，地中海世界と西アジアが言語でも結びついていたことを指摘してもよい。

【2】問1　イ　　問2　(1)　班超　　(2)　安息(パルティア)は，漢からもたらされる絹の貿易による利益を独占しようとし，大秦(ローマ)が漢と直接交渉することを妨害していた。甘英の渡海を踏みとどまらせたのもその例である。　　(3)　その献上品が象牙，犀角，瑇瑁となっているが，これらはインド洋沿岸・東南アジア海域の産品であり，ローマの産品ではないため。　　問3　(1)　文選　　(2)　学習課題…・日本の知識人に影響を与えたのは，中国のいつの時代のどのような文化

か。　・史料として挙げられたもの以外に，中国文化の影響がみられる文物(文字資料や伝製品)はないか。　知識や概念…・奈良平安時代の日本が吸収しようとしたのは，唐の文化だけでなく，それ以前の六朝時代の文章や書も含まれる。　・白居易の詩文は清少納言だけでなく，紫式部など平安朝の女性文学者の基礎的な教養となっていた。　・唐代の白居易や李白の詩文は平安時代以後も日本の文化人の素養となっていたことが江戸時代の松尾芭蕉『奥の細道』の冒頭(月日は百代の過客にして行き交ふ年もまた旅人なり)からもわかる。

問4　イ

〈解説〉問1　新は黄巾の乱ではなく赤眉の乱で滅んだ。黄巾の乱は新のあとに建国された後漢の末期の184年に発生した農民反乱である。民間宗教の太平道を開いた張角に主導され，各地に反乱が飛び火するなかで地方豪族の台頭を招き，そして後漢の滅亡へとつながった。

問2　(1)　空欄に続いて「甘英をして大秦に使い」させるとあるので，97年に部下である甘英をローマに向けて派遣した後漢の西域都護である班超と分かる。ホータン(于闐)，カシュガル(疏勒)やクチャ(亀茲)などを服属させ，91年に西域都護に任じられた。『漢書』を著した班固の弟である。　(2)　史料Aから後漢は甘英をローマに派遣するが，條支(シリア)に甘英が到達して地中海の渡海を試みると，「安息の西界の船人」が渡海の困難を言いつのって甘英にローマへの使いを断念させている。他方で，史料Bをみると，ローマ側も後漢に派遣したいと考えているが，パルティアが「繒綵(彩色された絹)」の独占的交易をもくろんで，ローマと後漢との「遮閡(交通の遮断)」を行っていることが分かる。ここから史料Aの「安息の西界の船人」の行動もパルティアによる後漢とローマの直接交渉妨害の試みの一つと読み取れる。

(3)　史料Bの最後の一文に「表貢する所は，並びに珍異無し。疑ふらくは伝者過てり」とあり，朝貢した物品の内容からローマの使者の真偽について既に疑っていることが分かる。その「表貢」をみると，「象牙，犀角，瑇瑁」というアフリカやインド洋などの物品が中心で，ローマとは直接関係のないものばかりである。ここから大秦国の使者がローマの本当の使者ではないという疑念が生じたと分かる。

問3 (1) 南朝梁の武帝(蕭衍)の皇太子であった昭明太子(蕭統)が，周から梁に至る名文・詩歌800を文体別・時代別に編纂した作品。賦・詩・詔・冊・表・上書などの39類の文体別に時代順に編纂されており，詩・賦が全体の過半数を占めている。 (2) 本問題では，与えられた史料から，清少納言が「文集(白居易の『白氏文集』)」を重んじていること，光明皇后が六朝時代の「楽毅論」を写していること，「百代の過客」は松尾芭蕉の『奥の細道』にもみられる表現であることを読み取る。そして，日本の知識人は中国の文化を重視し，奈良平安時代以降もなお日本に影響を与えていることを背景知識として学習課題を立てられたい。なお，学習課題を立てる際には，与えられた資料から読み取れることをもとにして考えることを意識されたい。本問題は史料の記述に加えて要求される背景知識のレベルが高いが，特定の時代の事象を覚えるのではなく，時代のつながりを意識して学習されたい。 問4 ア 『五経大全』は明の永楽帝によって編纂されて1415年に刊行された。 ウ 『四庫全書』は清の乾隆帝によって編纂されて1782年に刊行された。叢書であり，訓詁学を含む儒学には限定されない内容。 エ 『四書集注』は南宋の朱熹(朱子)によって1200年に亡くなるまで書き継がれた主著である。

【3】問1 (1) ア (2) 16世紀にルターの宗教改革による混乱により資金・労力が確保できずに中断した。19世紀に入ると国民主義の高まりとともに再開された。 (3) 文化闘争 問2 (1) 長年，対立してきたブルボン朝のフランスと同盟したから。(27字) (2) イ 問3 (1) 条約…ティルジット条約。 説明…プロイセンは領土を削られ，ポーランドの地にワルシャワ大公国が建てられ，実質的にフランスの勢力下におかれた。 (2) フィヒテ

〈解説〉問1 (1) 高い塔と尖塔アーチをもつケルン大聖堂はゴシック様式の教会建築。 イ ハギア＝ソフィア聖堂はビザンツ様式。
ウ ピサ大聖堂はロマネスク様式である。 エ サン＝ピエトロ大聖

堂はルネサンス様式である。　(2)　ドイツは1517年の九十五カ条の論題の発表によって始まった宗教改革の混乱のなかにあった。1555年のアウクスブルクの和議で領邦教会制が認められて，ドイツが四分五裂の状況下では一教会の大聖堂建設資金の確保は困難な状況であった。19世紀前半にはロマン主義が文化的な流行であり，個別的な歴史や民族文化への関心が高まる一方，政治的にも国民主義の隆盛はドイツ民族統一への希望とともに自民族の歴史への関心を高めさせた。1848年にはフランクフルト国民議会が開催されてドイツ統一問題が論じられる一方で，国民主義は「諸国民の春」として噴出した。このような状況下でケルン大聖堂は再着工された。　(3)　1870年代にドイツ帝国宰相ビスマルクと，国家統合のために推進した政教分離政策などに抵抗した南ドイツのカトリック勢力との闘争である。ケルン大聖堂は1356年の金印勅書で七選帝侯に定められるローマ＝カトリックに属する教会である。　問2　(1)　外交革命とは，1740～48年のオーストリア継承戦争で奪われたシュレジエンをプロイセン(プロシア)から奪回するため，イタリア戦争から長年に渡って対立したフランスのブルボン家と，オーストリアのハプスブルク家が同盟を結んだことをさす。

(2)　B　ズデーテンはベーメン(ボヘミア)の北西部に位置する地方である。ドイツ人が多数居住するために1938年のミュンヘン会談でドイツに割譲されたが，第二次世界大戦後にチェコスロヴァキアに返還された。　X　ポーランド回廊である。　Z　ズデーテンである。

問3　(1)　ティルジット条約はイエナ＝アウエルシュテットの戦いに敗北したプロイセンとロシアが，1807年7月にフランスと結んだ条約である。プロイセンが割譲したエルベ川左岸にウェストファリア王国，旧ポーランド領にワルシャワ大公国が建てられた。　(2)「ドイツ国民に告ぐ」は，1807年から始まった連続講演でドイツ人の民族意識を教育改革などによって高揚させることを訴えた。フィヒテは，カントの系譜を継ぐドイツ観念論哲学者であり，1810年に設立されたベルリン大学の初代総長である。

【4】問1 ウ 問2 フランスとベルギーがルール占領を行った。
問3 工業…鉄鉱，機械，石炭などの重工業の建設が推進された。農業…生産向上のための農業の集団化(と機械化)が進められた。
問4 ア 問5 学習課題…世界恐慌とその後の各国の対応は，国際関係をどのように変化させたのだろうか。 知識や概念…世界恐慌時の自国中心主義的な排外主義・孤立主義により国際協調体制が崩壊したため，ドイツやイタリアのファシズムを止めることができず，第二次世界大戦に発展した。

〈解説〉問1 第一次世界大戦後の1920年の指数をみると，AとEのほかは戦前を下回っており，第一次世界大戦の影響を強く受けた国と分かる。反対にAとEは第一次世界大戦の影響をほとんど受けなかったアメリカ合衆国か日本となる。判断のポイントは1929年の世界恐慌よりあとの回復スピードである。日本は1930年代前半の高橋財政による円安で輸出が急進する一方，軍需と財政保護のもとで重化学工業がめざましい発展を示した。緩やかな回復基調を示すアメリカ合衆国に対して，日本の貿易拡大はソーシャル＝ダンピングとの批判を欧米から浴びた。この点を考慮すればAがアメリカ合衆国，Eが日本と分かる。アはドイツのインフレーションを示している。イはソ連を成立させたロシア革命である。エはバスの車体の文章から日本であることがわかる。
問2 Bは1920年の指数がDとともに極端に低いが，Dがその後右肩上がりで成長しているのに対して，1930年代前半に世界恐慌の影響が表れている点から，敗戦国のドイツ。Dは世界恐慌の影響を受けていないので，社会主義国のソ連。1923年にドイツで生じた事件はルール占領である。賠償金支払いの不履行を口実にフランスとベルギーは1923年1月にルール占領を実施した。ドイツ側はストライキなどで抵抗したことで，工業生産は低下するとともに，インフレーションを加速させた。 問3 Dはソ連である。1920年代末から1930年代初めの1928～32年にかけて第1次五カ年計画が実行された。工業では重工業の成長が重視された。農業では機械化が進められる一方で，集団化も行われてコルホーズ(集団農場)やソフホーズ(国営農場)が建設された。

問4　Eは日本である。ヨーロッパにあるウとエは日本の隣国ではない。アとイは中国であり，日本が中国と行った戦争は1894年の日清戦争と1937年の日中戦争がある。問題は1937年の日中戦争であるので，そのきっかけとなった軍事衝突は1937年7月に北京郊外で生じた盧溝橋事件をさす。イは南京であるので誤り。　問5　本問題では，まず表内の関税の推移に注目し，関税を大きく引き上げた国とそうでない国があることを生徒に読み取らせる。そして，世界恐慌によって植民地を持つ国がブロック経済体制を敷き，植民地との貿易によって自国経済の安定を図ったのに対し，植民地を持たない国では恐慌の影響を強く受けたことを背景知識として学習課題を立てられたい。加えて，軍事力が体制打破の機運を高めたことにも注目させ，第二次世界大戦へとつながっていったことにも注目されたい。なお，学習課題を立てる際には，与えられた資料から読み取れることをもとにして考えることを意識されたい。

【5】問1　政治面では，西ヨーロッパ世界では中央集権が崩壊し，皇帝とローマ教皇という二つの権力が並び立っていたのに対し，東ローマ帝国では，ローマ帝政末期以来の官僚制による皇帝専制支配が維持された。また，東ローマ皇帝はギリシア正教会を支配する立場にあり，政治と宗教両面における最高の権力者として，中央集権的に領土を支配することができた。経済面では，西ヨーロッパではローマ帝国時代の都市が衰退し，商業活動も停滞した一方で，東ローマ帝国ではゲルマン人の大移動があったにもかかわらず，深刻な打撃は受けず，商業と貨幣経済は繁栄をつづけた。首都コンスタンティノープルは，貿易都市として繁栄し，中国から養蚕技術を導入し，絹織物産業発展の基礎を築いた。　問2　イランでは，アメリカの経済援助をもとに近代化を図った国王に対する不満からホメイニを指導者とするイラン＝イスラーム革命が起こり，国王が国外に逃れ，シーア派の原理主義に基づく政権が誕生した。この混乱により第2次石油危機が起こるとともに，イランはアメリカとの関係が悪化した。翌年，イラクとの間に

イラン・イラク戦争が起こると，アメリカはイラクのサダム＝フセインを支援し，これがイラクの軍事大国化を招いた。エジプトでは，アメリカのカーター大統領の仲介により，サダト大統領が長年対立していたイスラエルの首相ベギンとの間で平和条約を締結し，アラブ諸国で初めてイスラエルとの国交を正常化した。これによりシナイ半島がエジプトに返還されたが，他のアラブ諸国からの反発を招いた。アフガニスタンでは，親ソ政権を支援する目的でソ連軍が軍事侵攻した。これに抗議してアメリカを中心に西側諸国が翌年に開催されたモスクワオリンピックをボイコットする事態が生じ，以後，米ソ両国は新冷戦と呼ばれる対立が深刻化した。アフガニスタンでは，反政府勢力と政府との対立が続いた。

〈解説〉問1　6～9世紀の東ローマ帝国は，527年に即位したユスティニアヌス1世(大帝)から最盛期のマケドニア朝が成立した867年までとなる。7世紀にイスラーム勢力との争いに敗れてエジプトやシリアなどを失うが，ヨーロッパでは一大勢力として君臨していた時代について西ヨーロッパ世界と比較すればよい。同時代の西ヨーロッパ世界はフランク王国の盛衰と重なるので，フランク王国を念頭に比較したい。政治的には東ローマ帝国ではローマ帝国末期の巨大な官僚制が維持されて，その上に君臨する皇帝による専制政治が継続していた。また皇帝は地上におけるキリストの代理人としてギリシア正教会を支配する皇帝教皇主義(カエサロパピズム)が浸透していた。他方で，西ヨーロッパ世界では，800年に教皇レオ3世によってカール大帝(シャルルマーニュ)の戴冠が行われた様に，皇帝と教皇は二つの権力の中心として並び立った。経済的にはバルカン半島へのゲルマン人の移動があったが，大規模な被害を受けることはなく，首都のコンスタンティノープルを中心に商業と貨幣経済が維持された。ノミスマと呼ばれた金貨は地中海交易の主要な通貨として流通し，6世紀のユスティニアヌス1世による養蚕技術の導入は絹織物産業の発達を促した。他方で，西ヨーロッパ世界ではゲルマン人の移動で都市は大きな被害を受けて商業も衰えた。農業経済への依存を深め，貨幣よりも土地や現物が重視される社会を形成した。　問2　1979年1月にイランでイラン＝イスラーム革命が生じ，3月にエジプト・イスラエル平和条約が締結されてシナイ半島の返還が合意された。さらに12月にソ連がアフガニスタン侵攻を開始した。指定語句のボイコットの使い方が難しいかもしれないが，「アメリカとの関わりを踏まえ，1980年代まで」を説明するという指示に従い，1980年7月にソ連のモスクワで開催された国際オリンピック大会へのアメリカなどの西側諸国のボイコットを記述したい。1979年1月のイラン＝イスラーム革命とアメリカとの関係については，アメリカの影響が強い白色革命を主導したパフレヴィー朝に代わって，シーア派の原理主義的なイラン＝イスラーム共和国が成立したことで，アメリカとの関係が悪化した。11月にはテヘランのアメリカ大使館人質事件が生じて，イランとアメリカは1980年4月に断交した。人質事件が未解決であった1980年9月にはイラン・イラク戦争が勃発し，アメリカはイラクのサダム＝フセイン政権を支持して軍事援助を行った。アメリカ大統領カーターの仲介で1978年9月にエジプトのサダト大統領とイスラエルのベギン首相の間で中東和平合意が結ばれ，シナイ半島のエジプトへの返還と両国の国交正常化などが取り決められた。この合意にもとづいて，1979年3月にエジプト・イスラエル平和条約が締結されたが，アラブ18か国とパレスチナ解放機構(PLO)はエジプトの裏切り行為として反発して，エジプトとの断交に踏み切った。1981年10月にサダト大統領が暗殺されたが，1982年4月にシナイ半島はエジプトに返還された。1973年7月に共和制へと移行したアフガニスタンでは，1978年4月のクーデタで左派政権が成立するが，急速な社会主義的改革は国内の混乱とイスラーム勢力の反発を招いた。この混乱のなかで1979年12月にソ連はアフガニスタンに軍事侵攻を行い，東欧に亡命していたカールマルを政権に据えた。アメリカはソ連の軍事侵攻に強い反発を示し，1980年4月のモスクワオリンピックのボイコットに踏み切った。日本・西ドイツ・カナダ・韓国・トルコなどもボイコットし，中ソ対立下の中国や，イスラーム圏のイラン・サウジアラビア・パキスタン・エジプト・モロッコなどもボイコットした。

他方で，イギリス・フランス・イタリアなどは参加した。

地理歴史(地理)

【1】1　空間　　2　探究　　3　構想　　4　生徒　　5　仮説

〈解説〉1の空間的相互依存作用とは，交通や通信など，地域間流動を指す言葉である。なお，空間的相互依存作用は地理学における5大概念の一つであり，学習指導要領解説において詳しく説明されているため，そちらもぜひ参照されたい。2の探究は，平成30年度告示の学習指導要領において特に強調された言葉であり，主体的・対話的で深い学びの実現に当たって重要な要素となる。地理探究や日本史探究，世界史探究と授業名にも科目名にもなっているため，授業構想に当たっても十分に意識されたい。3の構想は，選択・判断を行う過程でもあり，思考力・判断力・表現力等を涵養する際に重要となる。4の生徒と5の仮説はいずれも地域調査についての解説の中で登場しているが，地域調査は地理総合の中で重視されている学習内容の一つであり，実施が期待されている。したがって，教員自身も調査を行うことが求められるので，授業準備に当たっては力を入れたい。

【2】問1　(1)　A　⑤　　B　③　　(2)　記号…え　　海流名…カナリア海流　　(3)　イ　　(4)　③　　(5)　①　　問2　(1)　C　名称…デカン高原　　位置…キ　　D　名称…黄土高原　　位置…ケ
(2)　サ　アフリカ大地溝帯(グレートリフトヴァレー)　　シ　ヒマラヤ　　(3)　レス(風積土)　　(4)　川の上流部の方が，下流部に比べ低緯度で温暖なことから上流から雪解けが進むが，下流の氷にせき止められ，それが一気に溢れ出すため。　　(5)　タイガ　　(6)　a　⑤　b　オーストラリア　　問3　Yに比べてZは隔海度が大きく，大気中の水分が少ないため，地表が熱しやすく，冷めやすく，YよりもZの方が年較差が大きい。

〈解説〉問1　(1)　A　五大湖は氷河の侵食により形成された凹地に水が湛水した氷河湖である。　B　バイカル湖は断層湖であり，深さ1741mの世界最深の湖である。(2)　あ　北へ流れる暖流のメキシコ湾流である。　い　北へ流れる暖流のブラジル海流である。　う　北へ流れる寒流のベンゲラ海流である。　え　南へ流れる寒流のカナリア海流である。海流は，低緯度から高緯度へ流れるのが暖流，高緯度から低緯度へ流れるのが寒流と結びつけておくと良い。　(3)　ア　海岸砂漠に分類されるアタカマ砂漠。　イ　雨陰砂漠に分類されるパタゴニア。　ウ　内陸砂漠に分類されるゴビ砂漠。　エ　回帰線砂漠に分類されるグレートビクトリア砂漠。　(4)　NATO(北大西洋条約機構)は東西冷戦時の1949年にアメリカ合衆国や西ヨーロッパの国々で結成された安全保障組織である。　(5)　①　アフリカ大地溝帯による断層湖で，水深が深く，アフリカ東部は標高も高いことからタンガニーカ湖である。　②　水深が浅い琵琶湖である。　③　湖面標高が低く，世界で最も標高が低い陸地といわれている死海である。　④　アンデス山中にあり，湖面標高が高いチチカカ湖である。　問2　(1)　E　エチオピア高原で，位置はカである。　F　チベット高原で，位置はクである。　G　シベリア卓状地で，位置はコである。　(2)　サ　アフリカ大地溝帯(グレートリフトヴァレー)は，紅海からエチオピア高原を通り，ヴィクトリア湖付近で東西に分岐する巨大な地溝帯である。キリマンジャロなどの火山，マラウイ湖などの断層湖(地溝湖)を形成している。　シ　ヒマラヤ山脈は世界の屋根と呼ばれ，8,000m級の山々が連なる。北部は中国のチベット高原が広がり，南部はネパール，ブータン，インド，パキスタンにまたがる。　(3)　黄土高原はゴビ砂漠から飛来した砂が堆積している。風によって堆積した土壌をレスと呼び，肥沃な土壌が広がる。　(4)　レナ川は，エニセイ川やオビ川と同様に初夏の雪解けが低緯度側の上流から進み，初夏の6月頃に融雪洪水が発生する。　(5)　亜寒帯に分布するトウヒ，モミ，マツなどの常緑針葉樹を総称してタイガと呼ぶ。単一の樹種からなる純林も多い。(6)　a　タ　ニューカレドニアで産出量が多いニッケル。　チ　中国，ロシアなどで産出量が多い金鉱。　ツ　ロシアや南部アフリカのコンゴ民主共和国，ボツワナで産出量が多いダイヤモンド。　b　オーストラリアは金鉱が中国に次いで産出量が多い。西部のカルグーリーを中心に採掘が盛んである。　問3　海洋では，暖まりにくく冷めにくい(比熱が大きい)。陸地では，暖まりやすく冷めやすい(比熱が小さい)。

【3】問1　(1)　西之島　　(2)　伊豆・小笠原海溝では，太平洋プレートがフィリピン海プレートの下に沈み込むため。　　(3)　位置…②　名称…白神山地　　(4)　A　④　　B　③　　(5)　a　①　　b　家屋が屋敷林で囲われていることから，風が強い地域であると考えることができる。　　(6)　沖縄は降水が梅雨や台風の時期に集中している。また，河川が他の地域と比べると短く，海にすぐ流れ出て水不足になりやすいため。　　問2　(1)　②，④　　(2)　(水産資源の維持のため,)魚種別に漁獲可能量を定め，漁獲量を管理する制度。　　問3　学習課題…この地域の土地利用はどのように変化したのか。それはなぜか。　　読み取り，考察させたい内容…・鉄道が開通し三島駅が市街地近くに移転した結果，市街地が拡大した。　・工場や大学が立地したことで，居住者が増えた。　・居住者が増え，東壱町田や若松町のような丘陵地に住宅地が造成された。

〈解説〉問1　(1)　小笠原諸島に位置する西之島は2013年以降の噴火活動に伴い，噴出物が堆積して島の面積が拡大した。　(2)　海洋プレートである太平洋プレートが，大陸プレートであるフィリピン海プレートの下に沈み込み，島弧(弧状列島)を形成している。　(3)　①　多種多様な生物が生息するほか，火山活動により形成された知床連山などがみられる世界自然遺産である。　②　青森・秋田の県境に広がる国内最大規模のブナの原生林がある白神山地で，日本初の世界自然遺産である。　③　紀伊山地は古くから信仰を集めてきた霊場や熊野古道などがみられる世界文化遺産である。　④　屋久島は樹齢数千年のヤクスギを始めとする多様な森林植生がみられる世界自然遺産である。　(4)　ア　石油化学工業が盛んな地域を有するBの四日市港。　イ　パルプ工業が盛んな地域を有するAの苫小牧港。　ウ　石灰岩が付近で産出されセメント工業が盛んな地域を有するCの宇部港。　カ　農業と観光が盛んなことから，第1次産業と第3次産業が高いAの苫小牧港が位置する北海道。　キ　瀬戸内工業地帯があり，第2次産業が高めなCの宇部港が位置する山口県。　ク　第2次産業の割合が最も高いことから，Bの四日市港が位置する三重県。　(5)　a　図5中のYの地域は，散村が広がる富山県の砺波平野である。①の奈良盆地は，古代に取り入れられた土地区画制度により，条里集落が広がり集村である。b　冬の冷たい季節風や吹雪，夏の日差しから家を守るため，屋敷林を植えて風よけとした。　(6)　沖縄県は降水量が多いが，水不足に悩まされている。その理由として，山地がなく河川も短く，降った雨はすぐに海へと流出してしまうからである。また，沖縄の離島では，石灰岩でできた島も多く，降った雨は地下へ浸透してしまう場合も多い。
問2　(1)　サは遠洋漁業，シは沖合漁業，スは沿岸漁業である。
①　現在に至るまで，沿岸漁業を下回っていない。　③　魚介類の輸入量は図10をみると増加をしているが，1980年代はまだ魚介類の輸入量は，国内の総漁獲量を上回っていない。　(2)　1990年代以降，乱獲や海水温の変化などが原因で沖合漁業の漁獲量が減少している。漁獲量の回復のために水産資源の保護が重要であり，TACと呼ばれる管理制度が導入された。　問3　図11と図12の新旧の地形図を比較すると，大きく土地利用が変化したことが分かる。この土地利用変化を生徒には読み取らせたい。東西を走る東海道本線，東海道新幹線が開通し，また日本大学や東レの工場が立地し，かつての水田地帯へも市街地が拡大している様子が地形図から読み取ることができる。

【4】問1　①　　問2　(1)　⑤　　(2)　冷涼な気候とやせた土壌で作物栽培には向かなかったから。　　問3　⑥　　問4　③　　問5　アメリカの主な木材産地は西部だが，主な消費地は大都市の多い東部である。アメリカは国土が広いため，東部では輸送費の高い西部産よりも輸送費の安いカナダ産を輸入する一方，アメリカ産の木材は西海岸か

ら大市場のアジアへ輸出しているため，輸出も輸入も多い。

問6 ② 問7 ③ 問8 (1) ④ (2) 人口爆発

(3)

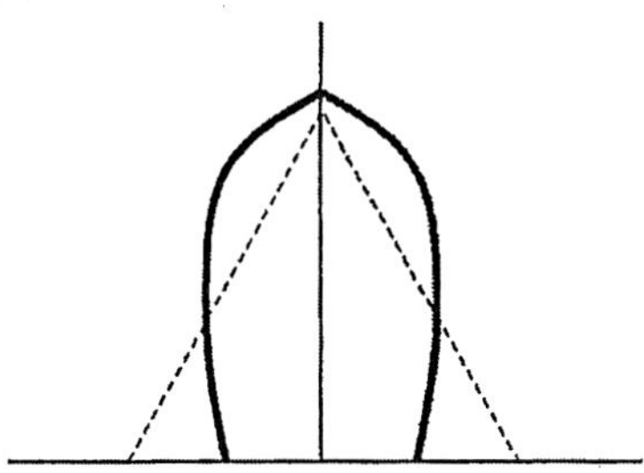

(4) アラブ首長国連邦では，油田や建設現場で働く外国人労働者が多いため，生産年齢人口の男性の人口比率が非常に高くなっている。

問9 ① 問10 ⑧ 問11 ④

〈解説〉問1 ① 新大陸であり1人あたり農地面積が広く，GDPに対する農業生産の割合が小さいアメリカ合衆国。 ② 小麦の1ha当たり収量が多いフランス。 ③ アメリカ合衆国と同様に1人あたり農地面積が広いカナダ。 ④ 1人あたり農地面積が狭く，GDPに対する農業生産の割合が高いロシア。 問2 (1) 五大湖周辺，北ヨーロッパに分布していることから酪農。 (2) 冷涼な地域で，かつて大陸氷河に覆われたやせた土壌では酪農が行われ，乳牛が飼育される。

問3 ア エチオピア高原が原産のコーヒー豆。高温多雨で，排水のよい高原で栽培が盛んである。主要生産国はブラジル，ベトナムである。 イ 高温多雨な地域で栽培されるサトウキビ。近年はバイオエタノールの原料として生産量が増加している。ブラジルやインドでの生産が多い。 ウ 高温多雨の熱帯で栽培され，果実からはパーム油が採取される油やし。パーム油からは，石けんや洗剤が製造される。東南アジアのインドネシアとマレーシアが主産地となっている。

問4 ① ぶりの購入額が多いことから富山市。 ② さけの購入額が多いことから札幌市。 ③ まぐろの購入額が多いことから静岡市。 ④ 海なし県で，鮮魚全体の購入額が小さいことから甲府市。

問5　図14からアメリカ合衆国の針葉樹の分布が西部に偏っていること，図15から北東部のメガロポリス地域で人口密度が高く，大都市が集中していることがわかる。ここから，アメリカ合衆国西部の木材はアジアへ輸出され，東部地域はカナダなどから輸入していると考えることができる。　問6　①　ジュロン工業地域で石油製品が製造されていることから，シンガポール。　②　自動車や鉄鋼の輸出が多い韓国。　③　精密機械の輸出が多い台湾。　④　金やダイヤモンドの加工が盛んなホンコン。　問7　カ　最も従業者数が多いことから，電気機械。　キ　1985年から従業員数に変化が少ない輸送用機械。
ク　1965年時点では従業者数が多かったが，その後一貫して減少を続けている繊維・衣服。　ケ　最も従業者数が少ないことから鉄鋼・非鉄金属。　問8　(1)　④　段階1では，多産多死型の人口動態であり，人口全体に占める年少人口の割合が高く，乳児死亡率も高い。
(2)　多産多死型から多産少死型へと人口転換が進み，死亡率が低下すると，一気に人口が急増する人口爆発が起こる。　(3)　段階4になると，死亡率が出生率を上回り，つぼ型の人口ピラミッドとなり，老年人口が多くなる。　(4)　中東の産油国には，インドや周辺諸国から外国人労働者が多く流入している。　問9　サ　旧植民地であったインドからの流入者が多いことからイギリス。　シ　隣国のポーランドや東ヨーロッパ諸国からの流入者が多いことからドイツ。　ス　旧植民地のアルジェリアやモロッコからの流入者が多いことからフランス。
問10　タ　一貫して1980年より高齢化が進んでいる日本。　チ　日本とともに高齢化率の高い北欧諸国のスウェーデン。　ツ　近年高齢化が急速に進んでいる中国。　テ　老年人口割合が少ないエジプト。
問11　イスラム圏のパキスタンとマリで数値が低いことから，女性の識字率である。

【5】問1　南　　問2　③・⑥　　問3　②　　問4　⑤
問5　(1)　a　エ　　b　Ⅰ　ジャワ　　Ⅱ　チャオプラヤ川
(2)　a　③　　b USMCA　　問6　①　　問7　(1)　モータリゼーション　　(2)　高度経済成長期を経て，物流が活発になったため。
問8　学習課題…大陸氷河の縮小は，人々の生活にどのような変化をもたらすか。　　地図や資料…海岸線変化のシミュレーション地図。
〈解説〉問1　正距方位図法は，図の中心からの距離と方位が正しい地図である。ただし，この地図は図の中心が北極点となっているため，矢印の方向は南となる。　問2　ウラル山脈とアパラチア山脈はいずれも古期造山帯である。　問3　①　面積が最大であるので，太平洋。④　面積が最小で，平均水温が低いので，北極海。残りの②と③を比べると，面積が大きい③が大西洋で，②がインド洋となる。
問4　図22に，①～⑥の都市を記入してみると，⑤のナイロビ(ケニアの首都)が最も遠いことが分かる。　問5　(1)　a　アはインドネシア，イはタイ，ウはベトナム，エはカンボジアについて述べた文章である。b　Ⅰ　ジャワ島に人口が集中しているため，政府は首都ジャカルタをカリマンタン島へ遷都する計画を立てている。　Ⅱ　チャオプラヤ川の下流部では沖積平野を形成し，稲作が盛んである。
(2)　a　カ　観光客受入が最も多いアメリカ合衆国。　ク　インターネット利用率が低いメキシコ。　b　アメリカ合衆国・メキシコ・カナダの自由貿易協定。1994年発効のNAFTA(北米自由貿易協定)はUSMCAの発効により効力を失った。　問6　αは，海洋プレートの太平洋プレートである。図22中の①の北西方向に動いており，日本付近の北アメリカプレートの下に沈み込んでいる。　問7　(1)　自動車が普及し，車社会化が進展することをモータリゼーションという。
(2)　鉄道輸送，船舶輸送が主であったが，高度経済成長以降は物流が活発化し，戸口輸送に便利な自動車での輸送が主となった。
問8　北極海では地球温暖化に伴い，氷が解け始めている。これまで運行することが出来なかった北極海航路の可能性も検討され始めている。これについても学習課題として設定できるだろう。

【6】問1　A　②　　C　④

問2

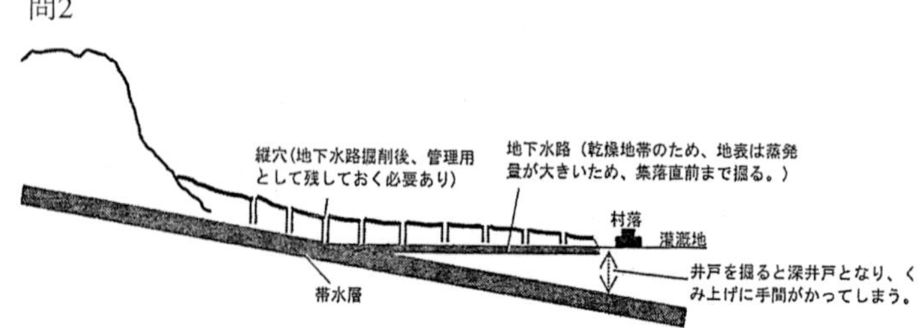
縦穴(地下水路掘削後、管理用
として残しておく必要あり)
地下水路（乾燥地帯のため、地表は蒸発
量が大きいため、集落直前まで掘る。）
村落
灌漑地
帯水層
井戸を掘ると深井戸となり、く
み上げに手間がかってしまう。

問3　(1)　①　　(2)　⑤　　問4　(1)　センターピボットによる農法は，サウジアラビアの小麦生産にどのような影響を与えたのだろうか。(2)　人口増加に伴って必要となる食料を供給するために，乾燥地域で地下水を用いるセンターピボットによる農地を増やした。小麦を増産し，一時は輸出も行っていた。その後，地下水枯渇の恐れから，小麦の生産は縮小され，輸入に頼るようになった。

問5　(1)

(2)　安価な賃金で労働者を雇用することができることや，ヨーロッパの市場に近いという立地条件を生かして工業化を進めた。そのため，輸出品目は第一次産品中心から，より付加価値の高い工業製品へと転換し，一人当たりGNIが大幅に増加した。　(3)　フランス

〈解説〉問1　A　スロベニア北部に位置し，温暖湿潤気候であり②となる。　B　チュニジアに位置し，地中海性気候の夏に乾燥する①となる。　C　エジプトに位置し，降水量が少なく，気温も高い④となる。D　トルコ内陸部に位置し，冬の気温も下がるので，③となる。

問2　カナートの模式図を書く際は，地下水路を管理するための縦穴と，集落へ引く地下水路を図示したい。　問3　(1)　表11をみると，西アジアや北アフリカの乾燥地域の国々が上位国となっているので，乾燥地域で栽培される①のなつめやしが正解となる。②はぶどう，③はバナナ，④はオリーブである。　(2)　選択肢の中で乾燥地域であるのは⑤のエジプトである。　問4　(1)　写真2から円形の農場，センターピボット方式が確認できる。これまで穀物輸入国であったサウジアラビアは，近代農業の導入以降，小麦生産が飛躍的に増加した。
(2)　図25から小麦は1980年代～90年代にかけて生産量が急激に増加し，国内供給量を上回っていたことが分かる。地下水枯渇の恐れから，小麦生産は減少している。近年は畜産業の発展も著しく，砂漠の中の畜舎では乳牛がエアコンによる室温管理のもと飼育され，牛乳の生産も多くなっている。　問5　(1)　モロッコは西サハラの領有権を主張しているが，その主張は多くの国からは認められていない。　(2)　一次産品から機械類や自動車へと輸出品目が変化していることがわかる。これはヨーロッパに近く，安価な労働力を背景に，ヨーロッパの企業が進出したためである。　(3)　フランスはモロッコの旧宗主国である。

【7】日本…日本は，火力発電の割合が76.7%と高い。1次エネルギー生産量と供給量をみると，そのほとんどを輸入に依存していることが分かる。石炭が25%ほどを占めており，今後は二酸化炭素排出量が少ない天然ガスや自然エネルギーである太陽光，風力発電などの利用を推し進めることが重要である。インド…インドは，火力発電の割合が80.2%と高く，石炭火力の占める割合が高い。1次エネルギー供給量をみると，およそ半分を石炭が占めており，石炭に依存していることが分かる。いかに石炭からの脱却を推し進めるかが大きな課題である。自然エネルギーの更なる活用も検討していくべきである。
〈解説〉表14から，日本とインドの発電比率の特徴を読み解くと，いずれも火力発電が主力であることがわかる。表15から，日本は石炭をほぼ

輸入でまかなっている一方，インドは石炭を自国で生産し，利用していることが分かる。この石炭はいずれも石炭火力発電として利用されているが，いかに転換していくかが日本とインドに課せられた課題である。

公　民　科

【1】問1　キ　　問2　イ　　問3　ウ　　問4　エ　　問5　エ　　問6　顔　　問7　(1)　アタラクシア　　(2)　言語ゲーム　　問8　純粋経験　　問9　ア　　問10　(1)　胡蝶の夢で，自分と蝶の区別が分からなくなったように，いっさいの対立や偏見にとらわれず，大らかで自由な境地に遊ぶ人を理想の生き方とした。(67字)　　(2)　ア

〈解説〉問1　いずれも人間の存在を考える上で重要な概念である。

問2　サルトルは，人間は神によって存在意義を与えられて生まれてくるわけではなく，アンガジュマン(社会参加)を通じて，自らの存在意義を自由に選択できるとした。その反面，その選択の全責任を負っているとし，人間は自由の刑に処せられているとした。

問3　①　ボーヴォワールはフェミニズムの思想家で，サルトルのパートナーだった。　②　ウルストンクラフトは18世紀イギリスの思想家で，フェミニズムの先駆者。　③　マララ・ユスフザイは銃撃事件で重傷を負った後，17歳でノーベル平和賞を受賞した。ワンガリ・マータイは環境活動家である。　問4　ア　ヘーゲルに関する記述。イ　コントは，神学的段階，形而上学的段階，実証的段階の順に進化するとした。　ウ　社会有機体説はスペンサーが論じた説。社会は軍事的段階から産業的段階に進化するというもの。　問5　a　コギト・エルゴ・スムは「われ思う，ゆえにわれあり」の意味。ク・セ・ジュは「私は何を知っているのか」という意味のフランス語で，懐疑論者であるモンテーニュのモットーである。　b　ボン・サンスは「良識」の意味で，理性のこと。アレテーは古代ギリシャ哲学の言葉で徳のこ

とである。 問6 顔はレヴィナスの思想において，他者を意味する言葉として用いられており，顔が「汝殺すなかれ」という命令を下し，自己の内在的世界を無限に超える他者を受け入れることにより，人間は真の倫理的主体になるとした。 問7 (1) エピクロスの思想は快楽主義と呼ばれることがあるが，享楽的な人生を是とするものではない。 (2) ウィトゲンシュタインの哲学は前期と後期で全く異なる。『論理哲学論考』にまとめられた前期哲学では「語り得ぬものには沈黙せねばならない」としたが，後期哲学における『哲学探究』では，一転して言語ゲーム論を展開した。 問8 西田幾多郎は，自らの参禅体験から『善の研究』を著し，主客未分(主観と客観が区別されていない状態)における純粋経験こそが真の実在であるとした。純粋経験の例としては，美しい音楽に聴き惚れている状態が挙げられる。

問9 ① キルケゴールは，「あれかこれか」の選択に迫られながら生きる個人にとっての主体的真理を重視した。また，美的実存，倫理的実存での絶望を経て宗教的実存に至る実存の三段階を論じた。

② ニーチェは，永劫回帰の世界を前向きに受け入れて，自ら価値を作り出そうとする積極的ニヒリズムを唱えた。 問10 (1) 荘子は老子と並ぶ道家の思想家。万物斉同とは，美醜や善悪などの対立は人間が作り出したものにすぎず，本来すべてのものは同じ価値とする考え，逍遥遊は何事にもとらわれない自由の境地のことをいう。道家は自然の道(タオ)に従い，無為自然に生きることを理想とした。 (2) 仏教では生老病死は四苦と総称される。また，八正道は8つの正しい修行法のこと。 イ 荀子に関する記述。孟子は性善説を唱えた。

ウ ソクラテスに関する記述。ヘラクレイトスは，万物は流転するとし，火を万物の根源(アルケー)とした。 エ ストア派のゼノンに関する記述。プロタゴラスは「人間は万物の尺度」とし，相対主義を唱えた。

【2】問1 ク 問2 ウ 問3 イ 問4 繊細の精神 問5 ア 問6 ア 問7 ウ 問8 エ 問9 もののあはれ 問10 自

分一人だけが羊の頭数を増やさなかった場合，他の羊飼いが利益を増やし自分が利益を減らす可能性があるため，自分も羊の頭数を増やさざるを得なくなる。結果として，羊飼い全員が1頭以上羊の頭数を増やすため，自分の利益も全体の利益もともに減少し，牧草地が枯渇することが想定される。クロマグロの親魚資源量の減少は，海という共有地で自分の利益を優先し乱獲したことが原因であるため，国家間で適切な規制をすることが必要である。(204字)

〈解説〉問1　a「対話」は，人間の社会性を高める上で重要な行為である。　b「取組や知恵」は，集団や社会と相互に影響を与えうるものである。　問2　①　南方熊楠は，在野の学者として，民俗学や生物学など，様々な分野で活躍した。宮沢賢治は法華経に帰依した児童文学者。　②　二宮尊徳は農政家として報徳仕法による農村復興に取り組んだ。安藤昌益は封建社会を批判し，万人直耕の自然世を理想とした思想家。　問3　イ　リップマンに関する記述である。リップマンはマスメディアが人々の思考に多大な影響をもたらすとした。ブーアスティンはマスメディアによって報道されることを期待して，様々な出来事が企業などによって作り上げられているとする，疑似イベント論を論じている。　問4　パスカルは『パンセ』において「繊細の精神」と「幾何学的精神」を対にして論じた。繊細の精神が直観的な哲学する精神であるのに対し，幾何学的精神は少数の抽象的原理から厳格に合理的推論を行っていく精神をいう。　問5　ア　義務論とは，道徳的に善と言える行為はそれが義務であるからという理由で行われることとする考え。カントによって唱えられた。　イ　功利主義では，道徳的な善は行為がもたらす結果によって決まるとされる。ベンサムらが唱えた。　問6　ジェームズはアメリカのプラグマティズムを代表する思想家の一人。実際に人間の役に立つのであれば，その思想や観念は真理であるとした。　イ　自然淘汰による進化論を唱えた。ウ　キリスト教徒として想世界(内面的世界)の自由や幸福を重視した。エ　世界は虚構によって成り立っているという説。　問7　イスラームでは礼拝や断食のほか，信仰告白，喜捨，巡礼が宗教的義務とされ，五行と総称されている。アはユダヤ教，イはキリスト教に関する記述。エは，ユダヤ教，キリスト教，イスラーム教はいずれも同一の神を信仰対象とする一神教だから，誤り。　問8　a　和辻哲郎は，倫理学者であり，人間を間柄的存在とした。柳田国男は日本民俗学の祖で，常民が伝える基層文化を研究した。　b　中江藤樹はわが国における陽明学の祖。孝を重視した。山崎闇斎は垂加神道を唱えた朱子学者である。　c　伊藤仁斎は論語をはじめとする古典から直接学ぶ古義学を唱え，仁を愛とした。石田梅岩は商人道徳論である心学を唱えた人物。問9　本居宣長は，古典研究から日本の固有文化を見出そうとした国学の大成者。「もののあはれ」は平安期の文芸理念とされるが，本居宣長は『源氏物語玉の小櫛』を著し，『源氏物語』を「もののあはれ」を表現した最高の作品と評価した。　問10　コモンズの悲劇は「共有地の悲劇」とも呼ばれるが，共有資源は適切に管理されないと各自の自由な私益の追求によってやがて枯渇を迎えるという法則のこと。環境破壊などに関し，よく取り上げられる。なお，太平洋のマグロの資源管理に関しては，中西部太平洋まぐろ類条約が締結されている。

【3】問1　ケ　　問2　(1)　エ　　(2)　イ　　問3　開発独裁体制(開発独裁)　　問4　(1)　ウ　　(2)　内閣総理大臣の指名　　問5　イ　　問6　(1)　イ　　(2)　ア　　(3)　日米地位協定　　問7　(1)　法律の留保　　(2)　憲法の改正は憲法第96条に基づき，各議院の総議員の3分の2以上の賛成で国会が発議し，国民投票で過半数の賛成が必要である。(59字)

〈解説〉問1　aの「地方自治」のような事項を，bの「現実社会」を通して学習することを意味している。　問2　(1)　国際人権規約のうち，「経済的，社会的及び文化的権利に関する国際規約」がA規約や社会権規約と呼ばれ，「市民的及び政治的権利に関する国際規約」がB規約や自由権規約と呼ばれている。また，これらの選択議定書も国際人権規約に含まれる。　(2)　B規約には2つの選択議定書があるが，そのうち第2選択議定書は死刑廃止条約である。　ア　世界人権宣言は1948年，国際人権規約は1966年に国連総会で採択された。　ウ　いずれも批准していない。　エ　世界人権宣言に関する記述。　問3　開発独裁とは，経済開発のためには政治的安定が必要という理由によって正当化された独裁体制のこと。韓国の朴正熙政権やインドネシアのスハルト政権，フィリピンのマルコス政権などが例とされる。なお，これら3か国では後に民主化が実現している。　問4　(1)　a　臨時会は臨時に召集される国会で，内閣の判断で召集されるが，議員が召集を要求することも可能。　b　特別会は解散に伴う衆院選後30日以内に召集される。なお，任期満了に伴う衆院選の後には臨時会が召集される。(2)　特別会では，内閣は必ず総辞職することになっている。内閣総理大臣の指名は他の案件に先立って行われることとなっており，特別会では必然的に内閣総理大臣の指名選挙が行われる。なお，常会や臨時会でも内閣相違大臣の指名選挙が行われることがあるが，特別会とは異なり，必ず行われるわけではない。　問5　国税庁は財務省の外局であり，内閣府には属さない。　問6　(1)　ア　1992年制定。
ウ　2001年制定。「テロとの戦い」のために，アフガニスタンでの対テロ活動の後方支援のために制定された。　イ　2009年制定。ソマリア沖などでの海賊行為の多発に対処して，制定された。　エ　2015年制定。集団的自衛権の行使の限定的解禁などのための法律である。(2)　砂川事件は，最高裁が在日アメリカ軍の駐留を合憲とする一方で，統治行為論により，旧日米安保条約に関する憲法判断をしなかったことで知られる。イ，ウ，エはいずれも自衛隊基地に関する事件で，自衛隊の憲法適合性が争点となった。　(3)　日米地位協定は，日米安保条約第6条に基づいて締結された地位協定。米軍施設内での感染状況が把握できていないことにつき，川勝知事は日米地位協定の見直しが必要との見解を示した。日米地位協定は日本にとって不平等な内容とされており，全国知事会は2018年にも見直しを求める提言を行っている。　問7　(1)　大日本帝国憲法第22条に「日本臣民ハ法律ノ範囲内ニ於テ居住及移転ノ自由ヲ有ス」とあるように，臣民の権利は法律の範囲内において保障されるのみだった。　(2)　国民投票法により，国民投票の投票権は18歳以上の日本国民に認められている。国民投票で有効投票の過半数の賛成があれば，憲法改正は国民に承認されたと見なされる。その後，天皇が国民の名で改正憲法を公布することになっている。

【4】問1　カ　問2　(1)　カ　(2)　リコール　問3　三割自治(四割自治)　問4　エ　問5　ウ　問6　イ　問7　トックビル(トクヴィル)　問8　日本の地方自治における二元代表制は，議会が首長の選出機関ではなく，それぞれが住民の選挙によって選出されるという点で，アメリカの大統領制に類似している。一方，首長は議会の解散権をもち，議会は首長の不信任決議案を持つなど，大統領制とは異なる面もある。課題は，議会と首長との馴合いや首長の強すぎる権限により，議会の首長に対する監視や，議会と首長の持続的な緊張関係の構築がされていない面があるという点である。(200字)

〈解説〉問1　aの妥当性，bの社会参画は，政治・経済の学習が学習結果をまとめることにとどまらず，現実世界の諸課題を健全に批判する力を養えるようにすることを示している。　問2　(1)　a　条例の制定・改廃の請求には，有権者の50分の1以上の署名が必要。　b　その後，住民投票が実施され，その可否が決する。首長や議院の解職請求も同様。　c　人口が所定の規模を超えると，この要件は緩和される。議会の解散請求など，有権者の3分の1以上の署名を要する他の請求でも同様。　(2)　リコールは住民が公職者を解職できる制度のこと。また，重要問題に関する住民投票制度をレファレンダム，条例の制定・改廃請求のように，住民が政治に関して提案ができる制度をイニシアティブという。　問3　地方財政において，地方税収入などの自主財源の歳入に占める割合が3割程度に過ぎなかったことから，三割自治などと呼ばれた。地方財政の三位一体改革により是正はなされたが，現在も地方財政は国に大きく依存している状態にある。　問4　a　所得税の減税と住民税の増税が行われた。　b　国庫補助負担金は，国から使途を指定されて交付される。　c　地方交付税の見直しが実施された。地方交付税は，地方公共団体間にある財政力格差の緩和のために交付されている。 問5 地方分権一括法により，地方公共団体の事務は自治事務と法定受託事務に再編され，機関委任事務の制度は廃止された。機関委任事務は，国の強力な指揮監督下で，地方公共団体が国の下請機関として実施していた事務だった。 問6 ふるさと納税は，任意の地方公共団体に寄付する制度である。 ウ 寄付を行うことで，所得税や住民税の控除が行われる。 エ 返礼品は寄付額の3割までの地場産品に限定された。 問7 トックビルは『アメリカの民主政治』を著し，民主主義は画一化と集権化をもたらし，本来は自由と相容れないが，アメリカのように充実した地方自治や結社の自由，出版の自由などの制度があれば，自由と両立できる可能性もあるとした。 問8 首長と議会議員のいずれも住民の直接選挙で選出するのは，憲法によって定められている。また，議会は議員の3分の2以上の出席と4分の3以上の賛成により首長への不信任とする議決を行う権限を持ち，首長は不信任とされた後10日以内ならば議会を解散できる。

【5】問1 サ 問2 レアメタル 問3 ウ，エ，オ 問4 6次産業化(第6次産業化，第6次産業，6次産業) 問5 ア 問6 イ，ウ 問7 (1) ア (2) カルテル (3) イ (4) プライスリーダー 問8 市場の失敗を補うために行われる政府の経済政策が，市場での経済活動への規制を強め，非効率化を招くことがある。(53字)

〈解説〉問1 aの「個人」，bの「多様性」は，個人の幸福が最大限尊重されることが学習の出発点であることを意味している。 問2 鉄や銅などをベースメタルと呼ぶのに対し，存在量が少なく入手が困難な金属をレアメタル(希少金属)と呼ぶ。スマホなど，電子機器などに利用されている。 問3 ア いずれかの基準を満たしていればよい。 イ 地場産業を担っているのは主に中小企業。 ウ 中小企業は大企業の系列下に置かれ，景気の調整弁となる例も多い。 エ 特に地場産業では，後継者不足の問題がある。 オ 日本政策金融公庫は政策関係金融機関の一つ。日本政策投資銀行と混同されやすいが，別機関である。　問4　第1次産業である農家が，第2次産業である食品加工や，第3次産業である飲食店経営などのサービス業などに進出することから，6次産業化という。旅行客が農村に宿泊して農作業の体験を行うアグリツーリズムなども実施されている。　問5　a　金利差があると，高金利の国で資産を運用したほうが利益を得られるので，高金利の国の通貨需要が高まることで，その国の通貨価値は上昇する。
b　不況の際には，金融緩和政策として，低金利政策が実施される。1980年代のわが国の政策金利は公定歩合だった。　問6　ア　ポリシーミックスに関する記述である。　イ　買いオペとは日銀が市中銀行から国債などを買い取って融資できる資金を供給すること。　ウ　その後，ゼロ金利政策は解除された。　エ　在庫調整の変動を要因とする景気循環をキチンの波といい，物価上昇と失業率のトレードオフの関係を示す曲線はフィリップス曲線という。　オ　フリードマンはマネタリズムにより，ケインズ経済学を否定した。　問7　(1)　a　独占禁止法の正式名称は「私的独占の禁止及び公正取引の確保に関する法律」。特定商取引法は，割賦販売などを規制する法律である。　b　公正取引委員会は独占禁止法を実施するための行政機関。消費者庁は消費者行政の一元化を目指し，設置された行政機関である。　(2)　カルテル(企業連合)とは，販売価格や販売数量，販売地域などにつき，企業間で協定を結ぶこと。トラストやコンツェルンと並ぶ，市場の独占の一形態である。現在では，独占禁止法によりカルテルは全面的に禁止されている。　(3)　灯油は冬に需要が高まり，価格が上昇する傾向がある。また，2020年には新型コロナ禍で原油の需要が低迷したことから，灯油も安価に取引されていたが，原油の需要回復などにより2021年の8月から高騰した。　(4)　寡占市場においては，価格競争は停滞し，特に市場占有率(マーケットシェア)が最も高い企業がプライスリーダー(価格先導者)として管理価格を設定し，他の企業がそれに追従するようになる傾向がある。ゆえに，価格の下方硬直化が起こりやすい。　問8　例えば公害では，生産者が公害のコストを負担せず，過剰供給におちいっている。ゆえに，政府は生産物に間接税を賦課するなど，外部不経済の内部化により，供給を抑制しようとする。こうした政府の活動が過剰となると，市場の活力を削ぐことになる。

【6】問1 ケ 問2 ウ 問3 (1) Yが500ユーロ多く支払った (2) －400 問4 オ 問5 ア，イ，エ 問6 (1) 冷蔵庫…100(台) テレビ…25(台) (2) リカードは，自由貿易の下，各国が相対的に生産費の安い商品の生産に特化，輸出し，その他の商品を他国から輸入することが国際分業を進め，自国の利益を最大にすると考えた。日本の中小企業が海外に進出する目的は，良質で安価な労働力の確保であったが，人口減少による日本国内市場の縮小が予測され，現地の製品需要への期待に変化してきている。円高は日本企業の海外進出を後押しするが，日本国内の産業の空洞化を進めるという問題も生じさせる。(208字)

〈解説〉問1 aの「持続可能」，bの「多面的・多角的」は，公民科以外の科目の学習指導要領においても頻出の言葉である。その意味や使い方について，他の教科に関してもよく確認されたい。 問2 途上国では，児童らが劣悪な労働条件で働いて，チョコレートの原料であるカカオやコーヒー豆などを生産している例が見られる。フェアトレードは，市場価格よりも割高な価格でこうした生産品を購入し，途上国の労働者らを支援する取組みである。 問3 (1) 1ユーロ＝150円だと，30万円は30万÷150で2000ユーロだが，1ユーロ＝120円だと，30万円は2500ユーロとなる。 (2) 経常収支＋資本移転等収支－金融収支＋誤差脱漏＝0の関係にある。また，経常収支＝貿易・サービス収支＋第一次所得収支＋第二次所得収支の関係にあり，貿易・サービス収支＝貿易収支＋サービス収支，貿易収支＝輸出－輸入の関係にある。 問4 F ワークシェアリングとは，不況でも解雇を抑制するために，労働者一人あたりの労働量を減らすことで雇用を分かちあう取り組みをいう。 G ベーシックインカムは，最低限所得保障などと訳されている。導入することにより，社会保障の切り捨てが起こるのではないかという懸念もある。 H わが国では，裁量労働制は限定的に認められている。③はフレックスタイム制に関する記述となっている。問5 ウ BRICSとは近年の経済成長著しいブラジル，ロシア，インド，南アフリカの総称であり，経済連携協定ではない。 オ TICADはアフリカ開発会議の略称で，日本の主導による，アフリカの開発のための国際会議である。 問6 (1) X国は，テレビ100台を生産していた労働力をすべて冷蔵庫の生産に投入することで，冷蔵庫を300台生産できる。Y国は，冷蔵庫100台を生産していた労働力をすべてテレビの生産に投入することで，テレビを225台生産できる。 (2) 産業の空洞化とは，特に製造業が生産拠点を海外に移転することによる，国内の雇用機会の縮小や技術流出などの現象のこと。円高が進めば，価格競争で輸入品に対して国産品が不利になるだけでなく，わが国の国内企業にとって海外投資のコストが減る。ゆえに，円高にはわが国の産業の空洞化を進める面もある。

●書籍内容の訂正等について

弊社では教員採用試験対策シリーズ（参考書，過去問，全国まるごと過去問題集），公務員試験対策シリーズ，公立幼稚園・保育士試験対策シリーズ，会社別就職試験対策シリーズについて，正誤表をホームページ（https://www.kyodo-s.jp）に掲載いたします。内容に訂正等，疑問点がございましたら，まずホームページをご確認ください。もし，正誤表に掲載されていない訂正等，疑問点がございましたら，下記項目をご記入の上，以下の送付先までお送りいただくようお願いいたします。

> ① **書籍名，都道府県（学校）名，年度**
> （例：教員採用試験過去問シリーズ　小学校教諭 過去問　2025 年度版）
> ② **ページ数**（書籍に記載されているページ数をご記入ください。）
> ③ **訂正等，疑問点**（内容は具体的にご記入ください。）
> （例:問題文では“ア～オの中から選べ”とあるが,選択肢はエまでしかない）

〔ご注意〕

○ 電話での質問や相談等につきましては，受付けておりません。ご注意ください。

○ 正誤表の更新は適宜行います。

○ いただいた疑問点につきましては，当社編集制作部で検討の上，正誤表への反映を決定させていただきます（個別回答は，原則行いませんのであしからずご了承ください）。

●情報提供のお願い

協同教育研究会では，これから教員採用試験を受験される方々に，より正確な問題を，より多くご提供できるよう情報の収集を行っております。つきましては，教員採用試験に関する次の項目の情報を，以下の送付先までお送りいただけますと幸いでございます。お送りいただきました方には謝礼を差し上げます。

（情報量があまりに少ない場合は，謝礼をご用意できかねる場合があります）。

◆あなたの受験された面接試験，論作文試験の実施方法や質問内容

◆教員採用試験の受験体験記

送付先		
	○電子メール：edit@kyodo-s.jp ○FAX：03-3233-1233（協同出版株式会社　編集制作部 行） ○郵送：〒101-0054　東京都千代田区神田錦町 2-5 協同出版株式会社　編集制作部 行 ○HP：https://kyodo-s.jp/provision（右記の QR コードからもアクセスできます）	

※謝礼をお送りする関係から，いずれの方法でお送りいただく際にも，「お名前」「ご住所」は，必ず明記いただきますよう，よろしくお願い申し上げます。

教員採用試験「過去問」シリーズ

静岡県・静岡市・浜松市の 社会科 過去問

編　集	© 協同教育研究会
発　行	令和5年11月10日
発行者	小貫　輝雄
発行所	協同出版株式会社
	〒101-0054　東京都千代田区神田錦町2-5
	電話　03－3295－1341
	振替　東京00190－4－94061
印刷所	協同出版・POD工場

落丁・乱丁はお取り替えいたします。